Emma Trevayne
Voices of Freedom

Titel in der Regel auch als E-Book erhältlich

Emma Trevayne

VOICES *of* FREEDOM

Übersetzung aus dem
amerikanischen Englisch
von Ulrike Nolte

MIX
Papier aus verantwor-
tungsvollen Quellen
FSC
www.fsc.org FSC® C014496

Dieser Titel ist auch als E-Book erschienen

Titel der englischsprachigen Originalausgabe:
»Chorus«

Für die Originalausgabe:
Copyright © 2014 by Emma Trevayne

Für die deutschsprachige Ausgabe:
Copyright © 2015 by Bastei Lübbe AG, Köln
Textredaktion: Katharina Jacobi, Leipzig
Umschlaggestaltung: FAVORITBUERO, München
Satz: Greiner & Reichel, Köln
Gesetzt aus der Adobe Caslon Pro
Druck und Einband: GGP Media GmbH, Pößneck

Printed in Germany
ISBN 978-3-8466-0024-5

5 4 3 2 1

Sie finden uns im Internet unter: www.one-verlag.de

Ein verlagsneues Buch kostet in Deutschland und Österreich jeweils überall
dasselbe.
Damit die kulturelle Vielfalt erhalten und für die Leser bezahlbar bleibt, gibt
es die gesetzliche Buchpreisbindung. Ob im Internet, in der Großbuchhandlung,
beim lokalen Buchhändler, im Dorf oder in der Großstadt – überall bekommen
Sie Ihre verlagsneuen Bücher zum selben Preis.

Auch wenn es ziemlich aus der Mode gekommen ist,
Freunden einen Radiosong zu widmen:
Lisa, das hier ist für dich.

0101011001 01 1010010111

Alles ist weiß. Weiße Wände, weißer Boden, weiße Zähne. Das brei-
te Lächeln der Frau ist das Letzte, was ich sehe, bevor meine Lider
zufallen und ein kaum erträglicher Sound meine Ohren, meinen
Kopf und meine ganze Welt füllt. Ich kann ihn fast nicht aushalten,
so perfekt ist er. Die pure Schönheit ist einfach zu viel. Der Klang
besteht aus Sonnenlicht, poliertem Holz und einer weichen Stim-
me. Kein Wunder, dass die Leute ihn für sich behalten wollen. Das
bedeuten also die Worte Gesang und Musik. Endlich verstehe ich,
wovon alle flüsternd reden, und so vieles in meinem Leben ergibt
plötzlich einen Sinn. Ich verstehe, warum sie die Musik vor uns
verstecken, bis wir alt genug sind, damit umzugehen, aber jetzt ge-
hört sie mir. Ich halte sie fest und lasse nie mehr los. Die aufstreben-
de Stimme ist einfach zu wundervoll, und ich muss sie fangen, be-
vor sie davonfliegt. Meine Hände greifen nach ihr, doch etwas hält
mich zurück, und dann verschwindet die Stimme auch schon in der
Ferne.

Meine Augenlider flattern, ein Schimmer von Weiß, und oh, ist
das auch Musik? Härter, dunkler, aufregender, als wäre ich mitten
in der Nacht aufgewacht und würde den Schatten zusehen, die über
den Boden kriechen, anstatt gehorsam wieder einzuschlafen. Ein
dumpfes Stampfen hallt im Rhythmus der Sekunden. Ich beginne

zu grinsen, und mein Lächeln wird immer breiter, weil ich so glücklich bin. Ich wünsche mir, jeder könnte so glücklich sein wie ich. Das
Weiß ist blendend, ich kann nichts mehr sehen, aber das ist okay. Ich
werde immer okay sein, weil der Kon auf mich aufpasst, weil der
Kon für mich sorgt, und der Kon ist ewig, ewig, ewig …

0011011010 **02** 0101110100

Finger tippen gegen mein Handgelenk. Ich sollte mich aufs Hier und Jetzt konzentrieren. Nur dadurch kann ich lernen, meine Flashbacks zu stoppen. Irgendwann.

Diesmal war es nicht so schlimm. Ich glaube, ich war nur kurz weg. Blinzelnd zwinge ich mich, den Raum klar zu sehen, und die Stimme des Dozenten formt sich wieder zu erkennbaren Worten. Blendend helles Sonnenlicht strahlt durch die Fensterscheiben und färbt alle Oberflächen weiß. Über uns leuchtet dieselbe Sonne wie im Web, doch irgendwie fühlt sie sich hier wirklicher an. *Alles* fühlt sich hier wirklicher an, sogar ich selbst. Aber ganz real bin ich immer noch nicht. Dazu muss ich erst den Teil in mir loswerden, der mein Gehirn vergiftet.

Die Gänsehaut auf meinen Armen schmilzt in die Haut zurück, und mein Puls wird wieder normal. Ich bin okay. Fabel nimmt die Finger von meinem Handgelenk, um sich Unterrichtsnotizen zu machen. Ich werde sie mir nachher von ihm leihen müssen. Fabel merkt immer, wenn mich ein Flashback erwischt, und scheint zu glauben, dass er allein die Verantwortung für meine Gesundheit trägt. Na ja, das stimmt irgendwie, denn ich habe niemandem sonst davon erzählt.

Außer ihm weiß nur Omega Bescheid. Mein Bruder war schließlich auch in dem weißen Raum. Aber jetzt befindet er sich nicht an meiner Seite, sondern Tausende von Meilen weit weg. Leider fehlt uns so ein schräges Zwillingstalent, bei dem man angeblich über jede Entfernung spürt, wie es dem anderen geht.

Zu meiner linken sitzt Jonas und betrachtet mich mit verengten Augen. Man könnte glauben, dass er nur gegen die Sonne anblinzelt, aber dafür kenne ich ihn zu gut. Ich reibe mein Knie gegen sein Bein, lächele und bilde mit den Lippen die Worte *heute Abend*. Seine Schultern entspannen sich.

»… einen Aufsatz darüber, wie sich die Methoden der Psychotherapie gewandelt haben, seit wir mehr über die Funktionsweise der neuronalen Netze im Gehirn wissen.«

Okay, Konzentration. Ich brauche diesen Kurs für mein Examen, und ich brauche das Examen, um auf die Uni zu kommen. Nur mit einer medizinischen Ausbildung habe ich den Hauch einer Chance, mich selbst zu heilen, den weißen Raum aus meinem Gehirn zu schieben und in die ewige Dunkelheit zu verbannen.

Niemand wird mir diese Arbeit abnehmen. Und ich bin schließlich nicht mehr im Web unter Konzernherrschaft. Dort hätte man mich mit siebzehn Jahren oder noch früher aus der Schule geholt und entschieden, mich zu einer MedTech auszubilden, während meine Freunde vielleicht Wachleute oder Clubmanager geworden wären. Aber von diesem System ist nichts mehr übrig.

In Los Angeles nimmt alles so viel mehr Raum ein. Manchmal kommt es mir vor, als würde sich die Zeit gleich mit ausdehnen.

Kurz darauf sind wir dem Unterricht entkommen, und vor uns liegt diese verrückte, ausufernde Stadt, die sich mit Fingern aus Zement an den Ozean klammert. Meinen Ozean. Obwohl ich kaum ein Jahr hier bin, sind seine Gezeiten schon so sehr ein Teil von mir geworden wie mein eigener Puls. Ich weiß, dass ich mich schnell an allem festklammere, was ich liebe (oder was ich hasse), weil es mich definiert und den grellweißen Raum in mir füllt.

»Wohin jetzt?«, frage ich, dabei landen wir nach dem Unterricht sowieso fast jeden Tag am selben Ort.

»Na ja, ich habe meinen Eltern eigentlich versprochen, dass ich zum Essen nach Hause komme«, sagt Jonas. Im direkten Sonnenlicht haben seine dunklen Haare einen rötlichen Schimmer. Es ist seine natürliche Haarfarbe, im Gegensatz zu dem wilden regenbogenbunten Chaos auf meinem Kopf. »Willst du mitkommen?«

Fabel schlendert davon und lehnt sich an einen nahe stehenden Baum, um zu warten. Er weiß bereits, wie meine Antwort ausfallen wird. »Ich sollte noch ein bisschen lernen«, sage ich.

Jonas Eltern mögen mich nicht recht. Sie trauen mir nicht über den Weg. Schließlich gehöre ich zu *der* Sorte Leute. Ich bin ein Web-Flüchtling. Die Tatsache, dass mein Bruder die Revolution gestartet und gewonnen hat, verschafft mir einen gewissen Status, aber mehr auch nicht.

Jonas gibt mir einen Kuss auf die Nasenspitze. Ich schließe die Augen, und meine Finger vergraben sich in seinem Shirt. »Du hast doch schon das ganze Wochenende gelernt. Ehrlich, du studierst zu viel.«

Tue ich nicht, aber schließlich ist es meine eigene Schuld, dass er meine Besessenheit nicht versteht. Natürlich muss es ihm eigenartig vorkommen, dass ich so fanatisch einen Job in der Medizinforschung anstrebe. Aber noch viel seltsamer wäre es, ihm zu erzählen, dass die Horrorherrschaft des Kon, über die er so viele Gerüchte gehört hat, mit einem letzten sadistischen, kontrollfreakigen Racheakt gegen *mich* geendet hat.

Der weiße Raum flackert kurz in meinem Bewusstsein auf. »Stimmt wahrscheinlich«, gebe ich zu. Meine Stimme klingt ruhig und kein bisschen zittrig. »Aber so war schließlich der Deal.«

»Ich weiß.« Er lächelt zurück. »Ich komme später vorbei, okay?«

Seine Lippen sind weich. Ich spüre sie selbst dann noch, als er einen Schritt zurückgetreten ist und ich mich abgewandt habe. Er schaut zu, wie ich mich wieder zu Fabel geselle. Erst dann geht er in die entgegengesetzte Richtung zur Haltestelle, die ihn nach Hause in die reiche Vorstadt führt.

»Ich brauche einen Kaffee.« Fabel stößt sich von dem Baum ab.

»Brrr. Na, wenn es sein muss.«

»Bist du wieder okay?«

»Ja, ich hatte schon schlimmere Aussetzer.« Viel schlimmere.

»Scheiße, was haben sie bloß mit dir angestellt?« Diese Frage stellt er nicht zum ersten Mal, und wie immer habe ich keine Antwort.

»Genau das will ich ja herausfinden. Komm.« Vor dem Gebäude hängen zu viele Studenten herum. Ich spreche nicht gerne über dieses Thema, und auf keinen Fall soll jemand mithören.

Die brutale Sommerhitze des Nachmittags lässt den Asphalt brutzeln. Die verspiegelten Gebäude gleichen feurigen Splittern und strecken sich der Sonne entgegen, die sie in Brand setzt. Los Angeles liegt wie eine zerknüllte Decke über der Landschaft. Man kann nicht einmal mehr ahnen, dass dieser Ort vor vielen Jahren fast ausradiert wurde. Abgesehen vom Web ist L.A. die einzige Stadt, die ich kenne. Irgendwo da draußen liegt noch eine weitere, die der Krieg übrig gelassen hat. Fabel und ich reden ständig darüber, nach Seattle zu fahren, aber bisher ist aus den Plänen nichts geworden.

Nach der Revolution hat es eine Weile gedauert, bis wir entdeckt haben, dass es diesen Ort noch gibt, dessen Existenz der Kon erfolgreich vor uns verborgen hatte. Wir wussten nichts von den anderen Städten und sie nichts von uns. Leider war ich nicht dabei, als die ersten Besucher aus dem Web hier eintrafen. Ich hätte gerne die Gesichter der Leute gesehen, als sie die ganze Geschichte hörten und verstanden, wo die Neuankömmlinge herkamen.

Tatsächlich würde ich gutes Geld dafür geben … keine Kreditpunkte, sondern Hände voll von den Metallmünzen, die sie hier benutzen. Daran habe ich mich immer noch nicht ganz gewöhnt.

Immerhin kamen wir nicht mit leeren Händen aus dem Web hierher. Technologisch hatten wir einiges zu bieten. Ich werfe einen Blick auf mein Tablet, während Fabel und ich die belebten Straßen entlanglaufen. Damit habe ich quer über den Kontinent eine Verbindung zum Web. Keine neuen Nachrichten. In den ersten Wochen haben alle noch ständig getickert, um zu hören, ob es mir gut geht.

Ich schätze, sie haben sich daran gewöhnt, dass ich nicht mehr da bin. Der Gedanke ist wie ein Stich in der Brust, obwohl die Gewöhnung ja auf Gegenseitigkeit beruht.

»Lass uns hier sitzen, okay?« Fabel wartet nicht auf meine

Antwort, sondern lässt seine Tasche auf einen Stuhl fallen und verschwindet in unserem üblichen Nachmittagscafé. Die Tische draußen stehen weit genug auseinander, und den Besitzer kümmert es nicht, wie lange wir hier herumhängen. Auf der anderen Straßenseite befindet sich das Aufnahmezentrum. Dort müssen sich alle Bürger des Web registrieren, bevor sie ihr neues Leben beginnen können. Gerade ist wieder ein volles Shuttle angekommen. Fast winke ich den Leuten zu, doch es könnte mich jemand erkennen. Stattdessen lade ich meinen Kram ab, mache es mir auf einem Stuhl bequem und lehne mich zurück, um das Gesicht in die Sonne zu halten. Mein Tablet vibriert an meinem Bein, und ich greife hastig danach. Aber ich kenne die Nummer des Absenders nicht, und die Nachricht ergibt keinen Sinn. Anscheinend hat sich jemand verwählt.

»Alles okay?«

»Hör auf, mich das zu fragen.«

»Gut. Der Pfefferminztee ist alle, also habe ich dir stattdessen Himbeere gebracht«, sagt Fabel, der zwei Tassen und sein Tablet in den Händen balanciert. »Sabine hat getickert. Liegt ihr Lederrock noch bei dir rum? Sie will ihn dieses Wochenende anziehen.«

»Ja, ist in der Wohnung.« Ich mache eine vage Handbewegung in die entsprechende Richtung. »Du kannst ihr ausrichten, dass ich ihn mitbringe, wenn wir uns zum Proben treffen.«

»Okay.« Er nippt an einem Kaffee, und ich rümpfe die Nase. In meinem Leben vermeide ich krampfhaft alles, was irgendwie abhängig machen kann. Ich schätze, das ist auch schon eine Sucht. Jeder hat irgendwelche schlechten Angewohnheiten, und meine ist der brennende Hass auf die Schlampe, der ich das alles verdanke.

Ell. So hat Anthem sie genannt, und der Name taucht automatisch in meinem Kopf auf, wann immer ich an sie denke. Also viel zu oft. Schicker Businessanzug im Kon-Stil und das irre Lächeln einer Fanatikerin. Sie war ihrem Konzern so ergeben, dass sie dafür gefoltert und getötet hat.

Und sie war bereit, mich und Omega unter Drogen zu setzen. Noch in der letzten Minute, bevor die Revolution den Kon für immer ausgelöscht hat.

Auf dem Tisch liegt mein Tablet mit seinem schwarzen, leblosen Bildschirm. Ich schiebe es weg und hole stattdessen meinen Computer aus der Umhängetasche.

Der Unterricht gefällt mir, und ich studiere gerne, aber ohne die Flashbacks hätte ich mich trotzdem für einen anderen Lebensweg entschieden. Die Uni ist für mich ein Mittel zum Zweck. Vielleicht geht es anderen Leuten ähnlich. Keine Ahnung, ich habe nicht gefragt. Jonas ist so ziemlich der einzige andere Student, den ich näher kennengelernt habe. Ansonsten habe ich mir nicht die Mühe gemacht. Im Gegensatz zu den anderen hat er mich nie angestarrt, als sei ich ein biologisches Präparat unter dem Mikroskop.

Okay, gestarrt hat er schon, nur nicht aus demselben Grund. Seit unserer ersten gemeinsamen Unterrichtsstunde war mir klar, dass sein Blick anders war. Schließlich habe ich ihn ganz ähnlich angesehen, als er damals durch die Tür kam.

»Hör auf, von ihm zu tagträumen, und mach dich an die Arbeit«, spöttelt Fabel.

»Ich …«

»Versuch es gar nicht erst. Ich kenne diesen Gesichtsausdruck.«

»Ach, halt die Klappe.«

Er hebt die Hände, als würde er die Waffen strecken, dabei hat er klar gewonnen. Ich konzentriere mich auf seine Unterrichtsnotizen. Ziemlich interessant. Ein Teil davon könnte später nützlich sein, hoffe ich.

Mehr als Hoffnung bleibt mir nicht. Ich kann mich nur vorwärtstasten, blind durch die Dunkelheit, die ich immer mit mir herumtrage, selbst hier im knalligen Sonnenschein von L.A.

Die Flashbacks sind nicht normal. Das ständige nagende Gefühl am Rand meines Bewusstseins, als würde etwas den Weg nach drinnen suchen ... Nicht normal.

Also bleiben mir nur zwei Möglichkeiten. Entweder kann ich aufhören, dagegen anzukämpfen, oder ein Heilmittel finden.

Genauer gesagt, ein Heilmittel *erfinden*.

■

Ich kann dir alles geben, was du willst._

»Al?«, fragt Jonas schläfrig und öffnet blinzelnd ein Auge, um auf den Wecker zu schauen. »Es ist drei Uhr morgens. Ist alles okay? Mit deinem Bruder Anthem?«

Ich verliebe mich noch ein bisschen mehr in ihn, weil er die Frage stellt, und das werde ich ihm morgen auch sagen. »Schlaf weiter«, flüstere ich. Ich gebe ihm einen Kuss und versuche meinen Puls zu beruhigen. »Alles ist bestens. Bin gleich wieder da.«

Das Wohnzimmer ist dunkel und still, bis auf das Rauschen der Wellen hinter den geschlossenen Fenstervorhängen. In der Küche trinke ich einen Schluck kaltes Wasser und besprenkle mir das Gesicht, bevor ich noch einmal auf mein Tablet schaue.

Die dritte Nachricht in drei Tagen.

Wer bist du?_, tippe ich zurück. Meine Finger zittern nur ein bisschen.

Keine Antwort. Ich starre auf den Bildschirm, fünf Minuten, zehn Minuten, und zucke heftig zusammen, als die Küchentür aufgeht.

»Hey, wieso bist du denn nicht im Bett?« Ich höre die Pfennigabsätze von Phönix über den Boden klicken. Die schweren Stiefelsohlen von Mage bilden den Bassrhythmus dazu.

»Ich habe mir nur was zu trinken geholt«, sage ich und zeige auf die Flasche. »Wie war's im Club?«

»Nicht so gut wie mit dir auf der Bühne«, sagt Mage grinsend. »Geh schlafen, Kleines.«

»Dir ist hoffentlich klar, dass du der Einzige bist, der mich so nennen darf.«

»Absolut.«

»Okay, ich geh ja schon.« Meine Finger krampfen sich um das Tablet. Noch immer nichts. Ich krieche wieder zu Jonas ins Bett, und seine Arme legen sich von selbst um meine Taille, obwohl er schnarcht. Noch im Halbschlaf lausche ich mit einem Ohr auf neue Nachrichten, und ein verrückter, chaotischer Traum jagt den nächsten, während ich warte.

0010000001 **03** 1101110111

Konzentrier dich endlich.

Jonas macht sich immer darüber lustig, dass ich überhaupt in diesen Kurs gehe. Er sagt, über Musik weiß ich schon mehr, als die meisten Leute jemals lernen werden. Er ist der Meinung, Musik müsste man fühlen, nicht hinterfragen. Ich zucke jedes Mal zusammen, wenn er so etwas sagt. Schließlich weiß ich genau, wohin so ein Denken führen kann. In die Falle. Ich bin in einer Welt aufgewachsen, in der niemand Fragen stellte, und dort würde ich immer noch feststecken, wenn mein Bruder Anthem nicht die Ausnahme gewesen wäre. Er war wie ein Vater für mich und hat nie mit dem Fragen aufgehört.

Nach der Unterrichtsstunde schaue ich sofort wieder auf mein Tablet. Vielleicht hat dieser ominöse Unbekannte endlich kapiert, dass die Nummer falsch war, und aufgegeben. Als ich in den Sonnenschein hinaustrete, sehe ich Jonas auf mich warten. Ich liebe meine Wochenroutine hier. Unterricht, Lernzeit, Jonas, Strand, Freitagsclub. Dazwischen genug kleine Abweichungen, damit das immer gleiche Lied nicht langweilig wird. Aber die Grundmelodie ist dieselbe geblieben, seit ich zum ersten Mal den Strand von L.A. betreten und den Sand zwischen meinen Zehen gespürt habe.

»Fabel kommt heute nicht. Er trifft sich mit einem Mädchen.«

»Na, so eine Überraschung«, sage ich trocken. »Ich hoffe, du bist nicht enttäuscht?« Natürlich nicht. Ich kenne die Antwort genauso gut wie er selbst.

»Schätze mal, ich komme damit klar, dich ganz für mich allein zu haben«, frotzelt er mit einem Achselzucken, das beiläufig wirken soll, aber seinen Zweck total verfehlt. »Musst du noch lernen? Mann, warum frage ich überhaupt.«

»Weißt du, was? Die Antwort ist Nein. Lass uns losgehen und etwas unternehmen.«

Ich muss ihn nicht lange überreden. Wir spazieren auf die City zu, wo mir das Gedränge aus aufpolierten Wolkenkratzern fast das Gefühl gibt, wieder im Web zu sein. Scheiße, bin ich froh, dass ich damit falschliege.

»Vermisst du dein Zuhause manchmal? Ich meine, abgesehen von deiner Familie natürlich«, sagt Jonas.

Ich bleibe überrascht stehen, sodass ein Typ hinter mir fast in mich hineinrennt. Er weicht fluchend aus und Jonas zeigt ihm den Mittelfinger. Die Vorstellung, dass Jonas auch nur ansatzweise meine Gedanken aufschnappen kann, dreht mir den Magen um. »Du meinst, ob ich das Web vermisse?«, zögere ich meine Antwort hinaus. Normalerweise bin ich echt gut darin, das Gespräch von diesem Thema abzulenken, aber heute ist meine Abwehr so erschöpft wie der ganze Rest von mir.

»Du sprichst nie davon.«

Tue ich wirklich nicht, außer er oder Sabine fragen ganz direkt danach – und selbst dann vermeide ich klare Antworten so gut wie möglich. Ich kann verstehen, dass sie neugierig sind, aber vieles davon kommt mir nur schwer über die Lippen.

Über gewisse Aspekte werde ich nie reden, jedenfalls nicht mit ihnen.

»Okay, setzen wir uns hin«, sage ich und gehe auf den Park zu, der um die Ecke liegt. Er ist ein bisschen voll, enthält aber in gewisser Weise schon die Antwort auf Jonas Frage. Vom Web vermisse ich den Stadtpark, der vor unserem Wohnungsfenster lag. Wir finden eine leere Bank, und ich hocke mich seitlich hin, sodass ich Jonas anschauen kann. »Im Frühling gab es immer die Kirschblüten«, sage ich. »Der halbe Park war rosarot. Jetzt sind sie bestimmt schon weg.«

Er lächelt mich an, auf seine spezielle Art, die mir als Erstes an ihm aufgefallen ist. »Was noch?«

»Sonst nichts. Nur meine Familie und die Freunde, die dort geblieben sind. Ehrlich.«

»Wie geht es Anthem? Besser?«

Ich betrachte einen Vogel, der von einem Zweig zum anderen hüpft. »Wenn er sich meldet, klingt er okay. Jetzt hat er ein paar Tage nicht getickert. Sein Zustand wird sich nicht wieder bessern. Sobald er sich verschlimmert, bekomme ich eine Nachricht.«

»Kehrst du dorthin zurück?«

»Irgendwann *muss* ich das.« Für meinen Bruder und aus anderen Gründen, über die ich an einem schönen Tag wie heute nicht nachdenken will. »Aber noch nicht. Eine Weile wirst du mich wohl noch aushalten müssen.«

»Verdammt.« Seine Lippen kräuseln sich. Ich muss mich einfach vorlehnen und sie küssen, bis eine Stimme uns zuruft, dass wir für die Show Eintritt nehmen sollten. Ich werde so rot als hätte ich Sonnenbrand, stehe auf und ziehe Jonas den Weg entlang, bis wir wieder auf die Straße kommen. Wie spazieren noch eine Weile herum und unterhalten uns über leichtere Themen: das Studium, die Band, den Auftritt morgen. Als ich nach Hause komme, bin ich zu erschöpft, um auch nur zu essen. Ich schlüpfe aus meinen Sommerstiefeln und falle ins Bett.

Dann ist mein großer Tag gekommen. Kaum wache ich am Freitagmorgen auf, beginnt die Aufregung unter meiner Haut zu kribbeln, zu blubbern und elektrische Funken zu schlagen. Fabel und Jonas werfen mir den ganzen Tag wissende Blicke zu und grinsen. Der weiße Raum bleibt im hintersten Bereich meines Bewusstseins verborgen. Gut. Mein Tablet schweigt. Noch besser.

Sabine wartet nach dem Unterricht auf uns. Auch das ist schnell zur Tradition geworden und eine konstante Note im Lied meiner Tage. Ihr Plastikrock schillert, wenn das Licht darauf fällt, und ihr rosa Lippenstift glitzert. Wir essen schnell zu Abend und machen uns auf den Weg zum Club. Da Sabine fährt, brauchen wir statt zwanzig Minuten nur siebeneinhalb. Ich nenne die Fahrzeuge immer noch Shuttles, aber hier sehen sie ein bisschen anders aus. Sie sind eckiger und ähneln den Automobilen, von denen ich gelesen habe. Garantiert würde Sabine bei denen auch aufs Gas drücken wie eine Verrückte.

»Dann mal los«, sagt sie, stellt die Solarbatterie aus und steigt aus dem Wagen. Der Club von Mage und Phönix ist ein einschüchterndes Riesending aus zwei miteinander verschmolzenen Gebäuden und steht am Rand der Innenstadt.

»Lässt du mich heute mal *meinen* Rhythmus spielen?«, frotzelt Fabel mit Sabine herum.

»Tja, was glaubst du?«

Jonas grinst und ich greife nach seiner Hand. Die Tür besteht aus massivem, gehämmerten Stahl – nicht zur Schallisolierung wie in den Skyclubs zu Hause, sondern weil Phönix den Look einfach schick findet. Sie steht mit finsterer Miene hinter dem Bartresen, beginnt jedoch zu lächeln, sobald wir hereinkommen.

»Was ist denn los?«, frage ich. Meine Stimme hallt von Metall und Spiegelwänden wider.

»Zu wenig Personal.«

»Verstehe.« Sie muss also heute den Alkohol ausschenken, wofür sie ungefähr so viel Begeisterung aufbringt wie ich. »Soll ich hinterher mithelfen?«

»Nein, mach dir keinen Stress. Bereit für die Bühne?«

»Sind wir das nicht immer?«

Ihr Lächeln wird breiter und sieht echt aus. »Ich hab ja nur gefragt.«

Unsere Instrumente stehen bereits auf der Bühne und warten darauf, dass wir ihnen die Musik entlocken, die verborgen in geschnitztem Holz, Tasten und Trommelschlägeln steckt. Ich folge den anderen durch eine Tür am hinteren Ende der Riesenhalle und dann einen Flur entlang, von dem auf halber Strecke ein weiterer abzweigt. Außer uns benutzt niemand diesen Umkleideraum. Ich glaube, die Hälfte meiner Klamotten befindet sich inzwischen hier und liegt über sämtliche denkbaren Oberflächen verstreut, bis auf den Tisch, den Mage für Snacks und Wasser reserviert hat.

Ich starre darauf, als ich meine Tasche auf den Boden plumpsen lasse, und schaue dann zu Jonas. »Sind die von dir?« Mein Herz flattert ein kleines bisschen neben dem Takt. »Wo hast du die aufgetrieben?«

»Was?« Er folgt meinem Blick zu einer Vase voller Kirschblüten. »Nein, aber …«

22

Ich trete einen Schritt näher und sehe den Rand einer weißen Visitenkarte zwischen dem Rosarot.

Säure steigt brennend in meiner Kehle auf. Ich brauche den Text gar nicht erst zu lesen. Mir ist schon klar, was dort steht.

■

»Du gehst heute nicht auf die Bühne«, sagt Mage und lässt die Karte zurück auf den Tisch fallen. Pönix scrollt mit zusammengebissenen Zähnen durch meine Tickernachrichten.

Ich kann dir alles geben, was du willst.

»Und ob ich das mache, verfickt noch mal. Ich habe also einen Fan. Na und?«

»Außerdem könnte man sagen, ich bin schwer bewaffnet.« Sabine zeigt auf ihren E-Bass, den sie auf dem Weg von der Bühne mitgenommen hat. Sie hat ihn in den Stunden vor unseren Auftritten gerne in Griffweite, um seine Energie zu tanken. Für die Bemerkung könnte ich sie knuddeln, aber ich bleibe stattdessen dicht bei Jonas, habe meine Hand auf seine Taille gelegt und streichele mit dem Daumen das freie Stück Haut über seinem Gürtel. Die Geste ist eine Entschuldigung, weil ich ihm – und den anderen – nichts davon erzählt habe.

»Das ist keine große Sache, okay? Ein paar Nachrichten und ein Blumenstrauß. Ich dachte die ganze Zeit, jemand hat die falsche Tickernummer erwischt, deshalb habe ich nichts gesagt. Vergesst es einfach. Ich besorge mir ein neues Tablet.« Und bitte, lasst uns nicht darüber nachdenken, wieso man mir ausgerechnet Kirschblüten geschickt hat und wie jemand an meine Nummer kommen konnte, die ich nicht gerade wahllos herumreiche. Stumm bettele ich Fabel an, dass er mich unterstützt. Er verschränkt die Arme, dann lässt er sie wieder hängen und wirkt sogar noch verletzter als Jonas, weil ich nichts gesagt habe. Er wirft mir einen Blick zu, den ich gut kenne und der bedeutet: *Darüber reden wir später noch.*

»Mir passt es gar nicht, dass jemand hier hereinkommen konnte.« Mage geht zu dem einzigen Fenster und mustert es kritisch, aber es wurde garantiert schon seit dem Krieg nicht mehr geöffnet. Egal welchem. Freie Auswahl.

»Wo bekommt man denn im Juli überhaupt Kirschblüten her?«, fragt Sabine.

Ich habe keine Ahnung. »Im Club laufen doch ständig Leute herum. Für Lieferungen, zum Putzen und dazu die ganzen Mitarbeiter. Da fällt eine weitere Person gar nicht auf. Können wir das Thema jetzt beenden? Ich muss meine Stimme schonen.« Was sogar die Wahrheit ist, jedenfalls halbwegs. Ich ziehe Jonas zu dem alten, abgewetzten Sofa, lasse mich darauf fallen und schmiege mich an ihn. »Tut mir leid«, murmele ich so leise, dass meine Stimme im Lärm der anderen untergeht, die alle mein Leben für mich organisieren wollen. »Ich dachte wirklich, jemand hat sich bloß verwählt.«

Seine Schultern entspannen sich ein kleines bisschen. »Okay, aber jetzt wissen wir es besser.« Um uns herum diskutieren Sabine, Fabel, Phönix und Mage, wo ich übernachten soll, wohin ich am besten nach dem Unterricht gehe, ob ich überhaupt noch zum Studium erscheinen sollte. Ich lasse sie reden. Für mich macht es keinen Unterschied. Von diesem Arschloch lasse ich mir weder meinen Auftritt wegnehmen noch mein Bett, meinen Strand oder die Ausbildung, die für mich eine Chance auf Heilung bedeutet. Als die anderen zu diskutieren anfangen, ob man die Polizei einschalten sollte, bohre ich meinen Blick in den von Phönix und schüttle den Kopf. Nein.

Ich erinnere mich nur zu gut an Uniformen und Wachen. An Shuttle-Sirenen und die Geschichten von der Zellenhaft meines Bruders. Keine Polizei, auch wenn sie mit den Wachen des alten Web nichts zu tun haben. *Okay*, bildet Phönix mit den Lippen und bringt die Blumenvase aus dem Zimmer. Nach einer Weile wirft Mage mir einen langen Blick zu und folgt ihr. Jetzt sind wir vier allein, so wie eigentlich immer am Freitag um diese Zeit.

Wenigstens das fühlt sich halbwegs normal an, aber sonst gar nichts. Zwar habe ich eben noch gesagt, die anderen sollen sich nicht so aufregen, aber verdammt … jemand hat mich verfolgt. Jemand hat mich belauscht, während ich Jonas vom Stadtpark zu Hause erzählt habe.

Zu Hause. Das Wort passt nicht wirklich, jedenfalls nicht mehr, und dennoch sehe ich in meinen Erinnerungen alles so glasklar vor mir. Alles, vor der Revolution und danach. Ich war noch jung, und trotzdem ist in meinem Kopf genug hängen geblieben.

Es gab keine Sicherheit. Die Bürger wurden überwacht, beschattet, von der Straße geholt und benutzt. Meine Situation ist anders, doch das Gefühl ist das gleiche. Plötzlich haben die Wände wieder Augen und Ohren, die jede meiner Bewegungen verfolgen.

Draußen beginnt stampfend die Musik zu spielen, und ich kenne den Song so gut wie meinen eigenen Herzschlag. Er ist inzwischen alt, aber immer noch umwerfend. Pure Freude liegt in Anthems Stimme. Ein Song aus Lebenslust – beides gehört schließlich auch irgendwie zusammen. Mage spielt immer

Anthems Musik, während wir warten. Heute bin ich dankbar dafür, obwohl es mich jedes Mal daran erinnert, dass ich seine Stimme seit fast einem Jahr nicht mehr gehört habe. Alle in meiner Familie haben den Umzug unterstützt und mich ermutigt, hierherzuziehen, um mich selbst zu finden, doch der Gedanke nützt mir jetzt wenig. Das Web habe ich nie vermisst, aber die Menschen, die ich zurückgelassen habe, fehlen mir bis heute. Sehnsucht kann man nicht einfach an- und abstreifen wie einen Kuschelpulli, zu dem man nur greift, wenn es kalt wird.

»Hallo, bist du noch da?«, fragt Jonas. Ich nicke. Sabine sitzt an die Wand gelehnt, mit einem aufgeschlagenen Buch auf dem Schoß. Wahrscheinlich Lehrstoff für ihre Grundschulklasse am Montag. Ich sehe vor mir, wie Sabine kleine Kinderhände führt, die mühsam Wörter buchstabieren. Fabel liegt ausgestreckt auf dem Fußboden und hat die Augen geschlossen. Seine Finger trommeln einen Rhythmus auf den Oberschenkel. Das Adrenalin-High vor dem Auftritt, das sich kurzzeitig verabschiedet hatte, überschwemmt mich nun in einem Schwall und steigert sich mit jedem Geräusch von draußen. Der Club füllt sich mit Menschen. Die Lampen in unserer Umkleide flackern einmal an und aus. So lässt Mage uns wissen, dass der Countdown läuft und wir in zehn Minuten rausmüssen.

Ich stehe auf, hole mir eine Wasserflasche und zwinge mich, nicht zu lange auf den feuchten runden Abdruck zu schauen, wo die Vase stand.

»Bist du dir sicher?«, fragt Sabine und klappt ihr Buch zu. Ich verdrehe die Augen.

»*Ja*. Ich habe doch Jonas zum Aufpassen.« Ich fange das kleine Lächeln auf, das er mir zuwirft. »Wenn der Typ hier ist, kannst du ihm deinen Bass über den Schädel ziehen, Bean, und ich kaufe dir gerne einen neuen. Wenn nicht, rocken wir die Bühne und gehen hinterher an den Strand wie immer.«

»Du bist der Boss«, sagt Fabel. Anscheinend hat er mir halbwegs vergeben, und außerdem stimmt es. Zumindest habe ich die Band gegründet. Hinter dem Fenster ist es Nacht geworden, und obwohl ich den Sonnenschein von L.A. liebe, erwache ich erst jetzt richtig zum Leben. Dieses Gefühl kann mir nichts und niemand kaputt machen.

Ich blinzele. Atme. Wende den Blick von den gleißenden Scheinwerfern ab.

Die Menge schreit nach einer Zugabe, kaum dass die Akkorde des letzten Songs verklungen sind, aber unser Stammpublikum weiß, dass ich für heute erledigt bin. Meine Stimme ist weg. Wir haben Sommer, und eine Meeresbrise hat den Weg bis zu unserer Bühne gefunden ... alles viel zu perfekt, um sich zurückzuhalten. Die ganze Band hat härter und lauter gespielt als sonst.

Keine Schattengestalt ist am Bühnenrand aufgetaucht, um mich zu packen. Mir ist nur ein einziger Typ aufgefallen, weil er nie an einem Platz geblieben ist, sondern in der Menge auftauchte und verschwand wie ein Geist. In der Mitte des Konzerts ist er gegangen. Also nur ein blöder Loser ohne Musikgeschmack, nicht mein verrückter Fan. Trotzdem hat allein der Gedanke ausgereicht, dass jemand übergriffig werden könnte. Die Gefahr hat mich aufgepeitscht und meine Sinne bis zur Perfektion geschärft. Die nächtlichen Stunden haben eine

Klarheit angenommen, wie man sie nur nach einem scheißver-
rückten Tag erlebt, wenn nichts zu laut oder zu hart sein kann.
Schweiß beißt mir in die Augen, Haarsträhnen kleben mir im
Gesicht, und meine Lungen fühlen sich an, als seien sie mit
heißem Blei gefüllt.

Ein hirnloses, aufgedrehtes Lächeln breitet sich auf meinem Gesicht aus, und mein Puls hämmert wie wild, als ich
hinten von der Bühne klettere. Fabel und Jonas schirmen mich
auf dem Weg zum Umkleideraum gegen die Menge ab. Der
DJ legt den ersten Song auf, aggressiv stampfende Rhythmen
dröhnen los.

»Seht ihr?«, sage ich und breite überschwänglich die Arme
aus. Die Musik draußen schenkt uns hier drinnen Ruhe und
Anonymität. Jetzt kann und will mich niemand von den Fans
mehr hören. »So nah am Publikum waren wir noch nie, und
trotzdem hat keiner auch nur versucht, mich zu begrapschen.
Alles ist in bester Ordnung.«

Fabel wirft seine Trommelschlägel zur Seite, um mich mit
einem High Five abzuklatschen, und seine Silberringe schrammen über meine Handfläche. Egal. Im Moment bin ich un-
fähig, echten Schmerz zu spüren.

»Ja, war gar nicht schlecht«, grinst Jonas.

»Da hast du verdammt recht.« Sabine sackt auf der Couch
zusammen; ich schnappe mir eine neue Wasserflasche. »Okay,
Al. Du hast gewonnen. Jetzt alle an den Strand?«

»Fabel wohl eher nicht. Da war dieses Mädchen in der ersten Reihe …?«

Sabine wirft mir einen vernichtenden Blick zu, aber hey,
wenn sie will, dass Fabel ihr Interesse bemerkt, muss sie schon
selbst mit ihm reden. Oder darauf warten, dass ihm irgend-

wann ein Licht aufgeht. Allerdings bin ich ziemlich sicher, dass er Bean für unerreichbar hält, weit über seinem Niveau.

Stimmt auch, wenn man mich fragt.

»Quatsch, ich lasse dich heute nicht allein«, sagt Fabel.

Jonas legt seinen Arm um mich. »Wir sind doch bei ihr.«

»Außerdem brauche ich keine Leibwächter. Geh schon, Fabel. Wir sehen uns morgen.«

Er umarmt mich zum Abschied, dann segelt er in seinem schwarzen Outfit aus Netzstoff davon. »Armes Mädchen«, kommentiert Sabine, aber sie schaut ihm einen Moment hinterher und zuckt beim Zuschnappen des Türriegels zusammen. Ich starre auffordernd auf ihren Bass, bis sie ihn von der Couch nimmt, damit ich mich dort hinwerfen kann. Fast sofort landen ihre verrückten Partystiefel auf meinem Schoß. Die Stahlschnallen pressen sich hart und kalt gegen meine Beine. Ich schaue zum hundertdreiundvierzigsten Mal am heutigen Tag auf mein Tablet und bin halb erleichtert, halb enttäuscht über den Mangel an Nachrichten. Normalerweise fragt Omega wenigstens, wie der Auftritt gelaufen ist, selbst wenn er den Rest der Woche zu sehr im Stress war. Ich schließe die Augen und lehne den Kopf zurück. Leder knirscht neben mir, als sich jemand auf die Armlehne setzt, und eine warme Hand schmiegt sich um meinen Nacken.

Lächelnd schaue ich zu Jonas hoch. Direkt unter seinem Haaransatz ist ein roter Abdruck von der Stirnlampe, die er beim Auftritt braucht, um seinen Elektronikkram zu bedienen. Ich will die Stelle wegstreicheln, aber dann bleiben meine Finger doch bei Sabines Füßen.

»Wollen wir los?«, fragt er. Sabine nickt und schwingt sich geschmeidig in die Senkrechte, bevor sie mich hochzieht.

Der größte Teil des Clubs ist lauter und dunkler als unsere Umkleide, abgesehen von den Neonstrahlen, die an der Decke rotieren und die Menge in bunte Farben tauchen. Ein Typ versucht, mit mir zu tanzen, als wir uns einen Weg durch das Gedränge bahnen. Mit meinen 1,50 Metern kann ich ihn anfunkeln, so viel ich will, aber Jonas ist ein gutes Stück größer. Der Typ gibt derartig schnell auf, dass er bestimmt niemand ist, um den ich mir Sorgen machen muss. Ich entdecke Fabel mit dem Mädchen, das mir beim Konzert aufgefallen ist. Sie klebt an ihm wie ein parasitischer Pilz aus schwarzem Tüll.

Über uns kreuzen sich Stege aus Stahl, gefüllt mit Partygängern, die endlich Wochenende haben. In den Spiegelwänden beäugen Mädchen ihr Aussehen, werden dabei gleichzeitig von den Jungs beäugt und tun so, als würden sie es nicht bemerken. Die Glasfliesen unter meinen Füßen vibrieren im unablässigen Rhythmus der Bässe.

Phönix steht hinter der Bar, aber sie kommt uns nachgeeilt, als wir draußen auf Sabines Shuttle zusteuern. Die Lackierung wirkt in der Dunkelheit fast schwarz – in Wirklichkeit ist sie feuerrot. Ich weiß noch, dass ich am Anfang eine Bemerkung darüber gemacht habe, weil ich nur weiße Fahrzeuge kannte. Mage wurde bei meinem Kommentar ganz still und sagte, die Farbe würde ihn an jemanden erinnern. Ich brauchte einen peinlich langen Moment, dann verschlug es mir auch kurz die Sprache. In den Bildern meiner Kindheit ist Onkel Scope ein breites Lächeln und ein Aufblitzen von Purpur. An den Rest seines Gesichts kann ich mich nicht erinnern.

»Wohin geht ihr?«, fragt Phönix und schüttelt sich die flammende Haarmähne aus den Augen, um mir einen ordentlich bohrenden Blick zuzuwerfen.

»Dahin, wo wir nach dem Konzert immer landen.« *Zum Strand* sage ich vorsichtshalber nicht. Man weiß ja nie. »Mit mir ist alles bestens, Tante Phönix, und ich bin schließlich nicht allein.«

Nie im Leben würde sie zugeben, dass es ihr gefällt, wenn ich sie so nenne. »Ich habe deinem Bruder versprochen, auf dich aufzupassen.«

»Das tust du doch auch. Als du in meinem Alter warst, hast du Sachen angestellt, die um Längen gefährlicher waren.«

Da kann sie nicht widersprechen, schließlich habe ich recht.

»Na gut. Bleib bei den anderen und ticker sofort, wenn etwas passiert.«

»Versprochen.«

Jonas fläzt sich bereits auf der Rückbank des Shuttles. Ich setze mich zwischen seine langen Beine und lehne mich vor, um meine Partystiefel auszuziehen. Danach folgen die dicken Strümpfe, die nötig sind, damit ich von den Schuhen keine Blasen bekomme. »Ist mit dir wirklich alles okay?«, fragt er leise. »Bei dem letzten Song hatte ich das Gefühl, du bist ganz woanders.«

Ein weiterer Flashback. *Ewig, ewig, ewig.* »Ja, alles okay.« Ich starre aus dem Fenster, wo die Stadt an mir vorbeizieht. In der Nacht liebe ich sie sogar noch mehr als am Tag, denn L.A. scheint für die Dunkelheit geschaffen zu sein. Die Menschen füllen sie mit Licht und Leben. In Scharen strömen sie aus Bars und Restaurants; Musik wabert aus offenen Fenstern, Gelächter flattert die Bürgersteige entlang. Wir machen einen Zwischenstopp und holen uns Chinanudeln, die das Shuttle mit ihrem scharfen Duft erfüllen.

Die Knöchel an meinen Händen werden weiß, als ich die

Fäuste balle. Der Kon hatte uns auf unserer Insel eingesperrt, und wir ahnten nicht einmal, dass dieser Ort hier überhaupt existiert. Der Gedanke versetzt mir jedes Mal einen Stich, sogar jetzt noch. Aber solange ich meine Wut darauf konzentriere, muss ich wenigstens nicht an den anderen Kram denken, der heute passiert ist.

Ich springe als Erste aus dem Shuttle und reiße die Schiebetür auf, noch bevor Sabine den Elektromotor abgestellt hat. Rissiger, sonnenverbrannter Asphalt kratzt unter meinen Fußsohlen und hält die Wärme des Tages fest. Nur ein paar Schritte, dann erreiche ich den Sand. Er kriecht zwischen meine wippenden Zehen, während ich die Arme ausbreite und mich um die eigene Achse drehe. Ich höre die brechenden Wellen, atme tief den Salzgeschmack des Windes ein. Jonas packt mich um die Taille und wirft mich über die Schulter. Er ignoriert meine trommelnden Fäuste auf seinem Rücken, während er mich bis zum Rand des Wassers schleppt.

»Nein!«, kreische ich lachend und versuche mich aus seinem Griff zu winden … allerdings nicht sehr energisch, denn ich will auf keinen Fall, dass er mich fallen lässt.

»Bist du ganz sicher? Ganz, ganz sicher?«

»Ja!« Zwar behaupten die Leute, das Wasser sei sauberer als früher, aber ich habe trotzdem nicht die geringste Lust, darin zu schwimmen. Brrr. Ich tauche bestimmt keinen Körperteil in eine Flüssigkeit, die im Dunkeln leuchtet. »Lass mich runter!«

»Ookay«, sagt er und lässt mich ein paar Zentimeter tiefer rutschen.

»Auf den Sand, du Esel!«

Er gehorcht endlich und hat sogar den Anstand, zusammenzuklappen, als ich ihm meinen Ellbogen in den Bauch boxe.

Als wir über den Strand zurück zu Sabine spazieren, halten wir uns an den Händen. Sie hockt bei einem Stapel Feuerholz, das wir aus allen möglichen Resten zuammengesammelt haben, und schüttelt den Kopf über uns zwei. Streichhölzer rasseln in der Schachtel, die sie abwesend zwischen ihren Händen hin- und herwirft.

»Ich sehe weit und breit niemanden«, sagt sie mit gedämpfter Stimme zu Jonas. Abwehrend hebe ich die Hände.

»Neue Regel des Tages: Darüber wird jetzt nicht mehr gesprochen. Schaut euch doch um. Alles ist total harmlos.« Ich sehne mich nach dem Frieden, den ich hier sonst immer finde. Aber solange die beiden so übernervös sind, kann ich darauf wohl lange warten.

Wir brauchen ein paar Minuten, um das Feuer in Gang zu bringen, und ein paar weitere, um uns mit Snacks und Getränken niederzulassen. Für Sabine gibt es ein Bier, tiefbraun und dickflüssig, für Jonas und mich nur Wasser. Ich habe ihm eine Million Mal versichert, dass er wegen mir nicht auf Alkohol verzichten muss, andererseits weiß er durch mich genug darüber, was im Web gelaufen ist. Jedenfalls mehr als die gesäuberte Kurzversion, die der Rest von L.A. geliefert bekommen hat, als die ersten wagemutigen Entdecker hier ankamen und gegen eine Wand von Unglauben anreden mussten.

Die Stadtregierung hat sich entschuldigt, weil nie versucht wurde, andere Überlebende außerhalb von L.A. zu finden. Aber warum hätten sie das auch tun sollen? Sie hatten hier alles, was sie brauchten, und draußen nur totes Ödland. Also gingen sie einfach davon aus, dass es nichts anderes gab. Die erste Überlebensregel lautet, dort zusammenzubleiben, wo man genug Menschen, Nahrung, Wasser und Schutz hat.

Wir werfen die leeren Pappschachteln und Holzgäbelchen in die Flammen und schauen zu, als das Fett spritzt und zischt. Die Unterhaltung plätschert dahin wie die Wellen, und ich lasse mich entspannt gegen Jonas sinken.

»Al, hast du morgen schon was vor?«, fragt Sabine.

Ich öffne die Augen und betrachte ihr Gesicht, das halb in Feuerschein und halb in Schatten getaucht ist. »Lernen.«

»Schon klar. Den ganzen Tag?«

»Und ob. Nächste Woche sind Prüfungen, und schließlich bin ich diejenige, die es Anthem beichten muss, falls ich durchfalle.«

»Okay, okay, ich meine ja nur. Wenn ich irgendwann mal krank werde, dann komme ich jedenfalls zu dir und nicht zu ihm«, sagt sie und zeigt auf Jonas.

Er lacht. »Bis dahin vergehen noch ein paar Jahre, Bean.«

»Hast du vor, dir während dieser Jahre ein neues Gehirn implantieren zu lassen? Nein? Dann bleibe ich bei meiner Meinung.«

»Und da behauptet sie immer, dass *wir* streiten«, sage ich und knuffe ihn mit der Schulter. Er schmollt Sabine an, hält aber nicht lange durch. Die beiden unterhalten sich schon wieder, als ich zum Shuttle trabe und eine alte Akustikgitarre heraushole. Das Holz hat die Farbe von Honig. Auf diesem Instrument habe ich spielen gelernt, als meine Finger noch so winzig waren, dass ich kaum die Akkorde greifen konnte.

Sabine übernimmt den Gesang, damit ich meine Stimme schonen kann, während ich sie begleite. Die Musik schwebt flüsterleicht, sanft und ruhig dahin, verbindet sich mit dem Wellenrauschen und dem Summen der Großstadt im Hintergrund. Jonas streckt sich auf dem Sand aus, sodass seine schwarzen Haare in alle Richtungen ragen wie Spinnenbeine.

Ungefähr um zwei beginnt der Wind aufzufrischen, und die übrig gebliebene Glut verliert allmählich den Kampf gegen die Nachtkälte. Meine Finger zittern und verrutschen auf den Saiten.

»Wir sollten gehen«, sagt Jonas.

»Soll ich euch mitnehmen?«, fragt Sabine.

Wenn ich die Augen ein bisschen zusammenkneife, kann ich von hier aus fast mein Haus sehen. Als ich mich damals für den Umzug entschied, war meine einzige Bedingung bei der Wohnungssuche, dass ich aufs Wasser schauen wollte – und zwar keinen Fluss wie der im Web, der mich sechzehn Jahre lang auf der Stadtinsel eingeschlossen hatte, sondern das echte, offene Meer. Für mich fühlte sich das wie der Inbegriff von Freiheit an. Anthems einzige Bedingung war, dass ich mit Phönix und Mage zusammenwohnte. Also gaben sie ihre bisherige Wohnung auf, und wir drei suchten uns ein Haus direkt am Strand. Nach fast einem Jahr fühlt es sich fast wie das einzige Zuhause an, das ich jemals kannte. Aber nur fast.

»Klar, ich lasse mich doch gerne chauffieren«, sage ich. »Danke.« Wir schippen mit den Füßen Sand aufs Feuer und sammeln unsere Sachen ein. Im Licht der letzten Funken schaue ich Jonas an. »Kommst du mit zu mir?«

Er lächelt. »Wenn du möchtest.«

»Klar. Wer soll mir sonst die Bettdecke klauen?«

Kaum öffne ich die Tür des Shuttles, wird mein Blick von einem Lichtschein auf dem Boden angezogen. Der Bildschirm meines Tablets blinkt. Ich habe eine neue Nachricht. Verdammter Mist, nicht jetzt. Noch so ein Stalkertext, und ich kann mir Nächte wie diese in Zukunft abschminken. Niemand wird mich mehr rauslassen. Vorsichtig lege ich die Gitarre auf der Rückbank ab und bücke mich nach dem Tablet. Ich drücke einen Knopf, um das Blinken abzustellen. Das Rot erinnert mich an einen Migräneanfall.

Oder an ein Warnlicht.

»Al? Al, was ist los?« Jonas Stimme kommt von weit her. Die Nachricht verschwimmt vor meinen Augen, die Worte bilden flimmernde schwarze Pfützen, und ich starre darauf, als könnte ich sie mit meinem Blick verdampfen lassen. Dadurch bringe ich die Botschaft natürlich nicht zum Verschwinden. Auch nicht, indem ich das Tablet aus den Fingern rutschen lasse, sodass der Bildschirm auf dem Boden zerschellt. Hysterisches Gelächter schäumt in mir hoch, und ich kann nichts dagegen tun. Die ganze Woche dachte ich, Tickertexte von einem beschissenen Stalker seien das Schlimmste, was mich erwarten könnte. Tränen laufen brennend über meine Wangen.

»Oh nein«, flüstert Sabine. Sie weiß Bescheid. Beide haben es schon erraten. Ich schließe die Augen, doch Havens Worte haben sich in mein Gehirn eingebrannt.

Alpha, es ist so weit. Komm nach Hause._

0111011101 04 1100101110

Wenn ich einfach hierbleibe, ist es nicht echt.

»Ich fahre mit.«

Ein paar Oberteile, Röcke, Hosen und ein einzelner Stiefel landen oben auf meinem Rucksack. Ich ziehe die Sachen aus meinem winzigen Kleiderschrank ohne hinzuschauen. »Nein«, bringe ich mit klappernden Zähnen hervor. Ich kann geradezu *fühlen*, wie Jonas hinter mir die Arme verschränkt und die Adern sich scharf auf seinen durchtrainierten Muskeln abzeichnen.

»Wieso nicht?«

»Deine Eltern würden durchdrehen. Du hast Prüfungen. *Ich* habe Prüfungen.«

Für den Bruchteil einer Sekunde kann ich beim Packen so tun, als hätte ich eine Wahl. Anthem oder ich. Einen schlechteren Moment, die Uni zu schwänzen, kann es kaum geben. Keine Ahnung, wie lange ich weg sein werde. Oder wie sehr sich meine Suche nach einem Heilmittel dadurch verzögert.

»Wir können die Kurse später nachholen. Meine Eltern werden schon damit zurechtkommen.«

In meinem Zimmer ist nicht genug Raum für seinen Optimismus. Und ich weiß, welche Wahl Anthem treffen würde.

Nein, getroffen *hat*. »Du hast keine Anziehsachen, kein Gepäck, und ich werde nicht auf dich warten.«

»Ich kann mir neue Sachen kaufen.«

»Eigentlich will ich, dass du mitkommst«, flüstere ich. Obwohl die Worte kaum hörbar sind, fängt er sie auf. Er berührt mein Gesicht, und einen Moment lang wird alles in mir still. Seit dem Tag, an dem ich ihm zum ersten Mal begegnet bin, konnte er mich dazu bringen, meinen Schutzpanzer abzustreifen.

»Ich weiß.«

»Deine Eltern werden total begeistert sein, wenn du wegen mir einmal quer über den Kontinent fährst, um ausgerechnet *dort* zu landen. Sie haben die Storys doch auch gehört.« Ich löse mich von ihm und marschiere zum Bett.

»Und sie wissen, dass sich seitdem alles geändert hat. Diese Horrorgeschichten waren doch schon Vergangenheit, als-«

Er wird von einem Geräusch unterbrochen. Schritte. Sabines Partystiefel und zwei weitere Paare. »Machst du bitte die Tür auf?«, frage ich und werfe eine Zahnbürste in meine Reisetasche. Er gehorcht und plötzlich ist mein Zimmer voller Leute. Phönix sieht blasser aus als sonst, und ihre Haarmähne erinnert weniger an Feuer als an Blut. Mages angespannte Fäuste lassen die Knöchel bleich hervortreten. Ich stolpere über am Boden verstreute Kleidung, falle gegen seine Brust, und meine Schultern beben. Ein Armpaar umschlingt mich so fest, dass ich mir einreden kann, ich würde deshalb kaum noch Luft bekommen.

Fingernägel klicken auf einem Tabletbildschirm herum. »Fabel ist schon fast …«, beginnt Sabine.

»… hier«, beendet Fabel den Satz und quetscht sich auch noch ins Zimmer. »Alpha.« Seine Stimme bricht, aber er flickt sie notdürftig wieder zusammen, um zu fragen: »Soll ich mit-kommen?«

»Ja.«

Meine simple Antwort lässt Jonas zusammenzucken.

»Ich fahre euch«, entscheidet Sabine. Dagegen protestiere ich genauso wenig. Mit ihr am Steuer dauert der Trip vermut-lich eine halbe Stunde.

»Passen wir denn alle in dein Shuttle?«, fragt Fabel.

Phönix schüttelt den Kopf, ohne den Blick von mir zu neh-men, und sagt still: »Wir haben uns schon damals von Anthem verabschiedet. Er hat immer gewusst, dass wir nicht zurück-kommen würden. Richte ihm alles Liebe von uns aus, Alpha.«

Ich nicke mit brennender Kehle. Die beiden hierzulassen fühlt sich falsch an. Aber ich hätte vorhersehen können, dass sie diese Entscheidung treffen würden. Wenn ich mir denn jemals erlaubt hätte, darüber nachzudenken.

»Kommt mit, Jungs«, sagte Mage leise, »ich kann euch Klei-dung für die Reise geben. Bean, dir passt bestimmt etwas von Phönix.« Fabel folgt ihm nach draußen, während Phönix und Sabine zusammen Essensvorräte in der Küche auftreiben. Kurz hinter der Stadtgrenze beginnt das Niemandsland, wo es abso-lut nichts mehr gibt, bis wir die Mittelstation erreichen.

Jonas kräftige Hände umfassen mein Gesicht, sodass ich ihn anschauen muss. Die kantigen Linien lassen ihn dominanter wirken, als er eigentlich ist, aber ich bin machtlos gegen seine Augen. Eisgrau. Früher, als wir noch klein waren, hat Anthem meinen Zwillingsbruder und mich einmal zum Flussufer mit-genommen. Stahlgraue Eisschollen trieben auf dem schwarzen Wasser. Ich wollte darüberlaufen. Er musste mich an der Hand packen und zurückziehen. Dann erklärte er mir, dass es gefährlich sei und auf der anderen Seite sowieso nichts auf uns warten würde.

Wir hatten ja keine Ahnung. Genau, wie der Kon es wollte.

»Ich hoffe, dir ist klar … wenn du seinen Zustand siehst … der Kampf gegen den Kon hat Spuren hinterlassen. Das Leben im Web war hart, viele Jahre lang. Was dich dort erwartet …«

Ich schlucke. Eigentlich weiß ich selbst nicht, was uns erwartet. Wie sehr haben die Monate meinen Bruder verändert? »Von Anthem ist wahrscheinlich nicht viel übrig.« Er wird nicht mehr der Mensch sein, den ich kannte. »Und Haven … man hat sie verstümmelt. Die Menschen dort sind anders als in L.A., jedenfalls die Älteren, die das alles durchmachen mussten. Die ganze Stadt ist anders. Man kann das nicht mit den paar Auswanderern vergleichen, die man hier trifft. Im Web sind sie überall.«

»Schsch.« Er drückt seine Lippen auf meine, sanft und kaum spürbar, doch genau richtig. »Ich weiß. Bereit für die Abfahrt?«

»Ja.« Eigentlich nicht, aber ja.

Er führt mich durch den Flur ins Wohnzimmer. Ich schaue mich noch einmal kurz um, weil ich sichergehen will, dass ich mir später alles in Erinnerung rufen kann. Dann gehe ich ans Fenster. Die Wellenkämme hinter dem Sand glühen in einem schillernden Kobaltblau, das ich in- und auswendig kenne. Sabine bewegt sich wie ein Wirbelwind durch die Küche, Besteck klappert, Schranktüren knallen. Ich werde sie nie wieder damit aufziehen, dass sie alles viel zu schnell tut.

»Fang!«, ruft Fabel, und Jonas hebt rechtzeitig die Hände, um sich die Tasche zu schnappen, die Fabel ihm durch den Raum zuwirft. Man hat den Eindruck, als hätten wir alle diesen Moment geprobt, uns auf unsere jeweilige Aufgabe vorbereitet und nur darauf gewartet, in Aktion zu treten, sobald die Nachricht kommt. Ich bin nicht sicher, ob dieser Gedanke mich eher deprimiert oder mit Dankbarkeit erfüllt. Vielleicht beides gleichzeitig, zusätzlich zu den übrigen Gefühlen, die bei jedem Pulsschlag durch meinen Körper wirbeln.

Das Shuttle steht an der gleichen Stelle geparkt, wo ich vor weniger als einer Stunde ausgestiegen bin.

Jede Sekunde, die wir nicht auf dem Weg nach Osten sind, ist für immer verloren. »Kommt, wir müssen los«, sage ich und werfe durch das Fenster einen Blick ins Innere des Shuttles. Meine Gitarre ist weg. Mein Herz beginnt zu rasen, doch dann sehe ich sie hinter der Rückbank auf dem Boden, wohin jemand sie verlagert hat, um Platz für einen Stapel Kissen und Decken zu schaffen.

»Hält deine Batterie die ganze Fahrt durch?«, fragt Mage.

»Solange wir ab und zu Sonnenschein haben.« Sabine verstaut die Essensbox und lässt sich auf den Fahrersitz plumpsen, bevor jemand ihr wohlmöglich den Platz streitig machen kann.

»Mein Tablet ist kaputt gegangen«, sage ich mit einer Stimme, die ganz fremd klingt.

Phönix streicht mir übers Gesicht. »Schon okay, Al. Ich werde allen Bescheid geben, dass sie dich über Fabels Nummer erreichen können. Fabel? Du hast dein Tablet, oder?«

»Klar, hier.«

»Pass auf dich auf, Kleines.«

Die beiden umarmen mich noch einmal. In L.A. waren sie meine Ersatzeltern, aber jetzt schubsen sie mich sanft auf das Shuttle zu, damit ich einsteige. Ich rolle mich auf der Rückbank zu einer Kugel zusammen. Fabel setzt sich zu Sabine nach vorne, Jonas streckt sich auf der mittleren Sitzreihe aus und lehnt sich mit dem Rücken an das Seitenfenster. Er lässt den Arm über das Polster baumeln und hält meine Hand.

Am liebsten würde ich schlafen. Wenigstens könnte ich damit die Zeit totschlagen, aber ich schaffe es nicht. Fabel fummelt an etwas herum und flucht leise vor sich hin. Als plötzlich Musik aus den Lautsprechern ertönt, wird mir klar, dass er eine tragbare Minikonsole angeschlossen hat. In L. A. werden bessere Soundsysteme gebaut als jemals bei uns im Web, aber ohne die technischen Zusätze des Kon. Nur normale kleine Boxen, aus denen normale Musik kommt. Ich hebe eine Hand und fahre mit dem Finger über die erhöhte Hautstelle an meinem Handgelenk.

Bevor ich von zu Hause abgereist bin, wusste ich bereits, dass ich eines Tages zurückkommen würde. Und mir war klar, dass von den möglichen Gründen dieser hier ganz oben auf der Liste stand. Allerdings hatte ich gehofft, dass es länger dauern würde. Niemand von uns konnte jemals sicher sein, wie viel Zeit Anthem noch blieb. Aber er war jahrelang so voller Energie, als würde der Wandel, für den er gekämpft hatte, ihn erneuern und verjüngen. Noch vor einem Jahr gab er Kindern Unterricht im Gitarrespielen, nahm eigene Stücke auf und half Haven nebenbei mit ihrem Computerkram, soweit er eben konnte. Zugegeben, viel Talent hatte er dafür nicht.

Ich frage mich, ob das Blau in seinen Haaren verblasst ist, seit ich ihn das letzte Mal gesehen habe. Sein natürliches Weißblond ließ die Strähnen immer leuchten wie Splitter eines Sommerhimmels, der mit der Sonne um die Wette strahlt. Das Gleißen schmerzt in den Augen und lässt die Lider brennen.

»Guten Morgen.«

»Was? Oh.« Ich reibe mir die Augen. Jonas schaut auf mich herab, und seine Lippen kräuseln sich zu einem sanften Lächeln.

»Du hast geschlafen«, sagt er und streicht mir das Haar aus der Stirn.

»Wie lange? Gibt es …? Habe ich etwas verpasst?«, frage ich und richte mich hastig auf. Meine Kehle fühlt sich an, als hätte ich einen Mundvoll Sand von meinem Strand in L.A. verschluckt. Jonas reicht mir eine Wasserflasche.

»Ein paar Stunden, keine neuen Nachrichten«, antwortet Fabel. Anscheinend haben wir zwischendurch angehalten, denn Sabine schläft wie im Koma, und an ihrer Stelle steuert er das Shuttle vorsichtig auf der einzigen brauchbaren Spur des zerbröckelten Highways entlang.

»Okay.« Ich entspanne mich ein kleines bisschen. Garantiert hat Haven uns so rechtzeitig wie möglich vorgewarnt. Andererseits konnte sie den Zeitpunkt wohl auch nur vermuten. Fabel fährt so schnell, wie er es sich traut, aber ich wünschte, Sabine würde ohne Schlaf auskommen.

Jonas scheint für einen Moment nur aus Armen und Beinen zu bestehen, als er sich zusammen- und dann auseinanderfaltet, um ungelenk an meiner Seite zu landen. Er wirft meine Decke auf den vorderen Sitz. »Hungrig?«

»Würg, nein.«

»Bald siehst du deinen Zwilling wieder und Haven und alle anderen, von denen du mir erzählt hast. Das ist doch gut, oder? Ich meine … ach verdammt, Al, ich weiß selbst nicht, was ich meine.«

»Ist schon okay.« Ich lehne mich an ihn. »Du hast recht, natürlich ist es gut, alle wiederzusehen. Ich habe keine Ahnung, was Omega getrieben hat, seit ich weg bin. Beim Tickern war er immer so neugierig auf alles in L.A., dass er meine Fragen kaum beantwortet hat. Also ja, bald wieder auf dem Laufenden zu sein ist nicht schlecht.«

Die nächsten Meilen legen wir schweigend zurück. Irgendwann sagt Jonas: »Würdest du bitte mit mir reden?«

»Worüber denn?«, frage ich leichthin, als gäbe es nichts, was ich ihm nicht schon längst erzählt hätte.

»Egal. Ich will einfach mehr darüber wissen, was das Web ist.«

Mein Zuhause. Oder so ähnlich. Trotzdem will ich es nicht wiedersehen und wünsche mir immer noch, die anderen wären mit mir gemeinsam umgezogen. Ich habe sie darum angebettelt. Mir war es wichtig, dass wir zusammenblieben, aber nicht in dieser Stadt. Weil ich nämlich alt genug war, um mich zu erinnern: an meinen Vater, an Anthems Sucht; an die Umarmung von Haven, als uns erklärt wurde, dass sie nicht mehr hören kann. Ich erinnere mich an den Tag, als die Leiche von Bee aus der Wohnung getragen wurde, weil das Altern sie müde und krank gemacht hatte. Ich weiß noch, wie lange alle um Scope getrauert haben und dass Pixel sich nie ganz davon erholen konnte.

Ich erinnere mich an den weißen Raum, was die Frau mit mir angestellt hat und dass ich es reparieren muss, wenn ich kann.

»Jede Menge Metall und Glas«, sage ich. »Genau wie L.A.«

Er hebt die Augenbrauen. Ich gebe nach.

»Die Stadt ist eine Insel und in vier Quadranten aufgeteilt: das UpperWeb, das LowerWeb und die beiden Randgebiete. In der Mitte liegt der Cyclon. Da war früher der Kon. Also, natürlich war der Konzern überall, aber dort stand die Firmenzentrale. Das Gebäude gibt es immer noch und wird von der Stadtregierung benutzt.«

»Und sonst?«

»Man ist nie weit vom Fluss entfernt und kann überall das Wasser riechen. Wie ein Gewitter in der Luft. Im Stadtzentrum liegt ein großer Park. Dort wird Vieh für die Nahrungsversorgung gehalten, aber in einem Teil kann man spazieren gehen. Und in dem Park habe ich ...« Im Frühling immer die Kirschblüten bewundert.» ... zum ersten Mal Anthems Musik gehört.«

Auch das ist geschwindelt, aber die Lüge fällt mir leichter als die Wahrheit. Ich habe erst im Laufe der Jahre verstanden, wie sehr es Ell amüsiert haben muss, mich und Omega ausgerechnet mit Anthems Musik abhängig zu machen. Ihre Bösartigkeit besaß die scharfe Symmetrie, die dem Kon schon immer so gefiel.

Sabine wacht auf und murmelt, dass sie am Verhungern ist. Wir halten am Straßenrand an. Das Shuttle ist nur ein zufälliges Staubkörnchen auf einer leeren Leinwand. Die Landschaft um uns herum ist flach, grau und tot, bis auf einen glitzernden Kommunikationsmast in nicht allzu großer Ferne. Ich weiß nicht genau, wann er dort aufgestellt wurde, aber jedenfalls kann er höchstens acht Jahre alt sein. Nach der Revolution dauerte es zwar nicht lange, bis die Entdeckerneugier erwachte, doch zuerst mussten Shuttles gebaut werden, die für lange Strecken taugten, und dann brauchten wir eine ganze Weile, um herauszufinden, dass es an anderen Orten überhaupt Leute zum Kommunizieren gab.

Als ich eine frische Hose aus meiner Reisetasche hole, fällt eine Handvoll Metallgeld heraus. Ich lasse die matt glänzenden Münzen auf dem Boden des Shuttles liegen und wechsle die Klamotten, in denen ich geschlafen habe, gegen neue aus. Dann schlängele ich mich auf den Fahrersitz. Meine Hände brauchen einfach irgendwas zu tun.

Zersplitterte Bäume. Kahl rasierte Felder, die für immer unfruchtbar bleiben werden. Ein vergifteter See mit ölig oranger Oberfläche. Hier und dort die Überreste einer Siedlung, die den Naturgewalten trotzen konnte, aber keine Chance gegen die Zerstörungskraft hatte, mit der Menschen sich gegenseitig ausrotten.

Fabel und Jonas unterhalten sich hinter mir mit leisen Stimmen, und ich fange Bruchstücke auf, die sich um Anthem drehen.

»… direkt unter der Nase des Kon, als sei das keine große Sache …«

»… einen Faustschlag mitten ins Gesicht, aber das hatte echt keiner so verdient wie dieser Bastard in seinen bescheuerten gelben Klamotten …«

»… auf dem Fernsehbildschirm, vor allen Leuten. Seine Geschichten sind legendär. Er hat nie den Schwanz eingezogen. Glaub mir, Mann, Anthem war …«

»Ist«, verbessere ich Fabel scharf und presse das Gaspedal zu Boden.

Sabine legt ihre Hand auf meinen Arm.

Meine Augen beginnen zu brennen, doch ich fahre noch eine ganze Stunde weiter, bevor ich mich geschlagen gebe und Jonas das Steuer überlasse. Anthem singt aus den Lautsprechern für mich, während ein Sonnenuntergang aus fast schmerzhaftem Pink den Himmel füllt. Ich hätte Haven nicht im Stich lassen dürfen, um allein mit allem klarzukommen. Natürlich ist Omega bei ihr, aber trotzdem.

An diesem Punkt sind wir fast genau auf halber Strecke zwischen dem Web und L.A. Ich habe das Gefühl, als würde ich in beide Richtungen gleichzeitig gezogen, nur um am Ende nirgendwo zu Hause zu sein. Mein Strand und – eines Tages – mein Heilmittel liegen hinter mir, Anthem und der Ort meiner Kindheit vor mir. Doch in welcher Stadt ich mich auch befinde, die andere wird immer nach mir rufen.

■

Hier draußen im Niemandsland ist es verdammt kalt, und ich vermisse meinen Sonnenschein und meinen Sand.

»Wo sind wir?« Ich werfe einen Blick auf Fabels Tablet und tippe die Nachricht an Phönix, dass wir okay sind.

»Ungefähr eine Stunde von der Mittelstation entfernt, glaube ich. Zumindest wenn die Karte stimmt«, sagt Fabel. Er starrt durch die Windschutzscheibe in die pechschwarze Dunkelheit hinaus. »Wollen wir eine Essenspause machen oder bis dahin warten?«

»Warten«, sage ich. Alle stimmen mir zu.

Die Mittelstation ist nicht gerade beeindruckend, nur ein Fleck in der Landschaft. Aber nach fast zwei Tagen, in denen es überall nur leere Weite zu sehen gab, ist selbst ein Haufen würfelförmiger, metallischer Wohncontainer rund um einen Funkturm ein willkommener Anblick. Generatoren brummen wie graue Bienenstöcke voller bösartiger Insekten. Eine Reihe alter Patrouillen-Shuttles steht in der staubigen Landschaft. Das Kon-Logo auf den weißen Seitentüren wurde abgeschliffen.

Wir gehen auf den nächstgelegenen Würfel zu, aus dessen Tür warme Dampfschwaden dringen. Vor einem langen Tresen steht eine Ansammlung wackeliger Tische und Stühle. Auf einem hockt ein Mann, der die Hände um einen Becher mit fragwürdigem Inhalt geschlungen hat.

»Kommt ihr aus dem Web?«, fragt er. Ein altes Chrome-Tattoo klammert sich an die verrunzelte Haut seiner Wangen. Der Metallschmuck verläuft in Spiralen von den Backenknochen bis zum Kinn.

»Die Hälfte von uns«, sagt Jonas. »Wir wollen dorthin.«

Der Typ schaut uns aus zusammengekniffenen Augen an und versucht, diese Info zu verarbeiten. Ich schätze, er bekommt hier nicht viele Besucher, die nach Osten wollen. Wieso auch? Niemand kehrt freiwillig zurück. Er kommt wohl entweder zu dem Schluss, dass er keine Fragen stellen sollte oder dass es ihm egal ist. Jedenfalls erkundigt er sich nur: »Braucht ihr was zum Schlafen?«

Sabine schüttelt den Kopf. »Bloß Essen und eine Dusche. Wir haben keine Zeit, lange zu bleiben.«

»Wird gleich geliefert. Hey, Nebel! Vier Teller voll!«

»Okay«, ruft eine Frauenstimme von irgendwo hinten.

Er stemmt sich hoch und geht zur Wand. Als er die Hand auf eine Platte der Vertäfelung legt, springt sie auf und enthüllt einen Handtuchstapel. »Nächstes Gebäude links«, sagt er und zieht die vier obersten heraus.

»Ganz schön einsames Leben hier.«

Der Mann wirft einen langen, forschenden Blick auf Jonas Handgelenk, das keine Narbe oder Ausbuchtung zeigt, dann nickt er. »Jemand muss es schließlich machen. So viel Einöde ist ja nicht auszuhalten. Da braucht man irgendwann ein Lebenszeichen. Wenn keins da ist, baut man eben eins hin. Außerdem« – er lacht und lässt seine löcherigen Zahnreihen sehen –, »für ein halbes Jahr hier bekommen wir so viele Kreditpunkte, dass wir das nächste halbe Jahr keinen Finger rühren müssen. Niemand sonst will den Job.«

»Kommen oft Leute hier durch?«, fragt Fabel. Währenddessen dreht sich Jonas langsam im Kreis, um jedes Detail des Raums in sich aufzunehmen. Sein Blick bleibt an der Konsole in der Ecke hängen.

»Jetzt nicht mehr. Ich schätze, wer nach Westen verschwinden wollte, hat das schon getan, und ihr seid die Ersten, die ich zurückkommen sehe. In letzter Zeit hängt hier manchmal ein Reparaturtrupp herum, der für die Stadtregierung den Turm aufmotzen soll. Sonst niemand.«

Die Dusche ist kaum mehr als ein Rinnsal Filterwasser aus einem Tank. Trotzdem kommt sie mir wie die beste meines Lebens vor. Ich rubbele mich mit einem bröckeligen Stück Seife ab, wasche mir das Haar und versuche, nicht zu schreien, während ich hastig mit den Fingern durch die Verfilzungen kämme. Danach wartet ein Teller voller gummiweichem, farblosem Hühnchen auf mich. Ich schiebe es noch immer mit meiner Gabel hin und her, als Fabel aus der Dusche zurückkommt. Zum ersten Mal seit der Sache im Club sind wir mehr oder weniger allein.

»Wieso hast du mir nichts erzählt, Al?«

»Weil ich ehrlich geglaubt habe, dass es nicht wichtig ist. Komm schon, ich habe mein Tablet kaputt geschlagen und bin mitten in der Nacht aus der Stadt abgehauen. Müssen wir wirklich darüber reden? Noch sicherer kann ich ja wohl kaum sein.« Ich zucke zusammen. »Das soll nicht heißen, dass ich es hilfreich finde, was mit Anthem …«

»Himmel, wo ist die Al geblieben, die genau weiß, dass sie mir so etwas nicht zu erklären braucht? Reg dich ab.«

Das Huhn rumort in meinem Magen. »Erzähl den anderen nichts, wenn wir ankommen. Das brauchen sie alles nicht zu wissen«, sage ich. Er nickt und kaut länger als nötig auf seinem Essen herum.

Unser namenloser Gastgeber schiebt seinen Stuhl zurück. Ein Kratzen der Stuhlbeine am Boden, quietschende Schuhsohlen, und dann höre ich seine Finger auf den Bildschirm der Konsole tippen.

Ich stelle keine Fragen.

»Hey, alles okay?«, fragt Jonas, als ich mich in der Tür an ihm vorbeidränge. Sabine folgt dicht hinterher. In der Dunkelheit wirkt Jonas Haar fast schwarz, und Wasser tropft auf ein frisches T-Shirt, das zwei Größen zu weit ist.

»Ich warte draußen«, sage ich, denn ich will dem Typ nicht beim Streamen zusehen. Er hätte doch wohl verdammte zwanzig Minuten länger durchhalten können. Aber vor allem bin ich nervös, weil wir die Mittelstation erreicht haben und sich nun nichts mehr zwischen mir und unserem Ziel befindet. Man kann den Einfluss des Web bereits spüren. Er spiegelt sich im Metall und in den harten Linien der Gebäudewürfel. Er schallt mir aus der Konsole entgegen, trotz der Kopfhörer, die der Typ sich über die Ohren gestülpt hat. Jetzt genießt unser Gastgeber also seinen Trip. Ohne Angst vor dem weißen Raum, der sich schon wieder um mich schließt und alle Farbe aus meinem Bewusstsein löscht. Ich beiße die Zähne zusammen. Nicht jetzt.

Fabel kann das Bezahlen übernehmen, denn ich gehe nicht wieder rein. Der Gedanke lässt mein Handgelenk kribbeln, als würde der Chip darin zum Leben erwachen.

Im Shuttle herrscht das pure Chaos. Ich falte Klamotten zusammen, sammle leere Wasserflaschen ein und werfe sie in einen Recyclingbehälter. Mir juckt es in den Fingern.

»Die anderen kommen gleich, nur noch ein paar Minuten«,
sagt Jonas sanft. Ich fege noch energischer die Krümel von den
Sitzen. »Was ist denn los?«

»Blöde Frage.«

Er atmet scharf ein. »Nein, ist es nicht«, sagt er und greift
nach mir. »Was ist los?«

»Vielleicht schaffen wir es nicht mehr rechtzeitig.«

»Doch, tun wir.«

Ich kicke einen Steinbrocken über den Parkplatz. »Woher
willst du das wissen?«

»Al, komm schon.« Er seufzt und legt einen Arm um meine
Schulter. »Okay, ich weiß es natürlich nicht. Aber wenn etwas
passiert wäre, hätte Haven uns benachrichtigt. Also fahren wir
weiter. Trotz allem. Fabel hat gesagt, von hier aus brauchen wir
höchstens noch einen Tag, stimmt's?«

»Ja, stimmt.« Als wir das Web verlassen haben, hat unsere
Auswanderergruppe hier Pause gemacht. Fabel und ich blieben immer eng zusammen, weil wir niemanden sonst im Shuttle kannten. Die Gruppe füllte den Essraum mit lautstarker
Aufregung und Furcht vor dem Unbekannten. Nur Traurigkeit war Privatsache. Man behielt die Erinnerung an die vielen Abschiede für sich, sonst wäre das Shuttle vor Tränen glatt
übergeschwappt.

Oder vielleicht galt das bloß für mich. Fabel schien es her-
vorragend zu gehen. Er hatte ja auch weniger zurücklassen
müssen als ich.

Manchmal kommt es mir vor, als sei mein Kopf so voll-
gestopft mit Erinnerungen – vielfarbigen und künstlich weißen –, dass ich gar nicht weiß, wie mein zukünftiges Leben hineinpassen soll. Aber jetzt und hier beginnt die Zukunft damit,

dass wir alle ins Shuttle steigen und endlich die letzte Strecke zu meinem sterbenden Bruder fahren. Denn im Gegensatz zu mir hat er kaum noch Lebenszeit vor sich, um die er sich Gedanken machen muss. Wahrscheinlich strengt er sich an, jeden seiner letzten Momente in sein Gedächtnis einzubrennen, und wenn wir nicht endlich starten, werde ich in keinem davon vorkommen.

»Wird es eine Beerdigung geben?«, fragt Jonas. Ich schüttle den Kopf.

»Das ist bei uns nicht üblich, anders als in L.A. Wir legen seinen MemoryChip in einen Spind und können ihn besuchen, wann immer wir wollen. Du wirst schon sehen.« Allerdings werde ich Anthem nicht oft besuchen können. Schließlich will ich zurück nach L.A. und muss ihn dafür im Stich lassen. Schon wieder.

»Bereit zum Losfahren?«, fragt Fabel.

Jonas nickt. »Soll ich ans Steuer?«

»Nee, geht schon. Was haltet ihr von ein paar neuen Songs?«

»Gar nichts.« Ich schnappe ihm die Minikonsole aus der Hand und schleudere sie in den Innenraum des Shuttles. Fabel schaut mich mit großen Augen an. Die Außenbeleuchtung lässt das Weiße um seine Pupillen funkeln.

»Klar doch, warum nicht«, widerspricht Jonas mir nach einem Moment, lehnt sich vor und gibt mir einen Kuss auf den Scheitel. »Kein Problem.«

Ich falle in einen unruhigen Schlaf. Eigentlich döse ich nur, um mit niemandem sprechen zu müssen. Die Sonne geht auf und kriecht viel zu langsam über den Himmel, als habe sie ebenfalls Angst davor, was sie im Web erwartet, wenn sie dort ankommt. Ich versuche nicht mehr, etwas zu essen. Mehrmals legt Jonas schweigend seine Hand auf mein Bein, damit ich aufhöre zu zucken.

Ich gebe Fabels Tablet nicht aus der Hand. Zweimal frage ich Sabine und Jonas, ob sie ihres auch laut genug gestellt haben, nur für den Fall.

Dann ist es wieder dunkel, bis auf einen letzten Schimmer von Tageslicht. Ich klettere über die mittlere Sitzreihe und quetsche mich ganz nach vorne durch, um aus dem Vorderfenster zu starren. Vor uns am Horizont leuchten Fenster wie eine Galaxie voller Sterne, die auf die Erde niederregnen, aber im Flug verglühen.

Das Web.

Ich sehe gerade noch ein kurzes Aufflackern von grell Orange und zu viel Weiß, dann wird mir die Luft aus den Lungen gedrückt, und meine Füße hängen ein paar Zentimeter über dem Boden. »Okay«, keuche ich nach einer Minute. »Lass mich … runter. Kann nicht … atmen.«

»Hab dich vermisst, Schwesterchen«, sagt Omega und setzt mich auf dem dicken Teppichboden ab. »Keine Ahnung, warum. Ganz ehrlich, ich bin immer noch der hübschere Zwilling.«

Ich muss nach oben reichen, um ihm mit der Faust drohen zu können, und wedele sie vor seiner Nase und den orangefarbenen Lippen herum. »Das kann ich gerne ändern, wenn du willst.«

»… und ich will ja keinen schlechten ersten Eindruck machen, aber da muss ich dir leider widersprechen«, ergänzt Jonas.

Omegas Blick huscht zu ihm, dann wieder zu mir. »Ist das der Typ?«

»Genau. Jonas, das ist Omega. Omega, das ist Jonas.«

Er nickt und schüttelt meinem Freund die Hand. »Bin froh, dich endlich zu treffen, Mann. Schade, dass es ausgerechnet so … na, du weißt schon.«

54

»Tut mir leid mit eurem Bruder.«

»Fabel ist auch hier. Und unsere Freundin Sabine. Sie kommen gleich hoch, müssen nur erst das Shuttle parken. In welchem Zimmer ist er?«

»Bei Haven. Sie will ihn keine Minute allein lassen, nicht einmal zum Essen oder so. Wir anderen kümmern uns halbwegs um den Rest, aber … ich bin froh, dass du hier bist.«

»Ja, ich auch.«

Die Wohnung sieht genauso aus wie immer: viel zu groß und viel zu luxuriös. Leere Flächen werden von einigen Inseln aus chaotischer Wohnlichkeit unterbrochen. Die Couchecke ist neu, sieht jedoch aus wie ein Klon der weißen Monstrosität, die schon hier stand, als wir eingezogen sind. Vor den Fenstern breitet sich der Stadtpark aus. Wir haben Nacht, aber ich weiß genau, wie das Morgenlicht auf den Baumwipfeln schimmern wird, wenn die Sonne aufgeht.

Die meisten Türen stehen offen, und in den Räumen dahinter gibt es nichts als bedrückende Stille. Mein Zimmer sieht aus, als sei ich nie weggezogen, und ich muss schlucken. Haven hat einen der Räume vor ein paar Jahren in ein Büro umgewandelt und mit Computertechnik gefüllt, die mich anblinkt, als ich vorbeikomme. Die Tür ganz am Ende des Flures ist nur angelehnt. Von drinnen fällt ein sanfter Lichtschein auf meine Stiefelspitzen.

Sie hockt auf einem Stuhl neben dem Bett, hat die Beine angezogen und in der einen Hand ein Buch, während die andere Anthems Finger umklammert. Seine Haut spannt sich wächsern über den Knochen. Er hat die Augen geschlossen, und seine Haare sind eine zerzauste Farbexplosion auf dem schwarzen Kissen. *Immer noch blau*, denke ich dumpf. Solange ich mich darauf konzentriere, muss ich mir den Rest von ihm nicht anschauen. Seit Isis ihm verboten hat, seinen Nackenstecker zu benutzen, um seine Frisur mit Glasfasern aufzupeppen wie früher, musste er sich die Haare ganz normal färben wie jeder andere auch. Das verdammte Ding hat ihm schon genug Lebensenergie abgesaugt. Schließlich ist das der Hauptgrund, warum ich jetzt hier stehe.

Musik – nicht von ihm – wabert aus einem Minilautsprecher auf dem Nachttisch. Auf medizinischen Bildschirmen leuchten Neonzahlen; Kabel schlängeln sich zu den Sensoren an Anthems Handgelenk und unter seinem Shirt.

»Du hast es rechtzeitig geschafft«, sagt Haven, und unter ihren geröteten Augen breitet sich langsam ein Lächeln aus. Sie löst ihre Hand von seiner. In ihr Gesicht haben sich neue Linien eingegraben, und als ich sie umarme, fühlt sie sich zerbrechlich an wie ein dünnknochiger Vogel. Ich muss daran denken, dass das Alter sie ebenfalls einholt. Trotzdem hat ihre Schönheit seit meiner Kinderzeit nicht nachgelassen, und an Intelligenz hat sie im Laufe der Zeit eher noch zugelegt, was schon etwas heißen will. Früher habe ich mir gewünscht, so zu werden wie sie. Heute würde es mir schon ausreichen, ich selbst zu sein. Wenn ich denn wüsste, wer das ist.

Haven tritt einen Schritt zurück, um mich richtig anzuschauen. »Die Sonne in L.A. bekommt dir gut.«

»Stimmt, hat nicht viel Ähnlichkeit mit dem Web.« Vielleicht werde ich später darüber reden, wenn ich bereit bin. Aber erstens ist das nicht der Grund, warum ich hier bin, und zweitens kann ich nicht darüber nachdenken, was ich durch diese Reise aufgegeben oder zumindest aufgeschoben habe. Ich spüre bereits den drohenden Flashback. Er drängelt hartnäckig gegen den Rand meines Bewusstseins. »Wie geht es ihm? Und wie geht es dir?« Ich spreche absichtlich etwas langsamer als sonst, aber im dämmerigen Licht braucht sie trotzdem einen Moment, um meine Lippen zu lesen und die Worte zu entschlüsseln.

»Isis tut, was sie kann. Er will nichts gegen die Schmerzen nehmen.«

Okay, das überrascht mich kein bisschen. Genauso wenig wie die Tatsache, dass Haven nur eine meiner Fragen beantwortet hat.

»Hallo, Anthem.« Die Matratze gibt unter meinem Gewicht ein wenig nach, und seine Augenlider flattern.

»Al«, flüstert er. »Kein Grund zum Weinen.« Mein Blick verschwimmt im Licht zu bunten Prismenfarben. In meinem Kopf höre ich Anthem mit dieser unverwechselbaren Stimme singen, stark und voller Energie. Und jetzt ist er … das hier.

»Tue ich gar nicht«, schwindele ich.

»Erzähl mir von Los Angeles.«

»Du würdest die Stadt lieben. Überall gibt es so viel Platz, und es ist wärmer als hier. Das Meer ist …« Unbeschreiblich. Ganz anders als das bleiern schwarze Wasser an unserer Küste. »Die Straßen sind unglaublich sauber und die Leute so nett. Das Studieren macht Spaß. Fabel gilt bei den Mädels als *exotisch*, und glaub mir, er stößt sie nicht von der Bettkante.«

Anthem lächelt und verzieht das Gesicht, weil selbst diese Geste ihn anstrengt. »Ich bin froh, dass du glücklich bist, Al.«

Durch die Tür dringen Stimmen, schwellen an und ab, und ein Funke des Erkennens flackert über die milchig blauen Pupillen. »Du hast Besuch bekommen«, sage ich und schlucke.

»Außerdem gibt es ein paar Leute, die ich dir vorstellen will.«

Zum ersten Mal sehe ich ein Grinsen in seinem Gesicht. Oder zumindest den Ansatz davon, der einem schmerzhaften Zucken gleicht. »Aha. Ich hab mich schon gefragt … wann du damit herausrückst.«

So geräumig das Zimmer auch ist, mit so vielen Leuten wird es doch ein bisschen eng. In der Zwischenzeit sind auch noch Pixel und Isis aufgetaucht, und ich winke sie herein. Alle versammeln sich um das Bett. Nur ein paar Personen fehlen spürbar, nämlich Mage, Phönix und Scope. In dem vollen Zimmer scheint ihre Abwesenheit noch mehr aufzufallen. Die Hälfte der Leute, die einstmals eine Revolution angezettelt haben, um das Web zu retten, sind heute für immer fort. Auf die eine oder andere Weise. Aber ich bin froh, Pixel zu sehen, und noch ein bisschen froher über Isis. Denn MedTechs bekamen früher eine spitzenmäßige Ausbildung, das muss man dem Kon lassen.

Ich greife nach Jonas Hand.

»Du bist also der junge Mann, der jetzt auf unsere Alpha aufpasst«, sagt Anthem und versucht blinzelnd, Jonas Gesicht zu sehen.

Mein Freund zuckt mit einer Schulter. »Oder eher umgekehrt.«

»Ja, kann ich mir denken.« Anthem lacht. Die Stimmung hebt sich kurz und stürzt wieder ab, weil alle mit angehaltenem Atem warten müssen, bis mein Bruder einen Hustenanfall unter Kontrolle gebracht hat und einen Schluck aus der Wasserflasche trinken kann, die Haven für ihn hält. Die Maschinen hören auf, Alarm zu schrillen. Die Neonzahlen färben sich von Rot zu Schwarz zu Grün. »Sie konnte schon immer ein bisschen dominant sein.«

»Du hast ja keine Ahnung«, flüstert Omega meinem Freund zu.

»Hey!«

»Jetzt ist aber Schluss mit der Männerverschwörung«, sagt Haven. Wenigstens lächelt sie inzwischen. »Ich freue mich sehr, dich kennenzulernen.«

»Geht mir genauso.«

»Und das hier ist Sabine«, sage ich und ziehe sie nach vorne. »Sie hat ein irres Talent für den E-Bass.«

»Hi«, sagt Sabine schüchterner, als ich sie jemals erlebt habe. Dann entsteht eine Pause, und in der Stille tauschen wir alle angespannte Blicke aus.

Der Ausdruck auf Jonas Gesicht ist schwer zu enträtseln, doch ich setze die Puzzleteile seit Monaten zusammen und kann die Zeichen deuten. Gekräuselte Augenbrauen, schmale Lippen, sein typisch forschender Blick, den er alle paar Sekunden vom Bett zu einer Lampe oder einem Fleck an der Wand wandern lässt, damit er nicht zu aufdringlich wird. Ich schätze, es spielt keine Rolle, wie oft ich ihm erklärt habe, was mit Anthem passiert ist, was die Musik mit ihm angestellt hat.

Ich drücke seine Hand, und er drückt zurück. Ein stummer Austausch, fast wie ein Duett zu Hause auf der Bühne, wo es nur darum geht, die nächste Textzeile nicht zu vergessen.

Man muss uns nicht erst sagen, dass Anthem seine Ruhe braucht, doch keiner im Raum will als Erster gehen. Ich lasse Jonas los und schlängele mich zu Haven durch. Sie sollte sich auch endlich ausruhen und etwas essen, aber ich habe mich in meinem Leben noch kein einziges Mal gegen sie durchsetzen können, und jetzt ist nicht der Moment für einen weiteren Versuch. Ich gebe Anthem einen Kuss und verspreche, dass ich bald wiederkomme.

Diesmal stimmt es sogar. Nicht wie bei unserem letzten Abschied.

Omega hat meine Reisetasche in mein früheres Zimmer gepackt. Sabine bekommt den Raum, in dem mein Vater so kurze Zeit gelebt hat. Fabel schläft auf einem der Sofas wie schon Hunderte Male vorher.

In meinem Zimmer schwebt sogar noch der gleiche Geruch wie an meinem Abfahrtstag: eine Mischung aus Parfum, Haarfärbemittel und der metallischen Note von angebrochenen Packungen voller Gitarrensaiten. Die Matratze gibt exakt so weit nach, wie ich unwillkürlich erwarte, als ich mich daraufsetze und Jonas beobachte. Er kennt mein Zimmer in Los Angeles. Von dem ganzen Kram darin gehört die Hälfte ihm. Aber er kennt nur Teile von *mir*, und hier befinden sich die ganzen Überbleibsel, die ich abgestreift und zurückgelassen habe wie eine alte Haut, weil ich sie nicht bis ans andere Ende des Kontinents mitschleppen wollte.

Seine Fingerspitzen hinterlassen Spuren in der dünnen Staubschicht, die meine ehemals weißen Möbel grau färbt.

»Alles in Ordnung mit dir?«, fragt er.

Ich zupfe an der Bettdecke herum, während er sich gegen die Kommode lehnt und die Arme verschränkt. »Und mit dir?«

»Ich bin nur …« Seine Hände ballen sich zu Fäusten. »Ich kapiere das alles nicht. Die Sache mit deinem Bruder geht nicht in meinen Kopf. Wie konnten sie so etwas mit den Leuten machen?«

Natürlich fragt er nicht wirklich nach dem *Wie*, denn die technische Seite habe ich ihm erklärt, soweit ich sie selbst verstehe. Er will wissen, *warum*. Darauf hatte ich schon beim ersten Mal, als wir darüber geredet haben, keine richtige Antwort.

»Tut mir leid, dass ich gefragt habe.«

»Muss es nicht.«

»Omega ist jedenfalls cool.«

»Klar, wir sind doch Zwillinge.«

Jonas lacht. »Wir haben uns ein bisschen unterhalten. Er hat mich ins Kreuzverhör genommen und nach meinen … äh, Absichten gefragt.«

»Tja, ich hoffe, du hast die Absicht, mich zu küssen.«

Er hebt die Augenbrauen. Ich weiß selbst nicht genau, was in mich gefahren ist. Zum Flirten ist jetzt und hier wohl kaum der richtige Moment. Aber ich brauche ein paar Glückshormone. Nur für eine Minute.

Seine geschmeidige Kraft drückt mich auf die Matratze, doch haarscharf vor meinem Mund hält er an. »Ich weiß nicht recht«, überlegt er laut. »Deine Brüder könnten etwas dagegen haben.«

»Gut so. Das ist ein echter Pluspunkt.«

Wir versammeln uns nach einer Weile im Wohnzimmer. Omega wühlt im Kühlschrank. Anscheinend ist sein Magen immer noch dieselbe bodenlose Müllgrube wie schon seit Jahren. Haven zieht ihn normalerweise gerne damit auf, aber sie sitzt immer noch hinter der geschlossenen Tür bei Anthem.

Pixel hat sich auf einem der Sofas ausgestreckt. Isis steht am Panoramafenster, doch vermutlich starrt sie nur ins Leere. Die nächtliche Dunkelheit hat das Glas in einen Spiegel verwandelt, und sie ist nicht gerade der Typ, um sich endlos selbst zu betrachten. Ich glaube, sie weiß einfach nur genauer Bescheid als der Rest von uns und will nicht, dass wir ihr Gesicht sehen. Fabel hat sich auf seinem üblichen Platz hingefläzt. Sabine und Jonas tigern nervös herum.

Ich schlendere ebenfalls durchs Wohnzimmer und streife hier und da etwas mit der Hand, als müsste ich meine verblassten Fingerabdrücke erneuern, um mein Revier zu markieren.

Niemand von uns will als Erstes die Frage stellen: *Was nun?* Wir bleiben und warten natürlich, das ist ja klar, aber wie lange?

Die Zeit vergeht gleichzeitig zu langsam und viel zu schnell.

»Und wie läuft's so da draußen?«, will Pixel von Fabel wissen.

Isis wendet sich halb um, Fabel räkelt sich auf dem Sofa. »Echt prima, Mann. Guter Unterricht, geniales Wetter. Der Club von Mage und Phönix ist ein totaler Hit. Vermisst du manchmal die alten Zeiten?«

Ich habe Pixels Club nie von innen gesehen, als er noch geöffnet war. Mir fehlen die gemeinsamen Erlebnisse und Erfahrungen, die Anthem und alle seine Freunde teilen. Natürlich geht es mir nicht um die codierte Musik des Kon, aber manchmal wünsche ich mir trotzdem, dabei gewesen zu sein und zu wissen, wie es wirklich war.

Pixel schüttelt den Kopf. »Nicht, seit ich clean bin. Ich denke möglichst selten daran. Die Erinnerungen wären einfach zu viel, weißt du?«

Wieder breitet sich Schweigen aus, kameradschaftlich und doch angespannt. Die Stille legt sich über uns wie eine aufrippelnde Decke, von der niemand ganz vergessen kann, dass der

Saum vielleicht jeden Moment reißt. Jetzt, wo ich so dicht davor bin, meinen eigenen Bruder zu verlieren, kann ich besser verstehen, was mit Pixel und Scope passiert ist. Es muss Pixel unglaublich wehgetan haben, dass ausgerechnet Scope das letzte grausame Opfer der Revolution war. Erst recht, weil er direkt vor dem Sieg von einem Mann umgebracht wurde, den er geliebt hatte und der ein Agent des Kon gewesen war. Zwar hat der Typ auch nicht lange überlebt, aber ich bezweifele, dass sein Tod ein großer Trost für Pixel und Anthem war, nachdem sie gerade einen Bruder und besten Freund verloren hatten.

Omega erscheint im Türbogen, der zur Küche führt, und hält je einen Hühnchenschenkel in beiden Händen. Er lässt den Blick über uns wandern, bis er mich sieht, und lächelt breit. Okay, ich glaube nicht an schräge mystische Zwillingsverbindungen, aber trotzdem bin ich ziemlich sicher, dass er gerade das Gleiche fühlt wie ich … nämlich dass wir beide mehr wir selbst sind, wenn der andere in der Nähe ist.

Am Ende des Flurs öffnet sich klickend eine Tür, und wir alle schauen auf, wechseln verlegene Blicke und starren in Richtung des Geräusches, als hätten wir etwas Verbotenes getan und seien dabei erwischt worden. Havens Schritte klingen leise und gedämpft. Ich sehe zuerst nur Pink, dann den Rest von ihr.

»Jetzt sollte er eigentlich die Nacht durchschlafen.« Sie runzelt die Stirn. »Mehr oder weniger.«

»Er will immer noch keine Schmerzmittel?«, fragt Isis.

Haven beobachtet aufmerksam ihre Lippen, dann schüttelt sie den Kopf. »Du solltest auch nach Hause gehen und dich hinlegen.«

Pixel und Isis umarmen sie beide zum Abschied fest. Mir fällt auf, dass Havens Fingernägel nicht spitz sind wie sonst, sondern zu Rundungen gefeilt. *Damit sie ihn nicht aus Versehen verletzt*, denke ich. Ihre Hände verkrallen sich einen Moment in Isis Shirt, bevor sie loslässt.

Anscheinend habe ich während der Shuttlefahrt zu viel geschlafen, denn jetzt bin ich seltsam aufgekratzt, voller nervöser Energie. Die Erschöpfung wird mich garantiert bald einholen und im Stehen zusammenklappen lassen, aber zu Hause – in Los Angeles – geht die Sonne jetzt gerade erst unter. Dort hätte ich eben mein Abendessen beendet und würde noch eine Runde lernen, vielleicht alleine oder mit Jonas und Fabel. Das Meer vor meinem Fenster würde sich verfärben, erst golden, dann rot, kurz in Dunkelheit versinken und zur Nacht blau aufglühen. Ich würde eine Weile zuschauen und mich anschließend wieder auf die Arbeit stürzen, um so viel Wissen über das menschliche Gehirn in mein eigenes zu stopfen wie möglich. Damit ich vielleicht, eines Tages …

Aber dieser Tag wird wohl später kommen, als ich gehofft hatte.

Die übergroße Wohnung engt mich ein, Muskeln zucken unter meiner Haut, als wollten sie mit ihrer Hyperaktivität den ganzen leeren Raum ausfüllen.

»Du solltest dir auch ein bisschen Schlaf gönnen«, sage ich zu Haven. Ihre Augenbrauen ziehen sich konzentriert zusammen und bleiben einen langen Augenblick in dieser Position. Mist. Ich schaue hoch, wende mich ihr voll zu und wiederhole, was ich gesagt habe.

Man kann viel zu leicht vergessen, was der Kon ihr angetan hat. Haven hat sich davon nie merkbar aus der Bahn werfen lassen. Ich wäre garantiert nicht so gut damit fertiggeworden, dass man mich festschnallt, Kopfhörer auf meine Ohren stülpt und mich in eine Exsonic verwandelt. Das Letzte, was sie in ihrem Leben gehört hat, war der Stream, dessen Spezialcodierung taub macht.

Omega reicht ihr eine Wasserflasche. Nur das Plätschern verrät, wie mühsam sie ihr Zittern unterdrückt. Trauer, Erschöpfung, Hunger, Frustration oder alles zusammen. Vielleicht gibt es auch einen schlimmeren Grund, aber darüber will ich jetzt nicht nachdenken. Ich kann Haven nicht auch noch verlieren. Nur einen von ihnen, bitte, nicht beide gleichzeitig.

Meine Augen werden feucht. Ich presse sie krampfhaft zu, und dann fühle ich Arme, die sich um mich legen. »Alles wird gut«, flüstert Haven. »Jetzt bist du ja hier.«

Als würde das einen Unterschied machen. Ich vergrabe mein Gesicht an ihrem Hals.

»Leg dich schlafen«, wiederhole ich, sobald ich die Scherben meiner Selbstbeherrschung halbwegs wieder aufgelesen habe. Sie geht aus dem Zimmer und schließt sich erneut mit Anthem ein. Ich weiche den Blicken der anderen aus und stelle mich ans Fenster, wo Isis Stiefel sichtbare Abdrücke hinterlassen haben. Aus irgendeinem Grund fühlt es sich wichtig an, genau dieselbe Position einzunehmen wie sie. Ich hatte recht; sie hat bloß ins Nichts gestarrt.

»Ich kann noch bleiben, falls ihr mal aus der Wohnung wollt, um euch die Beine zu vertreten.«

Überrascht blinzele ich Fabel an. »Bist du sicher?«

»Ich habe doch praktisch hier gelebt. Also weiß ich schon, wo ich das Besteck finde, wenn nötig.«

Stimmt. Nachdem seine Mutter gestorben war, hat er die meiste Zeit hier bei uns verbracht. Ich gebe ihm sein Tablet zurück und sage, er solle Omega antickern, falls sich etwas ändert. Das Web ist ja nicht gerade riesig, und wir bleiben in der Nähe. Es wird schon nichts passieren, für das wir nicht schnell genug zurückkommen könnten. Falls doch, wäre selbst das Wohnzimmer zu weit.

Ein scharfes Ziepen sticht durch meinen Nacken. »Idiot«, sage ich und schlage Omegas Hand von der Haarsträhne weg, an der er gezogen hat. Mit so einem Mist kommt auch nur er durch, und selbst für meinen Bruder ist das in dieser Situation grenzwertig. Aus dem Augenwinkel sehe ich, dass Jonas sich ein Lachen verkneift. Ich zeige beiden Jungs den Mittelfinger, bevor ich in die Ärmel der Jacke schlüpfe, die Omega mir hinhält. Sabine schüttelt nur den Kopf. Sie wird sich an das Chaos unseres Geschwisterlebens gewöhnen müssen.

Im Fahrstuhl schweigen wir alle vier, als würde uns die lastende Stille der Wohnung bis nach unten verfolgen.

»Jonas, Sabine«, sagt Omega und breitet die Arme aus. »Willkommen im Web.«

Auf der gegenüberliegenden Straßenseite breitet sich der Park aus. Die Bäume heben sich als geisterhafte Schatten gegen den Himmel ab, ein von Lampen gesäumter Fußweg windet sich hindurch und verschwindet in der Ferne. Wir wenden uns nach links, und ich gehe Hand in Hand mit Sabine, während die Jungs uns hinterherschlendern. Unser Ziel ist Quadrant 1, denn die Stadt hat eigentlich nur eine Sehenswürdigkeit zu bieten, die man Besuchern zeigen möchte. Omega reiht nahtlos nostalgische Storys aneinander, wo immer wir hinkommen. Hier ist die Wasserbar, in der wir einmal mit unseren Freunden die Schule geschwänzt haben. Weißt du noch, wie wir die Gitarre herumgereicht haben und immer lauter sangen? Wir haben nie viel Ärger bekommen, weil jeder wusste, wer unser Bruder war.

Wie immer sieht man zuerst das Glühen in der Ferne. Bis zum Zentrum sind es noch mehrere Straßenzüge, aber der Lichtschimmer rieselt uns entgegen.

»Das ist also der Cyclon«, sagt Jonas, während er gegen den plötzlichen Ansturm von greller Lichtflut, blinkendem Neon und verwirrend spiegelndem Silber anblinzelt. »Wow. Du hast echt nicht übertrieben.«

»Eine Sonnenbrille mitten in der Nacht hab ich auch noch nie gebraucht«, kommentiert Sabine und kramt das Etui aus ihrer Tasche hervor. »Das ist alles total unglaublich – wie ein anderer Planet.«

»Im Gegensatz zu früher hat sich einiges geändert«, sagt Omega. »Jetzt gibt es Solarflächen auf allen Dächern und sechs Wasserkraftwerke auf der Insel. Wir saugen den Leuten nicht mehr die Lebensenergie aus den Körpern wie eine Horde verdammter Vampire.«

Jonas hebt eine Augenbraue und ich erkläre ihm: »Mein Bruder hat leider einen ziemlich schrägen Büchergeschmack.«

Omega und ich rücken wie von selbst immer dichter an Jonas und Sabine heran, halten mit ihnen Schritt und versuchen, den Cyclon durch ihre Augen zu sehen. Sie betreten ihn zögernd, als seien wir kurz davor, uns kopfüber in die Sonne zu stürzen. Los Angeles ist nachts auch nicht gerade dunkel, aber hier ist alles viel konzentrierter, schmerzhaft intensiv.

Und im Mittelpunkt erwartet uns das Schwarze Loch. Ein paar Neuerungen sind auch hier zu sehen, aber die Renovierungsarbeiten vor acht Jahren haben nichts Grundlegendes geändert. Die Firmenzentrale des Kon – heutzutage der Sitz der Stadtregierung – erinnert noch immer an den Körper einer gigantischen schwarzen Glasspinne, die in ihrem Netz lauert. Zwei erleuchtete Fenster auf mittlerer Höhe wirken wie unheimlich starrende Augen.

Omega drückt meinen Arm, und ich werfe ihm einen Blick zu. Er hält mich zurück, während Jonas und Sabine wie hypnotisiert von dem Gebäude angezogen werden. »Wie viel wissen die beiden?«

»Nicht alles.« Ich schlucke und schaue auf meine Stiefelspitzen.

»Okay. Wie läuft es in L.A.?«

»Geht so. Ich werde das Heilmittel nicht aus dem Ärmel schütteln, aber eines Tages werde ich eines finden.«

»Da bin ich mir sicher.«

Der Raum ist fensterlos, tief in Beton und Stahl vergraben. Blendendes Weiß lässt die Regenbogenlichter des Cyclon dagegen verblassen. Weiße Wände, weiße Decke, weiße Zähne. Finger bohren sich in meine Haut, eine Hand liegt auf meiner Schulter, die andere auf Omegas. »Ich bringe euch zu eurem Bruder, Schätzchen«, sagt sie.

Ich war immer eifersüchtig, wenn Anthem die Konsole benutzte, denn es schien Spaß zu machen. Ich wollte die Musik ausprobieren, durfte aber nicht. Als Ell mir die Kopfhörer gab, lächelte ich sie strahlend an, auch wenn Anthem nirgendwo zu sehen war.

Eine Weile lassen wir uns durch den Cyclon treiben, wo die Lichter unsere Haut mit bunten Farben bemalen, schlendern bei Shops ein und aus, die rund um die Uhr geöffnet haben, und holen uns an einem Schnellimbiss etwas zu essen. Ein paarmal leuchtet Omegas Tablet auf, und mein Herzschlag stockt einen Moment. Aber es ist jedes Mal nur Fabel, der Nachrichten von

Jonas Eltern weiterleitet. In ihren späteren Botschaften verliert der Ton etwas an Schärfe. Ihr Sohn ist Tausende von Meilen entfernt, also können sie wenig machen. Ich habe ein schlechtes Gewissen, bis Jonas den Arm um mich legt und ich mir vorstelle, ihn jetzt nicht an meiner Seite zu haben.

Ich beginne als Erste zu gähnen. Kein Durchhaltevermögen. Bei dem Gedanken an mein Bett wird mir gleichzeitig wieder bewusst, was in der Wohnung auf mich wartet, und der nächtlichen Stadtlandschaft fehlt plötzlich die Atemluft.

»Okay, gehen wir«, sagt Omega und wirft unsere Essensbehälter in einen Recyclingcontainer.

Wir verlassen den Cyclon an der nächsten Straßenecke und suchen uns im Zickzack einen Weg durch die Stadt. Dabei kommen wir dicht am Fluss vorbei, aber nicht nah genug, um das Wasser zu hören. Egal, es würde ja doch nicht klingen wie das Meer.

»Sorry, sorry«, murmelt ein Mann, als er aus einer Gassenmündung heraustaumelt und direkt in mich hineinrennt. Sein Ellbogen landet in meinen Rippen.

»Scheiße«, keuche ich. »Pass doch auf, wo du hinläufst.« Sabine schiebt ihn von mir weg, und der Typ taumelt zurück. Als er aufschaut, ist sein Blick leer. Desorientiert. Das Licht der Straßenlaterne fällt auf fahle, kränklich gelbe Haut.

»Aber hallooo«, sagt er mit einem breiter werdenden Grinsen. »Wisst ihr Mädels, wo man hier einen guten Trip bekommt?«

Omega zischt durch die Zähne. »Zum Konsolencenter geht's da lang«, spuckt er regelrecht hervor und zeigt mit dem Daumen zu einer Seitengasse auf der gegenüberliegenden Seite. »Wenn dein Kredit dafür reicht.«

69

Der Mann gibt keine Antwort. Wir schauen ihm nach, als er in die ungefähre Richtung wankt, die Omega ihm gewiesen hat. Ich werfe meinem Bruder einen grimmigen Blick zu, verbeiße mir aber jeden Kommentar zu seinem arroganten Tonfall.

Omega hat sich ziemlich schnell an unser Luxusleben mit Riesenapartment und unbegrenztem Kredit gewöhnt. Er vergisst gerne mal, dass unser Leben nicht immer so ausgesehen hat.

»Also, das war ...«, setzt Jonas unsicher an.

»Hier musste nach der Revolution jeder eine Wahl treffen«, erkläre ich. »Die Leute zum Entzug zu zwingen wäre nicht fair gewesen. Viele von ihnen hätten es kaum überlebt. Hast du nicht bemerkt, wie der Typ in der Mittelstation drauf war?«

»Schon, aber bei ihm war es weniger krass.«

»Tja, willkommen im Web«, gebe ich zur Antwort. Es klingt wie ein zynisches Echo auf Omegas frühere Worte.

»Waren hier früher alle Leute so?«

»Nein, weil alles stärker reguliert war, schätze ich. Die Bürger konnten nur außerhalb ihrer Arbeitszeiten streamen, und die Clubs hatten bloß ein paar Stunden geöffnet.«

»Klingt besser, oder?«

»Das kommt auf den Standpunkt an«, sagt Omega und setzt sich wieder in Bewegung. »Damals war niemand ständig zugedröhnt. Die meisten Leute kamen mit ihrem Leben ganz gut zurecht. Aber auf der anderen Seite hatte auch niemand eine Wahl. Jetzt werden die Leute nur noch high, wenn sie es selbst wollen. Die meisten Abhängigen waren schon süchtig, als der Konzern gestürzt wurde, und Erstkonsumenten gibt es seitdem kaum noch. Aber wenn man ein Junkie ist, dann hat man es heutzutage schwerer, einen Job zu bekommen, und so verbringen diese Typen ihre ganze Zeit im Vollrausch.«

»Okay, das werde ich wohl nie verstehen«, murmelt Jonas.

In gewisser Weise haben wir das gemeinsam. Ich weiß, wo sich jedes einzelne Konsolencenter der Stadt befindet, und habe Jahre damit verbracht, sie weiträumig zu umgehen.

Weil ich es fühlen kann. Wie ein hartnäckiges Jucken tief unter meiner Haut. Wenn ich ein einziges Mal nachgebe und zu kratzen beginne, ist alles vorbei. Das Ende. Tschüss, Alpha. Ich werde nie wieder damit aufhören. Und genau deshalb kann ich Jonas nicht erzählen, was diese Schlampe Ell mir und Omega angetan hat. Ich bin wie eine tickende Zeitbombe. Am anderen Ende des Kontinents war ich in Sicherheit. Dort konnte ich ohne die ständige Versuchung zum Unterricht gehen und nach einem Heilmittel suchen. Ich war nicht in Gefahr, der Sucht nachzugeben, die ich eigentlich kurieren wollte. In L.A. konnte mir niemand den Stoff anbieten, nach dem ein winziger – oder nicht so winziger – Teil meines Gehirns hemmungslos giert. Aber hier …

Hier ist das eine ganz andere Geschichte.

Ich biege in eine enge Gasse ein und suche nach einem ganz bestimmten Neonschild, das sich in halber Höhe einer schmuddeligen Backsteinfassade befinden sollte. Die Reklame leuchtet mir entgegen, und ich beschleunige meine Schritte. Niemand weiß, wo ich bin. Ich habe die anderen drei heute allein losgeschickt, um Fremdenführer und Touristen zu spielen. Anthem und Haven haben beide geschlafen, als ich aus der Tür schlüpfte. Hier unten in den Slumstraßen von Quadrant 2, wo ich geboren wurde und die ersten neun Jahre meines Lebens verbracht habe, kommt mir meine Luxuswohnung im Upper-Web so weit weg vor wie mein Strandhaus in L.A. Müll verrottet in rostigen Abflussgittern, vor den Fenstern der unteren Etagen wellt sich Stacheldraht wie wehende Vorhänge.

Mein Magen krampft sich zusammen.

Die Tür öffnet sich mit quietschenden Scharnieren, und ich betrete einen kleinen Raum, in den nur gerade ein halbes Dutzend Tische und Stühle passen. Auf dem Tresen ganz hinten reihen sich Wasserflaschen aneinander.

Ein einziger Tisch ist besetzt.

»Ist jetzt nicht wahr«, sagt einer der beiden jungen Typen. Er hebt seine mit Kajal geschwärzten Augenbrauen, die einen krassen Kontrast zu seinen silberblonden Haaren bilden. Dramatisch umklammert er die Hand seines Tischnachbarn und verkündet: »Wow, Luchs, ich glaube, ich habe Halluzinationen.«

»Geht mir genauso. Was meinst du, sehen wir dasselbe?«

»Wenn ja, dann nur, weil du mich so liebst. Das ist schon fast, als würden wir uns ein Gehirn teilen.«

»Ich seid ja so was von witzig«, lasse ich sie wissen und entspanne mich ein wenig. »Wenn ihr außerdem high seid, gehe ich gleich wieder.« Die beiden haben sich kein bisschen verändert. Luchs und sein Lebenspartner Spektrum stehen auf, werfen die Arme um mich und knuddeln mich von beiden Seiten gleichzeitig.

»Sie ist zu uns zurückgekehrt«, schnieft Spektrum. »Anscheinend hat sie uns doch zu sehr vermisst. Los Angeles war wohl nicht das tolle Paradies, von dem man uns hier ständig erzählt, was?«

Ich presse das Gesicht an die Brust von Luchs, und sein Duft ist noch der gleiche wie früher in der Schule, als ich total hoffnungslos in ihn verknallt war.

»Warte mal.« Er schiebt mich ein winziges Stück weg, um mich anzusehen. »Wieso *bist* du zurückgekommen?«

»Anthem …«, beginne ich und bringe den Rest nicht heraus.

»Oh, Al«, flüstert Spektrum und gibt mir einen Kuss auf die Stirn. »Wann?«

»Noch nicht. Aber … sehr bald. Glauben wir. Weil Isis das glaubt.«

»Setz dich.« Luchs holt mir ein Wasser. »Kommst du damit klar? Kommt Haven klar?«

Die Frage ist nicht so banal, wie sie scheint. Luchs kennt mich einfach zu gut.

»Ja, irgendwie schon. Also nein, aber ich kann nun einmal nichts tun, außer in seiner Nähe zu sein. Haven … das könnt ihr euch wahrscheinlich vorstellen.«

»Und ob«, stimmt Spektrum zu. »Willst du darüber reden?«

»Nein.«

»Okay. Also, das Web hat immer noch denselben Spaßfaktor, seit du gegangen bist.« Luchs spielt an seiner Frisur herum. Violette Spikes. Die hat er schon, solange ich ihn kenne. Ein paar Jahre nachdem Omega und ich die Schule wechseln mussten, hat es ihn auch dorthin verschlagen, und wir gingen in dieselbe Klasse. »Riegel ist ein Arschloch. Nicht wie die alte Elite, aber definitiv auf dem Weg dahin. Man könnte sagen, er bastelt sich seine eigene Arschloch-Marktlücke. In letzter Zeit lässt er überall Werbeschilder gegen das Streamen aufstellen. Weil es natürlich so viel Sinn macht, die Leute die ganze Zeit an ihre Sucht zu erinnern, damit sie clean bleiben.«

Ich muss lachen. Den Bürgermeister konnte ich auch noch nie leiden, obwohl ich genau wie Anthem, Haven und die meisten Leute der Meinung bin, dass er nur ein harmloser Idiot ist. Und ein Schleimer. Es ergibt eine perverse Art von Sinn, dass die Stadtbürger niemanden an die Spitze wählen wollten, der allzu clever ist. Davon hatten wir vorher schon genug. »Na ja, vielleicht solltet ihr beide euch keinen Spaß daraus machen, jedes Gesetz zu brechen, das heute noch übrig ist.«

»Stimmt.« Spektrum zuckt mit den Schultern. »Aber das wäre langweilig und das Leben ist ein Abenteuer. Wie läuft es denn sonst in der Welt dort draußen? Wir sind überhaupt nicht mehr auf dem Laufenden, seit ihr uns sitzen gelassen habt – du und Omega.«

»Er ist nicht vorbeigekommen?«

»Eine Woche, nachdem du abgereist warst, ist er spurlos von der Bildfläche verschwunden.«

»Darüber muss sie sich nicht auch noch Sorgen machen«, sagt Luchs und wirft Spektrum einen warnenden Blick zu. »Jedenfalls ist es toll, *dich* wiederzusehen.«

Ich nehme mir vor, Omega später ein bisschen anzuschreien. Aber jetzt erzähle ich Luchs und Spektrum erst einmal von meinem Leben in L.A. Natürlich nur die übliche gesäuberte Version – also nicht, was ich tatsächlich an der Hochschule mache und womit ich jede Minute meiner Zeit verbringe, wenn ich nicht gerade bei Jonas oder im Club bin. Ich weiß genau, was sie sagen würden, nämlich dass ich besser im Web geblieben wäre, wenn ich Streams studieren will. Aber ich kann wohl nicht erwarten, dass sie es verstehen. Keiner von ihnen würde jemals einer Konsole die kalte Schulter zeigen, wenn er gerade in Stimmung ist. Ich erzähle ihnen stattdessen vom Meer, von der Band, von Sabine und Fabel und seinen zahllosen Freundinnen.

Das Herz wird mir schwer, und ich trinke ein Glas Wasser, um das Brennen in meiner Kehle zu löschen. Wie kann ich L.A. jetzt schon vermissen? Ich hatte nicht erwartet, dass mir die Stadt von der ersten Minute an fehlen würde, vor allem, da mein Platz im Moment eindeutig *hier* ist.

»Ich brauche etwas aus eurem Vorrat«, sage ich. »Ein neues Tablet.«

Luchs steht auf und verschwindet durch eine Tür hinter der Theke.

»Hast du was Bestimmtes vor?«, fragt Spektrum. Es gibt wenig legale Gründe, weshalb man sich ein Tablet bei den beiden besorgen sollte, anstatt in einem der unzähligen Läden.

Zufällig habe ich aber so einen Grund. »Vor meiner Abreise gab es paar Probleme mit einem Mistkerl, der an meine Kontaktnummer herangekommen ist. Keine große Sache. Trotzdem will ich lieber kein Tablet benutzen, das sich zu mir zurückverfolgen lässt.«

»Verständlich. Bist du okay?«

»Was das betrifft, schon.«

Luchs kehrt zurück und reicht mir mein neues Hightech-Spielzeug. Es ist ein bisschen deprimierend, wie viel besser ich mich fühle, nur weil ich wieder ein eigenes Tablet in den Händen halte. »Ich muss jetzt allmählich zurück.« Mein Stuhl schabt über den Fußboden aus billigen Kacheln.

»Lass dich mal blicken, bevor du wieder abreist, okay?«, sagt Luchs. »Und schlepp deinen Wie-heißt-er-noch mit.«

»Jonas. Okay. Tut ihr mir einen Gefallen und erzählt niemandem, wie es Anthem geht?«

»Klar doch.«

Ich bin sicher, dass sie ihr Wort halten werden. Die beiden haben Nützliches schon immer lieber gehortet als unters Volk gebracht. Der Besuch bei ihnen gibt mir die Kraft für den nächsten Punkt auf meiner Liste.

Jetzt um die Mittagszeit ist das Rückschauzentrum von Quadrant 2 fast leer. Ein junges Paar kommt Hand in Hand heraus und hält mir die Tür auf, aber danach treffe ich keinen einzigen Menschen mehr. Meine Schritte hallen auf dem spiegelblanken Fußboden. Ich halte den Blick gesenkt und sehe schwach die Reflexion meiner regenbogenbunten Haare.

Sanfte Musik ertönt aus Lautsprechern in den Saalecken.

»Hallo, Mom. Hallo, Dad«, flüstere ich und halte mein Handgelenk über das Spindschloss. Von den kleinen schwarzen Chips, die zum Schluss von uns übrig bleiben, kommt natürlich keine Antwort. Uns allen wurde so ein Ding ins Gehirn eingesetzt, zumindest wenn wir aus dem Web stammen. Der Chip listet fleißig jede Sekunde unseres Lebens auf und verwandelt unser Gedächtnis in Dateien. Wenn unsere Körper längst zerfallen sind, werden unsere Erinnerungen immer noch da sein. Ich gehe zu einem der Sichtgeräte, stecke zuerst den Chip meiner Mutter hinein und warte, bis der Touchscreen zum Leben erwacht und mir ein Menü anbietet.

Sämtliche Daten sind hier und warten darauf, mir eine Person zu zeigen, an die ich mich nicht wirklich erinnern kann. Ich wähle willkürlich irgendeine Szene aus. Die kreisförmig angeordneten Lichter oben am Sichtgerät flackern auf und malen ein Hologramm in die leere Luft.

Ich kann sehen, warum Anthem immer behauptet, dass ich ihr ähnlich bin. Das lässt sich an den späteren Dateien kaum noch erkennen, schließlich starb sie Stück für Stück, und ihre blonden Haare wurden totengrau, aber am Anfang, ja, auf jeden Fall. Meine wilde Mähne ist von demselben Violett durchzogen, das sie getragen hat, als sie jung war. Meine Augen haben dieselbe blaue Farbe. Eine Weile schaue ich einfach nur dem Hologramm zu. Ich habe schon öfter gesehen, wie sie mich und Omega in den Armen hielt, schließlich kenne ich jede Aufnahme aus den kostbaren vier Jahren, die wir zusammen hatten, bevor sie starb. Aber heute bin ich eigentlich nicht hergekommen, um Mom zu besuchen. Es kam mir nur irgendwie unfair vor, sie im Spind eingeschlossen zu lassen und bloß Dad herauszuholen.

Viel mehr Zeit mit ihm hatten wir natürlich auch nicht. Nachdem Mom gestorben war, ging es mit ihm ziemlich schnell bergab. Ich schätze, das habe ich damals nicht wirklich begriffen. Nein, habe ich garantiert nicht. Weil Anthem für unsere Eltern eingesprungen ist und sein Bestes getan hat, sie für Omega und mich zu ersetzen.

Eigentlich hat er das sogar besser hinbekommen als die beiden.

»Hi«, sage ich noch einmal, als ich die Chips austausche. An die auftauchende Szene erinnere ich mich tatsächlich, nicht weil ich sie mir hundertmal im ZFR angeschaut habe, sondern weil sie zu meinem Leben gehört. Seine Hand ruht auf meinem Rücken, als er mich an meinem ersten Schultag sicher über die Straße bringt. Auf seiner anderen Seite hopst Omega, dessen nervöse Aufregung wie ein Spiegelbild meiner eigenen ist.

Ich spüre die geisterhafte Wärme seiner Hand zwischen den Schulterblättern. Ein Frösteln überläuft mich. Ich bin nicht sicher, ob ich froh oder traurig sein soll, dass er nicht lange genug gelebt hat, um mich zu sehen, wie ich heute bin. Mein Studium in L.A. spukt mir durch den Kopf, und ich beschwöre das irreale Bild herauf, wie er mich bis zur Ecke des Campus bringt.

Ich klicke weiter. Anthem kommt schwankend durch die Tür, während Omega und ich unseren Frühstücksbrei essen, und versucht, keinen Straßenschlamm auf unsere Schulkleidung zu tropfen. Dad sagt nichts dazu, sondern ermahnt ihn nur, pünktlich zur Arbeit zu gehen.

Kurz danach folgen die langen Monate, in denen er in unserem alten, winzigen Wohnzimmer auf dem Sofa lag. Blicklose Augen starren auf die unaufhörlich laufenden Kon-Nachrichten im Fernsehen. Kopfhörer bedecken pausenlos seine Ohren, um die Schmerzen zu lindern.

»Bald ist er hier bei euch«, sage ich. Keine Tränen. *Keine.*
Tränen. »Kümmer dich gut um ihn, okay?«

Auf dem Bildschirm rollt sich mein Vater im Liegen herum,
den Kopf auf dem durchscheinenden Kissen, und schaut mich
direkt an.

Das muss wohl genügen. Ich wische mir über die Augen.

∎

Haven und ich hocken nebeneinander, halten Teebecher in
den Händen und atmen eher das Aroma ein, als tatsächlich
zu trinken. Auf dem Bett dämmert Anthem vor sich hin. Ab
und zu flattern seine Augenlider weit genug auf, um einen von
uns wahrzunehmen. Er streckt seine Hand nach Haven aus
oder schenkt mir ein Lächeln, dann überwältigt ihn wieder der
Schlaf.

Wir sitzen hier schon seit Stunden, während die Sonne
über den fahlen, dunstigen Himmel wandert. Dabei warten wir
nicht auf etwas Bestimmtes. Nein, wir hocken nur zusammen
wie früher, als ich jünger war. Damals hörte sie mir zu, wenn
ich über Lehrer, Jungs oder Anthem herzog, weil er es mal wieder mit den Musiklektionen übertrieb, und dann tranken wir
Tee und chillten. Für mich war sie immer gleichzeitig beste
Freundin, Schwester und Ersatzmutter.

Das drückende Gewicht der ganzen Rollen, die sie in ihrem
Leben spielen musste, hat sich als Faltenmuster in ihre Haut
eingegraben.

»Also«, sagt sie und faltet die Beine zum Schneidersitz, »du
bist da drüben wirklich glücklich?«

»Ja, das habe ich doch schon gesagt.«

»Ich weiß. Es fühlt sich nur seltsam an, dich nicht mehr bei uns zu haben.«

»Alles fühlt sich seltsam an«, gebe ich zu. »Woanders zu leben. Wieder hier zu sein. Mit Leuten das Web zu besichtigen, die es noch nie gesehen haben.«

»Ich mag deine Freundin Sabine.«

»Tun doch alle.«

»Und *sie* mag Fabel.«

Meine Mundwinkel zucken. »Tun doch alle.« Besonders die Mädchen. Aber mich amüsiert vor allem, dass Haven wie immer nichts entgeht.

»Erzähl mir mehr über Jonas.«

Ich rutsche auf meinem Stuhl herum. Solche Gespräche sind mir immer oberpeinlich, auch wenn ich mir gewünscht habe, dass sie danach fragt. »Du weißt doch schon alles.«

»Mittelname?« Die Frage zeigt, dass sie sich über L.A. informiert hat. Dort ist alles anders als im Web.

»Alexander.«

»Lieblingsfarbe?«

»Rot.«

»Behandelt er dich gut?«

»Er ist schließlich hier«, sage ich, denn das sollte als Erklärung reichen, und Haven gibt sich damit zufrieden.

»Ist er auch gut im …«

»Untersteh dich, darauf zu antworten«, flüstert Anthem heiser von seinem Kissen aus. Ich hebe eine Augenbraue und kichere. Haven beginnt zu lachen, ungeniert und frei wie früher. Für eine Sekunde ist sie wieder ganz sie selbst. Ich lächele. Vielleicht wird alles gut.

Von meinem Sitzplatz am Fußende des Bettes aus höre ich

ihren Magen knurren. »Du musst etwas essen«, fordere ich sie auf. Pinke Haarsträhnen flattern, als sie energisch den Kopf schüttelt, aber ich habe von ihr gelernt, stur zu bleiben. Auch wenn es vielleicht egoistisch ist, dass sie ihre Kräfte sparen soll, damit wir anderen uns auf sie stützen können. Das ist mir im Moment egal. »Alle sind unterwegs. Geh in die Küche. Ich bleibe hier bei ihm.«

Zögernd nickt sie und erhebt sich vom Stuhl. Ich nehme ihren Platz ein und schaue auf Anthems Gesicht, das wieder entspannt und reglos ist. Meine Gedanken wandern zu den anderen. Ich frage mich, welchen Teil des Web meine Freunde wohl gerade von Omega und Fabel gezeigt bekommen. Ob Mage und Phönix im Nachhinein bedauern, dass sie nicht mitgefahren sind (wie ich die beiden einschätze, vermutlich nicht), und wann Pixel und Isis heute kommen werden.

»Mach dir nicht so viele Sorgen, kleine Schwester«, sagt Anthem. Seine Finger zucken, und ich lege beruhigend meine Hand darauf. »Alle laufen mit Grabesmienen herum, als ob …« – er holt rasselnd Atem –, »als ob es nichts Schlimmeres auf der Welt gäbe. Aber so … ist es nicht. Ich hatte ein gutes Leben.«

Ich öffne den Mund, aber mir fehlen die Worte. *Spinnst du?!*, wäre wohl kaum die passende Reaktion.

»Ich meine das ehrlich. Mein Leben hatte einen Sinn, glaube ich. Weil ich etwas verändert habe. Ich hatte Haven, dich und Omega. Es ist okay, Kleines. Ich bin bereit. Na ja, fast.«

Aus heiterem Himmel laufen mir Tränen über die Wangen wie ein plötzlicher Wolkenbruch. Ein Teil von mir will widersprechen, von einem anderen kommt warme Zustimmung. Ich denke an alles, was er gesehen und getan hat, wofür und wogegen er gekämpft hat. Fast immer ging es ihm um mich, Omega und andere Leute, nicht um ihn selbst. Jetzt können wir ihm wenigstens etwas zurückgeben. »Fast?«, frage ich.

Er nickt kaum merklich. »Ich will hören, wie gut du inzwischen geworden bist.«

Als ich ins Wohnzimmer gehe, lächelt mir Haven vom Sofa zu. Ihre Chrome-Augenbrauen heben sich über schweren, müden Lidern. Falls sie sieht, dass ich geweint habe, lässt sie sich nichts anmerken. Sie schaut nur stumm zu, wie ich meine Gitarre aus der Ecke hole, wo Fabel sie abgestellt hat.

Ich halte das Instrument einladend hoch und höre, wie Haven ihren Teller auf dem Glastisch absetzt. Anthem hat sich ein Kissen hinter den Rücken geschoben, als Haven und ich zurück in sein Zimmer kommen, und sieht etwas wacher aus. Die Bettmatratze sinkt unter meinem und Havens Gewicht ein bisschen ein. Sobald ich die Finger auf die Saiten lege, streckt sie die Hände aus, um zuzuhören.

Obwohl Haven zu einer Exsonic gemacht wurde, hat sie ihre Liebe zur Musik nie verloren, vor allem, wenn es um Anthems Lieder ging. Abend für Abend legte sie ihre Hände auf alles, was er spielte, damit die Vibrationen über ihre Haut tanzen konnten und der Klang die Sound-Implantate an ihren Armen zum Glühen brachte.

Eine weiche, langsame Melodie ist gerade richtig für dieses Zimmer und diesen Moment. Anders als die harten Rhythmen und dröhnenden Bässe unserer Band, wenn wir im Club spielen. Ich fummele ein bisschen herum, bin grundlos nervös, fühle mich idiotisch und brauche mehrere Anläufe, um richtig zu starten. Endlich spüre ich die Melodie in mich eindringen, vom Gehirn bis in die Knochen, und die vergessenen Texte kommen zurück. Diese Lieder spiele ich sonst bei Feuerschein mit Sand zwischen den Zehen. Sie sind mein Soundtrack für entspannte, stille Stunden, und man hört ehrliches Glück aus ihnen heraus.

Ich spiele das sanfte Rauschen der Meereswogen, wenn sie den Strand hochkriechen, das trügerische Mondlicht auf brechenden Wellenkämmen, das Prasseln der fliegenden Funken.

Meine Finger werden schneller, während frische Tränen meine Wimpern benetzen. Ich blinzele sie fort und konzentriere mich auf Havens Implantate, die in bunten Farben schillern. Blau, Grün, Pink. Die Lichtspuren schwellen an und verebben, leuchten auf und verblassen wieder, als das Lied langsam zum Ende kommt.

»Zugabe«, flüstert Anthem. Ich muss lachen und bin auf seltsame Weise erleichtert. Er hat mich schließlich nicht zum ersten Mal spielen gehört. Tatsächlich kennt er meine Musik besser als so ziemlich jeder sonst. Aber früher hatte ich schließlich nie das Gefühl, dass es das letzte Mal sein könnte.

Ich bin gerade mit einem komplizierten Akkord beschäftigt, als die anderen zurückkommen, und sehe deshalb nicht, wie die Tür aufgeht und das Zimmer sich füllt.

Omegas erste Worte lassen mich abrupt abbrechen. »Wir haben Gesellschaft bekommen.«

»Draußen auf der Straße ist alles voller Kameras und solchem Mist«, erklärt Sabine. »Die Reporter wollten sich hinter uns durch die Haustür drängen, als Fabel das Chip-Ding in seinem Handgelenk benutzt hat.« Der Fernseher erwacht flackernd zum Leben, und auf dem Bildschirm erscheint eine Liveaufzeichnung von unserer Drehtür. Unmengen von Kameralinsen sind auf sie gerichtet und wuchern aus der Reportermenge heraus wie parasitische Metallblumenkelche mit menschlichen Wirten.

»Was zur Hölle …«, sage ich zu niemandem Bestimmten. Sollen das etwa Nachrichten sein? Jonas legt seine Hand auf meine Schulter, gerade als die Kamerasicht zu einer jungen, hübschen Journalistin schwenkt, in deren blonden Haaren bronzefarbene Strähnen funkeln.

»In wenigen Minuten wird Bürgermeister Riegel hier vor diesem Gebäude ankommen, um Bürger N4003 die letzte Ehre zu erweisen, den wir natürlich alle unter dem Namen Anthem kennen. Vor acht Jahren hat er als treibende Kraft die Veränderungen herbeigeführt, die der Tyrannei des Konzerns ein Ende setzten.« Hinter ihr erscheint ein elegantes schwarzes Shuttle und rollt an den Straßenrand neben dem Park.

»Wir sollten ihn nicht reinlassen«, sagt Omega.

Ja, gute Idee. Ich fürchte nur, wir haben keine Wahl. Das Web mag heutzutage eine Demokratie sein und der Bürgermeister unser fair gewählter Repräsentant – der zweite seit der Revolution –, aber wir können nicht so tun, als sei Anthem ein beliebiger anonymer Stadtbürger, der bei seinem Tod namen- und gesichtslos bleibt.

Auch wenn uns diese Alternative lieber wäre.

»Was bleibt uns schon übrig?«, sagt Haven mit einem resignierten Seufzer. Sie hat wenig für den Bürgermeister übrig, aber ich glaube, das würde ihr bei jedem so gehen, der die Stadt regiert. Selbst ihre Mutter war da schließlich keine Ausnahme gewesen. Als einzige Tochter von Präsidentin Z hatte man Haven eigentlich dafür vorgesehen, die Konzernführung zu übernehmen. Stattdessen lernte sie, den Kon noch mehr zu hassen als der Rest der Bürger.

»Fertig?«, fragt sie. Anthem nickt erschöpft. Der Kontrast ist erschreckend. Gerade eben, während ich für ihn gespielt habe, hat er noch so viel Energie ausgestrahlt.

Ich schiebe mich an Jonas vorbei und gehe durch den Flur zum Eingang. Dort bleibe ich einen Moment dicht vor der Tür stehen, beruhige meinen Atem und lausche. Der Fahrstuhl piept, und ich öffne, bevor der Bürgermeister den Klingelknopf drücken kann, durch den ein rotes Lichtsignal in jedem Zimmer ausgelöst wird. Für Haven.

»Sie haben genau zehn Minuten«, sage ich, bevor Riegel auch nur den Mund aufmachen kann. »Er ist müde.«

Als Antwort erhalte ich ein aalglattes Lächeln. »Alpha, wie schön, dass du wieder da bist. Gefällt dir Los Angeles?«

»Ja, bestens.«

»Freut mich zu hören. Ich habe dich vermisst. Diese spezielle Art, mit mir zu sprechen, hat sonst niemand in der Stadt.«

»Ich bin eben was Besonderes. Zehn Minuten.«

Er bahnt sich seinen Weg den Flur entlang, an den anderen vorbei, die sich im Wohnzimmer versammelt haben, damit Haven und Anthem allein sind. Haven kann gut auf sich selbst aufpassen. Und auf Anthem ebenfalls.

»Wow. Du kannst den Typ wirklich nicht leiden.«

Ich schaue Sabine an und schüttle den Kopf. »Was mit Anthem passiert, geht ihm doch am Arsch vorbei. Er ist nur hier, damit das von den Wählern keiner merkt. Garantiert hat er auch dafür gesorgt, dass die ganzen Reporter unten versammelt sind, oder zumindest jemanden mit dem Job beauftragt.«

»So war er schon immer«, sagt Omega. »Für ihn ist Anthem eine Art Staatsschatz. Natürlich wollte Anthem nie auf ein Podest gestellt werden, aber das hat Riegel nicht abgehalten. Andererseits hat der Kon ja auch schon versucht, Anthem auszunutzen, also ist das nichts Neues. Ich wette mit euch um zwanzig Kreditpunkte, dass der Bürgermeister einen Weg findet, mit der ganzen Sache sein Image aufzupolieren … Anthem hätte angeblich auf dem Totenbett gesagt, dass wir Riegel wiederwählen sollen oder so.«

Totenbett. Ich zucke bei der Wortwahl zusammen, aber Omega hat ja recht.

»Klassetyp«, sagt Jonas, und ich geselle mich zu ihm, während wir warten.

»Außerdem hat er versucht, Haven anzubaggern«, bemerkt Fabel. »Auf einer dieser Partys, zu denen wir alle erscheinen mussten.«

Das war schon beinah amüsant gewesen. Haven kann sich definitiv zur Wehr setzen, wenn nötig. Aber die Szene war ein zusätzlicher – wenn auch überflüssiger – Beweis dafür gewesen, dass Anthem dem Bürgermeister völlig egal war. Riegel wollte lediglich von der Berühmtheit meines Bruders profitieren und das, wofür Anthem stand, für sich ausnutzen.

Die Wohnungstür wird aufgerissen, und ich zucke zurück, bis ich feststelle, dass es bloß Isis mit Pixel im Schlepptau ist. »Wir haben die Nachrichten gesehen«, erklärt Isis. »Ich gehe sofort rein und sage, dass mein Patient Ruhe braucht. Man bekommt ja nicht jeden Tag die Chance, den Bürgermeister herumzukommandieren. Das ist doch wenigstens etwas.«

Ich lächele sie dankbar an. Anthem ist immer noch überzeugt, dass sie seine gebrochene Hand gerettet hat, sodass er wieder Musik spielen konnte. Und sie hat sich um Omega und mich gekümmert, nachdem …

Ein weißes Shuttle. Dieses Hexenweib vom Kon. Meine

naive Begeisterung, weil wir auf Abenteuerfahrt gingen und Anthem bei seiner Arbeit besuchen durften.

Weiß, so viel Weiß. Weiße Wände, weißer Boden, weiße Zähne. Die Musik wirbelt durch meinen Kopf und ist wunderschön, das Schönste in meinem ganzen Leben. Erst säuselnd, dann immer lauter, bis sich die sanften Töne zu Donnerhall steigern. Ich fühle mich seltsam, aber es ist mir egal, dass sich meine Haut elektrisch auflädt und Nebel durch meinen Kopf wabert. Meine Glieder sind heiß und schwer, wie mit Blei gefüllt, und ich sehe, ich glaube …

»Al?«

»Ja. Sorry. Kopfschmerzen.« Ich drücke Jonas Arm, ignoriere den neugierigen Blick von Sabine und die wissenden Blicke von Fabel und Omega. Zum ersten Mal bin ich erleichtert, als ich Riegel auf mich zukommen sehe.

»Von jetzt an lassen Sie ihn in Ruhe«, sage ich. »Diese Zeit gehört seiner Familie.«

»Familie«, echot er und betrachtet die fremden Gesichter und Handgelenke ohne sichtbare Chipspuren. »Klar. Lass mich wissen, wenn ich irgendwie helfen kann, Alpha.« Seine Hand zuckt, als wolle er mich berühren, aber er hält sich im letzten Moment zurück und streicht sich mit geballten Fingern über die Lippen, als hätte er das von vornherein im Sinn gehabt.

»Darauf würde ich nicht zählen, wenn ich Sie wäre.«

0111001001 **07** 1001010111

Zuerst sind die Töne warm und sanft. Ich höre eine Stimme und et-was Unbekanntes, das in meinen Ohren wie Sonnenschein klingt. So fühlen sich also Gesang und Musik an. Die Nonsensworte, die ich nie verstanden habe, machen plötzlich Sinn. Alles macht Sinn. Natürlich haben sie diese Perfektion vor uns versteckt, bis wir damit klarkommen konnten. Das war richtig, aber jetzt gehört die Musik mir. Ich halte sie fest, weil die emporschwebende Stimme einfach zu schön ist. Ich muss sie fangen, bevor sie mir entwischt. Meine Arme strecken sich nach ihr aus, aber etwas hält mich fest, und die Stimme verschwindet, verklingt in unerreichbare Ferne. Ich werde sie nie wiederfinden und würde am liebsten weinen.

Aber dann, oh, das hier ist auch Musik, pulsierende Geräusche in meinem Kopf, wirbelnde, kreiselnde Klänge und hohe, harte Pieptö-ne. Ich will dazu tanzen, doch ich kann mich nicht bewegen. Hände nageln mich fest, Finger graben sich in die Haut meines Schädels, damit ich die Kopfhörer aufbehalte. Aber warum sollte ich sie ab-nehmen? Wattiges Weiß umhüllt mich wie Wolken, und alles ist per-fekt. Ich will wissen, wieso Anthem uns das hier nicht gegönnt hat. Die Frau braucht mich nicht festzuhalten. Ich bleibe gerne für im-mer hier und lasse die Musik in mein Gehirn eindringen.

Bitte, gebt mir mehr.

0110011000 **08** 0101111001

»Kann ich einen deiner Computer benutzen?«

Ich hätte meinen eigenen mitbringen und daran arbeiten sollen, aber vielleicht hat diese Ersatzlösung sogar gewisse Vorteile. Haven hat Zugang zu Daten, die ich für meine Forschung benutzen kann. Zumindest für eine kurze Weile, bis ich es nicht mehr aushalte, gegen das kribbelnde Verlangen ankämpfen zu müssen. Die Kommunikationsverbindungen zwischen hier und Los Angeles funktionieren tadellos, aber trotzdem kann man bestimmte Informationen nur direkt im Web abrufen.

Es gibt eine Menge Zeug, mit dem L. A. nichts zu tun haben will. Ich hätte nie die Erlaubnis bekommen, bestimmte Dateien in die Stadt zu bringen, selbst wenn sie harmlos codiert wären.

Harmlos. Ha. Das sind sie doch nie.

»Äh, klar. Lass mich nur schnell …« Haven spricht den Satz nicht zu Ende, steht ruckartig auf und verlässt das Schlafzimmer. Als ich ihr wenig später ins Büro folge, sind alle Bildschirme bis auf einen einzigen grau und leblos.

»Sorry«, sagt sie. »War eh langweiliger Kram. Bedien dich.«

Womit Haven sich beschäftigt, ist nie langweilig. »Danke.« Ich schaue ihr nach, als sie das Zimmer verlässt und wieder zu Anthem geht.

Dann logge ich mich in den Hauptrechner der Zentrale ein und beginne zu lesen.

Wie man Musik zu einem Stream umcodiert und daraus eine Droge macht, ist nicht mehr so geheim wie früher. Zwar wird das Wissen nicht gerade öffentlich breitgetreten, aber man kommt leicht an die Daten heran, wenn man weiß, wo man suchen muss.

Manchmal stelle ich mir meine Flashbacks als kleine gefräßige Insekten vor, die sich um die Synapsen in meinem Gehirn scharen. Sobald ich streame, würden sie sich explosionsartig fortpflanzen und vermehren, um noch mehr Platz zu erobern, als sie jetzt schon besetzt halten.

Ich muss etwas finden, um sie zu vernichten. Mehr noch, ich will mein Gehirn so völlig von ihnen säubern, als hätte es sie nie gegeben.

Einige der Medikamente gegen eine Drogenüberdosis kommen an das heran, was ich brauche, aber bei keinem reicht die Wirkung auch nur annähernd.

Ich lese und tippe, bis mir die Augen brennen und ich den Computer verfluche. Verdammt, wenn ich wenigstens wüsste, was Ell uns damals vorgespielt hat … aber an dem Tag ist einfach zu viel passiert. Niemand ist auf die Idee gekommen, es sich genauer anzuschauen oder eine ungewöhnliche Codierung zu vermuten, nach der man das angeschlagene System durchsuchen sollte.

Schlechte Träume. Das war alles, was wir Anthem und Haven dazu gesagt haben. Wir ernteten ein kurzes Stirnrunzeln und eine Umarmung. Schließlich war klar, dass wir zu viel gesehen hatten, vor dem sie unsere Kinderaugen nicht schützen konnten.

90

Oder unsere Ohren.

»Hi, Alpha.«

Ich drücke eine Taste, sodass der Bildschirm sich verdunkelt wie die ganzen anderen. »Hi«, antworte ich und drehe mich zu Jonas um. »Ich dachte, du bist unterwegs.«

»War ich auch.« Er lächelt. »Aber Fabel und Sabine sind zusammen verschwunden, und dein Bruder hatte irgendwelche Termine. Also dachte ich, vielleicht könnte ich wenigstens für eine kleine Weile meine Freundin entführen.«

Ich werfe einen Blick auf den Computer. Besonders viel Erfolg habe ich sowieso nicht mit meinen Recherchen. »Okay.«

»Wenn man keinen von diesen Chips hat, ist man in eurer Stadt ziemlich aufgeschmissen.«

So hatte ich das noch gar nicht gesehen, aber ja, das stimmt vermutlich. Ich nehme Jonas Hand, streiche mit dem Daumen über die Stelle, wo das Ding sitzen könnte, und bin aus vielen Gründen froh, dass es fehlt.

Wir gehen in den Stadtpark. Durch die Baumwipfel kann ich immer noch Anthems Zimmer sehen. Ich schätze, Omega hat meinem Freund nur die aufregenderen Teile des Webs gezeigt, denn hier war er bisher noch nicht. Keine Ahnung, warum es mich überrascht, dass alles unverändert ist. So lange war ich schließlich auch wieder nicht weg.

»Alles okay mit dir?«

Wir schlendern den Fußweg entlang, der von Solarlampen gesäumt ist. Im Moment speichern sie das Sonnenlicht für später. »Ja«, sage ich. »Ja, geht schon. Und falls ich bisher vergessen habe, mich zu bedanken, tue ich es jetzt. Danke, dass du mitgefahren bist.«

Sein Blick wird weich. »Ich bin froh, dass ich hier bin. Außerdem ist es irgendwie cool, den Ort zu sehen, wo du aufgewachsen bist.«

»Das Web hat seine guten Seiten.« Hat es wirklich. Den Park. Den Anblick der Hochhäuser rundum, die mich umschließen wie eine schützende Hand. Den ständigen Trubel des Cyclon.

Das Problem ist nur, dass die schlechten Seiten überwiegen. Ich schaue durch das Grün in die Richtung des nächsten Konsolencenters. Zwar kann ich es von hier nicht sehen, aber ich weiß trotzdem, wo es liegt. Was eben noch wie eine schützende Hand aussah, als ich die Hochhäuser rundum betrachtet habe, kann jederzeit eine Faust werden, die mich zerdrückt.

Wir kommen an einer gut gekleideten Frau ungefähr in Havens Alter vorbei, die allein auf einer Bank sitzt. Kopfhörer sind auf ihre Ohren gestülpt. Nach der Revolution haben sich tragbare Minikonsolen ziemlich schnell verbreitet, sowohl für codierte als auch für normale Musik. Ich mustere zu aufdringlich die Farbe ihrer Haut und ihrer Augäpfel, aber sie bemerkt mich gar nicht.

Die Frau streamt. Ich gehe schneller. Jonas kann mit seinen langen Beinen problemlos Schritt halten. »Und – hattest du Spaß mit Omega?«, frage ich.

»Das ist schon seltsam.« Jonas lacht und scheucht damit einen Vogel aus der Baumkrone über uns auf. »Er ist dir so total ähnlich. Verrückt. Also, wenn ich auf Typen stehen würde –«

»Sprich das bloß nicht zu Ende.« Ich halte abwehrend eine Hand hoch. Unterdrücktes Gekicher sprudelt von meinem Magen aufwärts, und dann bin ich plötzlich ganz atemlos vor Lachen, halte mir den Bauch und lasse mich taumelnd ins weiche Gras fallen. »Oh bitte, egal, was du tust … verschon mich mit solchen Andeutungen.« Ausnahmsweise sind die Tränen in meinen Augen kein Zeichen von Trauer. Ich bleibe auf den Knien hocken und kichere grundlos hysterisch vor mich hin, denn so witzig war es auch wieder nicht. Die ganze Anspannung weicht aus meinen Muskeln. »Das Bild brauche ich echt nicht in meinem Kopf.«

»Sorry«, sagt er, auch wenn es ihm offensichtlich nicht leidtut. Na ja, mir eigentlich auch nicht. Er gesellt sich zu mir aufs Gras und legt den Arm um meine Schultern, während ich mich langsam wieder beruhige.

»Jetzt muss ich dringend mein Gehirn sauber schrubben.«

»Immerhin hat es dich zum Lachen gebracht.«

»Stimmt.«

»Was hast du denn vorhin im Büro getrieben?«

Der Rest meines Lächelns verschwindet. Ich starre irgendwo in halbe Höhe. »Studienkram.«

»Hier? Jetzt?«

»Wieso denn nicht?«

Er zuckt mit den Schultern.

Ich lehne mich gegen ihn, und mir wird klar, wie viel ich ihm am liebsten erzählen würde, wenn er es denn verstehen könnte. Ich muss mein Gehirn sauber schrubben … Das stimmt gleich in mehrfacher Hinsicht.

■

Havens Büro ist von elektrischem Summen erfüllt. Ich würde es beruhigend finden, nur komme ich mit den Recherchen einfach nicht voran. Die Pause mit Jonas im Stadtpark hat meine Laune ein bisschen verbessert, aber das hilft mir nicht, sorgfältig verborgene Geheimnisse zu entschlüsseln.

Ich bin noch nicht einmal weit genug, um zu wissen, wo ich anfangen soll. Schließlich hatte ich nicht erwartet, dass ich so bald hier sitzen würde. Ich dachte, ich könnte mich länger vorbereiten, eine Idee entwickeln, wonach ich eigentlich suche und was helfen könnte. Mein Umzug nach L.A. hatte den Zweck, mich selbst besser kennenzulernen, meinen Geist zu erforschen, weit weg von diesem Ort, wo der Sirenengesang meiner Sucht es fast unmöglich macht, überhaupt an etwas anderes zu denken.

In meinem warmen kleinen Nest in Los Angeles konnte ich mir einreden, dass es von mir ganz allein abhing, wie lange ich blieb. Ich wollte erst ins Web zurückkehren, wenn ich bereit für den letzten, entscheidenden Schritt war.

Nun ist jeder meiner Schritte ungelenk, als müsse ich tanzen, ohne den Rhythmus wirklich zu fühlen. Der weiße Text verschwimmt auf dem dunklen Bildschirm, das altbekannte Pochen beginnt in meiner Schädelbasis. Schmerz schießt durch meinen Kopf, kalter Schweiß perlt über meinen Nacken, und meine Hände krallen sich um die harte Tischkante. Bleib hier. *Bleib hier.* Ich konzentriere mich auf das Summen. Atme zu schnell, schaffe es aber, das Tempo wieder zu verlangsamen.

Ich wende mich von der Tastatur ab und tippe stattdessen eine Nachricht auf mein Tablet. Wo bist du?_ Das Warten dauert viel zu lange. Keine Antwort, genau wie auf dem Computerbildschirm vor mir.

Endlich meldet sich das Gerät.

Ich bin mit Bean gerade auf dem Rückweg_, lässt Fabel mich wissen.

Können wir uns treffen und reden?_, tippe ich zurück.

Alle drei?_

Nein, nur wir beide._

Sabine wird mir das nicht übel nehmen, hoffe ich. Sie ist nicht nachtragend, und meine enge Freundschaft mit Fabel hat sie nie gestört, während Jonas manchmal eifersüchtig wurde. Fabel ist für mich wie ein Bruder (als ob ich davon nicht schon genug hätte), und er weiß über alles Bescheid. Abgesehen von Omega ist er der einzige Mensch auf der Welt, der das von sich behaupten kann.

Mein Tablet summt noch zweimal, und ich stehe auf, strecke mich und beuge mich über die Tastatur, um am Computer alles zu löschen, woran ich gearbeitet habe. Ich bezweifle zwar, dass Haven die Lust und Energie aufbringt, in meinen Daten herumzuspionieren, aber ich muss es ihr ja nicht extra leicht machen. Jonas sitzt im Wohnzimmer und hat ein Buch auf dem Schoß, dessen Titel ich nicht erkennen kann.

»Ich gehe kurz raus«, sage ich und lehne mich über den Sofarücken, um ihm einen Kuss zu geben. Jonas Finger schnappen nach meinem Ärmel, um mich auf seinen Schoß zu ziehen. Noch eine Versuchung, der ich kaum widerstehen kann. Ich bohre die Stiefelabsätze in den Teppich.

»Soll ich mitkommen?«, fragt er und gibt seinen Versuch auf.

Ich schüttle den Kopf. »Jemand muss hierbleiben, falls Haven etwas braucht, okay? Wenn sie nach mir fragt, sag ihr bitte, dass ich bald zurück bin.«

»Okay.«

»Danke dir.« Ich meine das ehrlich und gebe ihm zum Beweis noch einen Kuss.

Der Sommertag ist wunderschön, so viel freundlicher, als er sein sollte. Die Temperaturen kommen fast an L. A. heran. Die Hochhäuser funkeln, und ich strecke mein Gesicht der Sonne entgegen, als ich in Südrichtung spaziere. Fabel erwartet mich wie besprochen an der Häuserecke und ist allein. Bevor ich den Mund aufmachen kann, lässt er mich wissen, dass Sabine einen Musikladen im Quadranten 3 durchstöbert, den er ihr empfohlen hat. Sie vermisst ihren E-Bass und will sich ein paar Instrumente anschauen.

Falls sie etwas findet, werde ich später mit ihr hingehen, mein Handgelenk scannen und ihr alles kaufen, was sie will.

»Hi, was läuft?«

Fabel hebt mit einem leichten Grinsen die Augenbrauen. »Das fragst du *mich*?«

»Tja, ich wollte ausnahmsweise schneller sein als du.« Vor uns liegt wirbelnd und funkelnd der Cyclon.

»Dann spiele ich mal mit. Gar nichts läuft. Ich führe einfach nur Bean herum und versuche, dir nicht im Weg zu sein. Klar habe ich Anthem mein ganzes Leben lang gekannt, aber ich gehöre nicht zur Familie. Ich habe da nichts zu suchen, außer du brauchst mich.«

»Doch, hast du«, sage ich leise. »Danke für deine Rücksicht, aber natürlich gehörst du zur Familie.«

Er schweigt einen halben Häuserblock lang und wartet entspannt darauf, dass ich sage, was ich auf dem Herzen habe. Leider ist es nicht so einfach. »Hier ist es schlimmer.«

Es. Unsere Umschreibung für die Flashbacks, damit ich das Wort nicht aussprechen muss.

»Dachte ich mir schon.«

»Und ich weiß nicht, wie ich damit umgehen soll. Ich kann

das Web nicht verlassen, nicht jetzt. Erst … danach.« Der Gedanke ist wie ein Schlag in den Magen. »Ich habe versucht, das Beste daraus zu machen und an meinen Forschungen zu arbeiten, während wir hier sind, aber ich finde nichts. Das macht mich ganz … Kannst du dir vorstellen, wie es sich anfühlt, wenn ständig etwas in deinem Kopf lauert, das du nicht kennst und nicht rausbekommst?« Die Ränder meines Sichtfeldes flimmern, Funken tanzen schmerzhaft hinter meinen Augen.

»Hey, ganz ruhig.« Fabel hält an, dreht sich zu mir um und legt beide Hände auf meine Schultern. »Nein, ich kann es mir nicht vorstellen, aber wir finden schon eine Lösung, okay? Erzähl mir, was du bisher recherchiert hast.«

Also beschreibe ich ihm meine Nachforschungen im Zentralrechner. Ich hatte gehofft, Beweise dafür zu finden, dass es meine Symptome schon bei anderen Bürgern gab. Aber eigentlich weiß ich, dass keine früheren Fälle existieren, denn schließlich habe ich nicht zum ersten Mal danach gesucht. Falls Aufzeichnungen darüber vorhanden sind, hat man sie so tief im System versteckt, dass ich keinen Zugang bekomme. Das Gleiche gilt für die Frage, mit was für Streams uns Ell damals beschallt hat. Dank meines Studiums verstehe ich inzwischen ein bisschen besser, wie mein Gehirn funktioniert, aber mein Wissen reicht bei Weitem noch nicht aus. Und ich finde nicht genug Informationen über Stream-Codierung, um nachvollziehen zu können, wie man so etwas zusammenbastelt.

Wenn man zu den zwei einzigen Leuten auf der Welt gehört, die ein lebensrettendes Medikament brauchen, kann man sich keine Forschungsfehler leisten. Und man kann nichts vorher testen. Das heißt, ich sollte beim ersten Versuch verdammt sicher sein, dass es wirkt wie geplant.

»Bist du immer noch entschlossen, Haven und Anthem aus der Sache rauszuhalten? Haven könnte helfen. Im System gibt es doch nichts, was sie nicht aufspüren kann.«

»Wenn ich die beiden jetzt einspanne, um mich zu retten, werden sie wissen, dass es ihnen damals eben *nicht* gelungen ist.«

»Ja, ich weiß.« Er seufzt. »Okay, was ist mit Luchs und Spektrum?«

»Ich habe sie vor ein paar Tagen besucht, aber nicht deswegen. Sie kennen sich sowieso eher mit Hardware aus.« Inzwischen sind wir mitten im Cyclon mit seiner brodelnden Masse aus Menschen und Energie.

»Dir ist aber schon klar, wen du sonst noch ...«

Mir dreht sich der Magen um. Wir starren auf das Glasgebäude vor uns, das wie immer einer Spinne im Netz ähnelt. Eine Kolonne aus Regierungsfahrzeugen kommt gerade herausgeschwärmt und steuert auf den Grenzfluss zu, der hinter uns liegt. »Ja, ist mir klar.«

■

In den Bürotrakt des Bürgermeisters zu kommen ist für uns kein Problem. Wir spazieren einfach ins Gebäude und winken der Dame am Empfang zu, die überrascht lächelt, als sie uns erkennt.

Der Riesencomputer hinter der gewölbten Innenwand erfüllt wie früher den ganzen Hochhausturm mit seinem Summen, aber hier finde ich das Geräusch nicht beruhigend wie bei Haven.

Denn sofort sind die Erinnerungen wieder da. Wie ich zum ersten Mal das Gebäude betrat, während eine Hand meine so fest umklammerte, dass ihre spitzen Fingernägel Abdrücke in meiner Haut hinterließen. Wie ich die Eingangshalle aus Glas und Marmor anstaunte, wo damals eine andere Empfangsdame am Tresen stand. Und dann hörte ich das Summen aus den Wänden …

Fabel geht auf einen der Fahrstühle zu, aber ich schüttle den Kopf. Nicht ausgerechnet diesen. Man sieht Fabel an, dass er sich für seine Vergesslichkeit ohrfeigen könnte, doch eigentlich kann er auch gar nicht Bescheid wissen. Bisher habe ich uns jedes Mal, wenn wir zusammen in die Zentrale kamen, unauffällig zu einem anderen Aufzug gesteuert, ohne etwas sagen zu müssen. Ich weiß noch genau, durch welche Fahrstuhltür Ell uns damals geschoben hat, zuerst mich und dicht dahinter meinen Bruder. Seit damals habe ich nie wieder einen Fuß in die Kabine gesetzt.

Ein Teil von mir findet es lächerlich, wie sehr ich mich davon beherrschen lasse. Selbst als wir einen der anderen Fahrstühle betreten, bete ich darum, dass niemand ihn auf der Etage halten lässt, wo wir mit Ell ausgestiegen sind. Ich bin kein einziges Mal zurückgekehrt, um mir den Raum anzuschauen. Wozu auch, schließlich sehe ich ihn jedes Mal vor mir, wenn ich die Augen schließe … oder mit offenen Augen von einem Flashback überrollt werde.

Viele Leute finden es ziemlich geschmacklos, dass Bürgermeister Riegel – und sein Vorgänger – den Büroraum von Präsidentin Z übernommen haben. Aber ich muss zugeben, dass er schicker ist als die Kon-Büros, die ich sonst zu sehen bekommen habe. Anthem hat sich immer strikt geweigert, die beiden dort zu treffen, sodass sie gezwungen waren, stattdessen in sein Musikstudio oder in unsere Wohnung zu kommen.

Ein weiterer Empfangstresen begrüßt die Leute, die hier aus dem Fahrstuhl steigen. Dahinter sitzt ein quirliger junger Mann mit grünen Haaren. »Guten Tag, was kann ich …«, er blinzelt überrascht. »Alpha? Oh, wow. Es tut uns allen so leid wegen Anthem.«

»Danke, Pax.« Ich weiß nicht, was ich sonst noch sagen soll.

»Tja, äh, willkommen zurück im Web. Hi, Fabel.«

Fabel an meiner Seite nickt ihm zu. »Ist er da?«, fragt er.

Ein Schatten von Zweifel legt sich über Pax' Miene; seine Haare wogen wie Gras im Wind, als er sich Ponysträhnen aus den Augen schüttelt. »Na ja, eigentlich will er gerade nicht gestört werden, aber damit hat er sicherlich nicht euch gemeint. Ich schaue kurz nach. Ist das ein Privatbesuch, oder habt ihr einen bestimmten Wunsch?« Seine Augen weiten sich. »Augenblick, Anthem ist doch nicht etwa …«

»Nein, keine Sorge. Aber Riegel könnte mir vielleicht einen Gefallen tun.«

Man hört Leder knirschen, als Pax seinen Stuhl nach hinten schiebt und dann auf eine Tür zugeht, die sich äußerlich nicht von den anderen im Korridor unterscheidet.

Wie entschuldigt man sich noch mal? Habe ich schon länger nicht gemacht. Das Wort *sorry* liegt mir wie ein bitterer Geschmack auf der Zunge. Ein Blick zu Fabel sagt mir, dass er ebenfalls an die Szene denkt, als Riegel vor unserer Wohnungstür stand. Er versucht, nicht zu lachen.

»Hör auf«, zische ich, doch seine Mundwinkel zucken bloß noch mehr.

Endlose Minuten verstreichen. Dann summt das Tablet in meiner Tasche.

Bist du bereit nachzugeben, Alpha? Von mir kannst du alles haben. Alles, was du willst._

Mein lautes Fluchen, als ich den Text auf dem Bildschirm sehe, hallt durch den Flur. Ich reiche Fabel das Tablet.

Sein Mund verzieht sich zu einer schnurgeraden Linie, und er will gerade etwas sagen, als die Bürotür wieder aufgeht und uns eine willkommene Ablenkung bietet. Pax öffnet die Tür nur weit genug, damit er mit seinem mageren Körper hindurchschlüpfen kann, und zieht sie sofort hinter sich zu.

Mist. Ich hätte wohl netter zu Riegel sein sollen. Pax ballt die Hände, öffnet sie wieder und greift nach einem Tablet auf seinem Tresen. »Er ist beschäftigt, aber ich soll euch alles zur Verfügung stellen, was ihr braucht.« Er schaut keinen von uns an, sondern dreht nur das Tablet zwischen den Fingern. »Ansonsten könnt ihr auch in ein paar Stunden wiederkommen.«

Fabel und ich werfen uns einen Blick zu. Eigentlich ist es besser so, schließlich dürfte es mir schwerfallen, in Riegels Gegenwart nicht gleich wieder unhöflich zu werden. »Nein, schon gut«, sagt Fabel. »Wir brauchen bloß Zugang zu ein paar Dateien, weil wir in L.A. an einem studentischen Forschungsprojekt …«

»Klar«, unterbricht Pax ihn mitten im Satz. »Kein Problem.« Er lehnt sich vor, lässt das Tablet klappernd auf den Tresen fallen und beginnt stattdessen, auf dem Computer herumzutippen. »Ihr könnt einen Büroraum im zweiten Stock benutzen, vierte Tür links. Eure Chips öffnen die Tür, und ich habe euch auch schon ins System eingeloggt.«

»Danke, Pax«, sage ich und ziehe Fabel zum Fahrstuhl. Ich will schleunigst nach unten in das Büro, bevor jemandem außer uns beiden klar wird, dass wir keine annähernd logische Erklärung für unseren Extrawunsch bieten können. Hey, wenn man das erreicht, indem man den Bürgermeister beleidigt, sollte ich es öfter tun. Pax hat zwar ein bisschen verärgert gewirkt – garantiert weil er inzwischen weiß, wie zickig ich zu seinem Boss war –, aber was soll's.

Das Summen wird mit jeder Etage lauter, als würde unser Fahrstuhl in den Computerkern hineinfallen. Im zweiten Stock ist außer uns kein Mensch. Blumenduft strömt uns aus geschmacklosen Vasen entgegen, die in regelmäßigen Abständen den halbrunden Flur schmücken. Wir sind nicht auf *meiner* Etage; damals waren wir höher im Turm. Der Scanner bei der vierten Tür links blinkt uns rot entgegen und wird grün, sobald ich mein Handgelenk davorhalte. Der Büroraum, den wir betreten, ist blendend weiß.

Mein Atem setzt aus.

»Alles okay«, flüstert Fabel mir zu. Vielleicht schreit er mir auch ins Ohr. Der Zentralturm stellt mit Schall seltsame Sachen an. »Alpha, es ist okay. Ich bin hier. Du bist *hier*, und ich lasse dich nicht allein.«

Schon, aber wer bin ich?

»Gib mir Bescheid, falls du es nicht stoppen kannst«, sagt er. Falls. »Ja. Ja klar, mache ich.«

Die Wand gegenüber der Tür besteht aus riesigen Touchscreens. Unsere Schritte erzeugen auf den harten Fliesen kein Geräusch, alles wird verschluckt. Ich stelle mich direkt vor die Wand, und von der statischen Aufladung stehen mir sämtliche Härchen auf den Armen zu Berge. Aus dem Augenwinkel sehe ich, dass Fabel genauso nah an einen Bildschirm getreten ist.

Wenn man hundert Bürger des Web auffordern würde, spontan irgendein Datum zu nennen, würden wahrscheinlich neunundneunzig den Tag wählen, den ich jetzt in das Such-feld eingebe: den Tag des Aufstands, als sich alles verändert hat. Eigentlich bin ich sicher, dass ich dort nicht finden wer-de, was ich brauche, denn ich habe diese Dateien schon durch-kämmt. Noch einmal nachzuschauen kann trotzdem nicht schaden.

Aber leider hatte ich recht, denn die Daten habe ich alle schon gesehen. Ich arbeite mich tiefer ins System hinein, durchsuche vergessene Ecken, die voller Staub und Spinn-weben wären, wenn man sie tatsächlich betreten könnte. Was immer Ell für uns abgespielt hat war noch nicht für die Öffent-lichkeit freigegeben. Ansonsten wären Omega und ich nicht die Einzigen, die unter den Symptomen leiden, und inzwischen bin ich ziemlich sicher, dass es niemanden außer uns gibt.

Luchs und Spektrum sind beim Beschaffen von Informatio-nen absolute spitze, doch keiner in ihrem Netzwerk aus Freun-den, MedTechs und Junkies hat jemals von etwas Ähnlichem gehört. Ich bezweifle, dass die beiden mir meinen Spruch, es handle sich um »rein theoretische Neugier«, abgenommen ha-ben, aber immerhin waren sie so rücksichtsvoll, nicht nach-zubohren. Vermutlich sind sie davon ausgegangen, dass das Ganze mit Anthem passiert, nicht mit mir.

Jedenfalls muss ich wohl nach etwas suchen, dass streng ge-heim und gut versteckt ist.

Wenn man schon im Dunkeln tappt, wäre es hilfreich, sich wenigstens ungefähr vorstellen zu können, wonach man in der Schwärze tastet.

»Al?«

»Mmm?«

»Kommst du mal einen Moment?«

»Augenblick.« Ich greife nach meinem Tablet, das ungeduldig summt, bis ich es aus der Tasche ziehe. Dann überrollt mich ein Déjà-vu mit solcher Macht, dass es mir fast den Atem raubt. Das hier habe ich genauso schon einmal erlebt, nur dass die Nachricht diesmal von Omega stammt.

Wo bist du? Komm zurück nach Hause. Schnell._

»Omega, Jonas, ihr müsst ihn *still halten*!«

Ich renne den Flur entlang auf die Stimme von Isis zu. Die Rückkehr hierher hat viel zu lang gedauert, obwohl ich die Empfangsdame im Bauch der Spinne überzeugen konnte, dass man mir *sofort* ein Shuttle zur Verfügung stellen müsste.

Anthems Körper bebt und zuckt im selben Rhythmus wie mein Puls. Reine Panik verwandelt Havens Gesicht in ein groteskes Zerrbild ihrer selbst. Isis starrt auf die Leuchtzahlen und zuckenden Linien, die mir nichts sagen, aber wohl als Alarmsignale zu übersetzen sind. Als Tragödie. Als endgültiges Ende.

Ich kann nicht atmen. Er kann mich nicht allein lassen. Uns alle. Nicht jetzt schon. Mein Bruder irrt sich. Er ist noch nicht so weit. Jonas und Omega halten seine Arme auf der Matratze fest, während Isis etwas aus einer Tasche zieht. Eine Glasampulle. Und eine Spritze.

Nein. Nein.

Ich setze mich in Bewegung und will Isis aufhalten, greife aber stattdessen nach Havens Hand. Fabel hilft den anderen am Bett, während Havens Tränen mein Shirt durchnässen und kalt auf meiner Haut landen. Unmenschliche Geräusche dringen zwischen den weiß gespannten Lippen meines Bruders hervor. Omegas Griff an einem Bein lockert sich, und sofort windet Anthem sich so heftig, dass er Isis fast die Spritze aus der Hand schlägt. Sie zieht die Kappe mit den Zähnen ab, füllt den Zylinder und sticht die Nadel in das Fleisch von Anthems Ellbogen, bevor er sich noch einmal freikämpfen kann.

Bei dem Anblick ist es unmöglich, sich nicht in ihn hineinzuversetzen. Alle im Zimmer teilen das Gefühl, wie kaltes Metall durch weiches Gewebe dringt. Anthems Körper hört auf zu kämpfen. Muskel für Muskel ergibt er sich den Händen, die ihn fesseln. Man könnte fast glauben, dass Isis auch uns anderen ein Beruhigungsmittel verpasst hat, denn aus der allgemeinen Panik wird erschöpfte Stille. Die Leuchtzahlen auf den vielen kleinen Monitoren hören auf, rot zu blinken, und werden wieder grün. Anthems Brust hebt und senkt sich in leichten Atemzügen. Omega und Jonas lösen ihre Hände, eine nach der anderen, bleiben aber weiter am Bett stehen. Eine Tür wird aufgerissen, und Schritte poltern auf uns zu, lauter und lauter.

»Hab mich verlaufen«, keucht Sabine. »Ist er …?«

»Nein, er ist wieder stabil«, sagt Isis. Die widerstreitenden Gedanken in meinem Kopf blecken die Zähne, wetzen die Krallen und setzen zum Angriff an.

»Er hat das nicht gewollt«, sage ich. Haven kann nicht von meinen Lippen lesen, da sie ihr Gesicht immer noch an meiner Brust vergraben hat. Als sie die Vibrationen fühlt und den Kopf hebt, wiederhole ich meine Anklage nicht.

Isis schaut mich lange abschätzend an, dann nickt sie.

Beim nächsten Mal – und natürlich wird es ein nächstes Mal geben – verzichtet sie auf eine Rettung. Ich werde hier sein und meine Mutter/Schwester/beste Freundin in den Armen halten, während das Leben in Anthem endgültig erlischt.

■

Er muss seinen verdammten Verstand verloren haben. Haven starrt Anthem an, dessen Blick bittend zwischen ihr und Isis hin- und herhuscht.

»Was soll denn schon passieren?«, fragt er, und seine Stimme klingt kräftiger als in all den anderen Tagen, seit ich hier bin. »Außer dass es mich umbringt.«

»Das ist nicht witzig.« Haven funkelt ihn an.

»Sollte es auch nicht sein. Bitte.«

Isis zögert. »Okay, aber ich komme mit. Wir alle kommen mit. Wenn du wieder einen Anfall hast wie gestern …«

»Ich will ja, dass alle dabei sind.«

Anscheinend hat er wirklich den Verstand verloren. Aber wenn ich an seiner Stelle wäre und man mich von meinem letzten Wunsch abhalten wollte, wäre ich stinksauer. Haven steht die Panik ins Gesicht geschrieben. Ihre Knöchel sind weiß und ihre Augen weit aufgerissen. Ihre Lippen öffnen und schließen sich, doch am Ende schluckt sie ihren Widerspruch stumm herunter.

»Gut, dann macht ihn für den Ausflug fertig«, sagt Isis. »Ich bin in ein paar Stunden zurück.«

Wir färben ihm sogar die Haare neu.

Die schwarzen Klamotten hängen schlotternd an seinem erschreckend dünnen Körper, als er in den Rollstuhl gesetzt wird. Isis hat es außerdem geschafft, ein MedShuttle zu leihen – eins von der neuen Sorte, die eher an ein Krankenhaus auf Rädern erinnert. Ich frage lieber nicht, wie weit sie den Begriff *leihen* dabei strapaziert hat. Jedenfalls ist das Fahrzeug so geräumig, dass wir alle hineinpassen, und nur das ist im Moment wichtig.

»Ich fahre«, verkündet Sabine. Als sie meine Miene sieht, fügt sie hinzu: »Langsam, großes Ehrenwort.« Fabel klettert auf den Vordersitz neben sie. Pixel schiebt Anthems Rollstuhl eine Rampe hoch. Isis, Haven, Omega, Jonas und ich folgen den beiden und setzen uns auf die Bänke, die rundum angebracht sind.

Bei jedem Schlagloch und jeder Bodenwelle zuckt Anthem zusammen. Seine Vorderzähne graben sich in die Lippe, und seine Skelettfinger krampfen sich um die Griffe des Rollstuhls. Eine Schweißschicht überzieht seine Haut. Aber er beklagt sich nicht – Isis würde ansonsten sofort dafür sorgen, dass Sabine umdreht.

»Alles okay mit ihm?«, flüstert Jonas mir ins Ohr. Ich nicke.

Nein. Mit Anthem wird nie wieder alles okay sein. Aber das hier ist ihm wichtig.

Mein Bruder hat immer darauf bestanden, dass an dem alten Lagerhaus nichts verändert wird. Dadurch wird unser Plan gleich zu Anfang fast durchkreuzt. Wir starren ratlos auf die schmale Öffnung im Stacheldraht. Isis kramt eine Weile in der MedTechnik des Shuttles herum, dann taucht sie mit einer brutal großen Schere auf. Ich will gar nicht wissen, wozu das Ding normalerweise benutzt wird. Jedenfalls können wir damit ein Loch in den Zaun schneiden, das ausreicht, um Anthem in seinem Rollstuhl hindurchzuschieben. Dreck und Steinsplitt knirschen unter den Reifen.

Das Teppichstück, unter dem früher die Falltür verborgen

lag, ist schon lange verschwunden. Vermutlich hat es jemand als Trophäe mitgehen lassen. Omega packt den Griff und klappt mit einem hallenden Knall die Holztür auf.

Der Rollstuhl bebt, und Anthems Atem wird heiser und angestrengt, als er versucht, sich aus dem Sitz hochzustemmen.

»Vergiss es«, sagt Haven. Diesmal widerspricht Anthem nicht.

»Du kannst gerne runterklettern und es dir anschauen«, sage ich zu Jonas. Natürlich ist er neugierig. Sabine folgt ihm in den Keller. Der Rest von uns kann sich vermutlich jedes tropfende Rohr und jede dreckige Wand vorstellen, ohne den Raum zu betreten.

»Wisst ihr noch?«, fragt Anthem, aber von uns gehörte keiner zu der Band, mit der er dort unten geprobt hat, und uns fehlen die Worte.

Als Jonas und Sabine nach oben zurückkommen, setzen wir uns wieder ins Shuttle und fahren noch ein Stück tiefer ins Web. Ich hebe die Augenbrauen, werfe Isis einen fragenden Blick zu, und sie nickt. Gleich darauf stehen wir vor Pixels altem Club, wo uns der gleiche Scanner wie früher entgegenblinkt. Ich halte mein Handgelenk davor, und die Tür öffnet sich einladend. Hier waren wir schon immer willkommen, wenn wir wollten.

»Verdammt, Pixel, wo stecken die blöden Lichtschalter?« Fabel tastet in der Dunkelheit herum, und seine Hände klatschen gegen die Wand bei der Tür zur Tanzfläche.

Pixels Lachen hallt durch die höhlenartige Schwärze. Ich höre, wie die Schritte seiner Stiefelsohlen verklingen, dann strahlt plötzlich die Beleuchtung auf – keine kalten Neonröhren, sondern Discostrahler, die uns mit Regenbogenfarben bemalen. Wir stehen auf der Tanzfläche, erfüllt von Erinnerungen aus erster und zweiter Hand. Dort war die Bühne, und hier haben sie immer die Nächte durchgetanzt.

»Jetzt wird mir klar, woher Mage und Phoenix das Design für ihren Club haben«, sagt Sabine. »Fehlen nur noch ein paar Spiegelwände … als hätten sie ihr altes Leben mitgenommen und nach L. A. versetzt.«

»Kann man so sagen«, stimme ich zu. Eigentlich wusste ich das natürlich, aber der direkte Vergleich überrascht mich kaum weniger als Sabine.

»Komm mal mit«, fordert mein Zwilling Jonas auf und zeigt auf die Treppe.

Ich will den beiden folgen, doch Jonas schüttelt den Kopf. »Wir sind gleich zurück.«

Sie bringen Sitzmöbel mit. Nacheinander tragen sie zwei alte Sofas von der Balustrade herunter. Staub knirscht unter ihren Fingern, und eine erstickende Wolke aus Verfall hüllt uns ein, als wir uns setzen. Isis legt die Hand auf Anthems Arm. Die Geste ist beiläufig und verrät kaum, dass sie seinen Puls prüft.

»Hier habe ich dich zum ersten Mal geküsst«, sagt Anthem zu Haven. Der Rest von uns interessiert sich plötzlich sehr für irgendwelche Flecken an den Wänden.

»Stimmt.« Sie lächelt. »Im Nachhinein würde ich dem Kuss auf einer Zehnerskala durchaus sieben Punkte geben. Na ja, vielleicht acht.«

»Hey.«

Alle lachen. Ich schmiege mich auf dem Sofa an Jonas und lasse die ganzen Geschichten von den alten Zeiten an mir vorbeidriften. Sabine stellt genau die richtigen Fragen über die ursprüngliche Band, über die Auftritte hier, über die Revolution. Jonas hört konzentriert zu und ergänzt das vage Bild, das ich für ihn entworfen habe, mit den ganzen neuen Einzelheiten. Anthems Stimme versagt, als er von Scope erzählt, und niemand nennt das *Arschloch in Gelb* bei seinem richtigen Namen. Genau genommen habe ich tatsächlich nie gehört, wie er wirklich heißt. Will ich auch gar nicht wissen.

»Zeit zum Nachhausegehen«, sagt Isis schließlich leise, aber bestimmt. Anthem kann kaum noch die Augen offen halten, und seine Stimme klingt schwerfällig. Wir verlassen den Club genauso, wie wir ihn vorgefunden haben, und schließen die Türen hinter uns ab.

Adieu.

■

Niemand verlässt mehr die Wohnung. Wir geistern schweigend durch die Flure wie ruhelose Seelen. Haven bleibt fast die ganze Zeit an seiner Seite. Nur einmal, als ich aus der Hygienekabine meines Zimmers komme, sehe ich sie in ihrem Büro voller blinkender Computerlichter verschwinden und die Tür hinter sich zuziehen.

Mein Bruder wacht nicht mehr auf. Der echte Anthem ist zwar immer noch irgendwo in diesem Körper verborgen, und ich weiß, dass sein MemoryChip eifrig alles aufzeichnet, doch die Kraft seiner Persönlichkeit, die ihn so unverwechselbar gemacht hat, ist unter der Last des körperlichen Verfalls endgültig begraben worden.

Es passiert genau zwei Tage, nachdem wir aus dem Club zurückgekehrt sind. Fast auf die Minute, würde ich sagen. Ich starre verwirrt auf die Uhr und frage mich, wovon ich wach geworden bin. In der Wohnung ist alles still, auch die medizinischen Geräte schweigen. Ich werfe einen Blick auf mein Tablet und spüre Wut in mir aufsteigen. Verdammt, nicht ausgerechnet jetzt.

Ich kann dir alles geben, was du willst, Alpha. Du hast keine Ahnung, wie nah du der Erfüllung deiner Träume bist._

Vorsichtig, um Jonas nicht zu wecken, schlüpfe ich unter der Decke hervor und tapse barfuß und schwindelig aus dem Zimmer. Im Flur bleibe ich stehen und atme tief durch, bis sich nicht länger alles dreht. Die Tür zum Schlafzimmer von Anthem und Haven ist geschlossen. Früher wäre ich nie dort eingetreten, ohne vorher zu klopfen, aber jetzt unterbreche ich sie wohl kaum in einer eindeutigen Situation.

Ich brauche einen Moment, um zu begreifen, dass nicht nur das Deckenlicht ausgeschaltet ist. Alles ist komplett dunkel. Die Monitore neben dem Bett sind leblose schwarze Flächen und scheinen mit dem Rest des Raums zu verschmelzen. Mein Herz pocht schneller, als ich nach dem Lichtschalter taste. Ich bin erleichtert, als ich Anthem sehe, der mit geschlossenen Augen und verstrubbeltem Haar zwischen den Kissen liegt, aber das Gefühl verfliegt schnell.

»Jonas?«, rufe ich hoffentlich gerade laut genug, damit er mich hört, ohne dass die anderen aufwachen. »Jonas? Bitte, komm her.«

Er hat wohl nicht tief geschlafen, oder ich habe ihn geweckt, als ich aufgestanden bin. Jedenfalls kommt er durch die Tür getaumelt und reibt sich die Augen. »Was ist passiert?«, fragt er mit belegter, rauer Stimme. Ich habe keine Zeit für ein schlechtes Gewissen, sonst würde ich mir jetzt Gedanken darüber machen, was ich ihm alles zugemutet habe, seit er für mich hierhergekommen ist.

»Hol Haven. Sie ist in ihrem Büro.«

Er verschwindet, und ich nähere mich zögernd dem Bett. Im Grunde weiß ich bereits, was ich vorfinden werde. Ich spüre die Kälte an meinen Fingerspitzen, bevor ich seine Wange überhaupt berühre.

Kälte. Ich denke zu langsam. Wieso wurde das Alarmsignal nicht ausgelöst und hat wenigstens Isis geweckt, wenn Haven es schon nicht hören konnte? Mein Blick wandert zur Zimmerwand, wo sich dicht über dem Boden ein Wirrwarr von Kabeln windet. Die Stecker sind herausgezogen und liegen verstreut auf dem Teppich.

»Sie ist nicht da.« Ich fahre herum und starre Jonas an, ohne ihn wirklich zu sehen.

»Al? Wo steckt Haven?«, fragt Isis, während sie sich an ihm vorbeidrängt und zum Bett eilt. Ihre Finger greifen nach Anthems Arm, um den Puls zu fühlen, doch genau wie ich hat sie schon beim ersten Blick Bescheid gewusst. Am liebsten würde ich jetzt einfach zusammenbrechen, aber ich fürchte, das kann ich mir noch nicht erlauben.

»Dreh seinen Kopf zur Seite«, flüstere ich. Bei der bloßen Vorstellung, so etwas selbst tun zu müssen, überrollt mich eine Welle von Übelkeit. Isis ist möglichst sanft, aber Anthems Muskeln haben bereits begonnen, steif zu werden. Sie ändert die Handhaltung, um einen besseren Griff zu bekommen.

»Was …?«, murmelt sie fragend und zieht eine Hand zurück. Im Lampenlicht bildet das Blut auf ihrer Haut einen harschen Kontrast. Noch brutaler wirkt das Rot in Anthems Haaren, an der Wunde hinter dem Ohr. Die dunkle Bettdecke hat den Rest des Flecks aufgesogen, der entstanden ist, als Haven den MemoryChip herausgeschnitten hat.

»Er hat geblutet«, sage ich wie vor den Kopf geschlagen. Also war er am Leben, als sie das Skalpell gezückt hat. Kann ja sein, dass mein Bruder nichts mehr davon gespürt hat, aber er hat gelebt und geatmet. Sein Herz hat geschlagen – wenn auch träge – und Blut durch seine Adern gepumpt. »Dafür werde ich sie …«

Als Erstes muss ich sie finden, aber ich bin verdammt sicher, dass ich genau weiß, wo Haven jetzt steckt.

»Was ist denn los, Al?« Jonas kommt zu mir, doch ich schüttle seine Hand ab. Ich fühle mich wie eine einzige offene Wunde, und selbst seine vorsichtige Berührung ähnelt einem schmerzhaft harten Griff. Isis hebt den Blick, und ich lese in ihren Augen, dass wir denselben Verdacht haben.

»Du musst mich fahren«, sage ich zu Jonas. »Isis, bitte bleib hier. Erzähl Omega und den anderen … ich weiß auch nicht. Schließ die Tür. Sie brauchen das nicht zu sehen.« In meinem Zimmer greife ich wahllos nach einem Schuhpaar und behalte die Schlabberkleidung an, in der ich geschlafen habe. Ich weiß nicht, wie viel Vorsprung sie hat und ob ich sie aufhalten kann, aber *Anthem hat das nicht gewollt*. Er wollte sterben. Ich kann mir nicht vorstellen, wie sie es überhaupt technisch anstellen will, aber schließlich hatte sie Jahre, um das Verfahren zu perfektionieren, das sie persönlich erfunden hat. »Jonas, mach schon.«

Nur Minuten später sind wir draußen und im Shuttle. Ich gebe Richtungsanweisungen und habe dadurch einen guten Vorwand, um sonst nichts sagen zu müssen. Links und rechts macht wenigstens Sinn, im Gegensatz zu allem anderen. Die

114

Straßen sind leer, die Clubs geschlossen. Wir haben eine Stunde vor Tagesanbruch. Niemand folgt dem Ruf der Neonschilder, die einsam vor sich hin flackern. Ich hocke zitternd und mit den Zähnen klappernd auf meinem Sitz. Jonas beißt sich auf die Lippen, um die tausend Fragen zurückzuhalten, die er garantiert hat. Er fährt so schnell, wie das Shuttle ihn lässt, bis ich nach vorne durch die Windschutzscheibe zeige und ihm sage, er soll anhalten.

Das Gebäude dient einem anderen Zweck als die übrigen Rückschauzentren. Nachdem die Spinde geleert waren, hat Haven es nach ihren eigenen Plänen renovieren lassen. Seitdem existieren die Mitglieder des Aufsichtsrats getrennt von den Familien der übrigen Bürger. Die einzigen Eltern, die hier noch betrauert werden, sind Havens.

Sollte sie sich in den Kopf gesetzt haben, mich auszusperren, dann … Ich springe aus dem Shuttle, mit Jonas dicht auf den Fersen, und renne zum Scanner. Als ich mein Handgelenk davorhalte und die Schiebetür aufgeht, löst sich auch etwas in meinem Inneren. In der Eingangshalle zögere ich nur kurz, bevor ich mich der Treppe zuwende. Sie würde ihn nicht mit den anderen zusammenstecken.

Oder doch? Schließlich habe ich diese ganze Aktion nicht erwartet. Ich habe gar nichts erwartet. Weil ich mich geweigert habe, darüber nachzudenken.

Ich gehe an der Tür vorbei, wo der Aufsichtsrat und Havens Mutter über den Stelen der Sichtgeräte schweben, weder lebendig noch tot, auf ewig von einem Glorienschein aus Licht umgeben.

Dann kommen wir auf der zweiten Etage an, und ich strecke die Hand nach der Klinke aus. Jonas Atemzüge streifen meinen Nacken und kribbeln auf der Haut wie ein nervöses Summen. Haven ist dort drinnen und wartet auf uns. Als ich in den Raum komme, lächelt sie fast.

Ich habe keinen Blick für sie.

Nur für Anthem.

Er lächelt nicht, doch dafür winkt er mir zu, als ich näher trete. Lebensgroß und kerzengerade steht er vor mir, und sein durchscheinender Körper aus Daten und Licht trägt keine Spur von der Krankheit, die ihn stückweise aufgezehrt hat.

»Hallo, Al«, sagt er.

Wusste Anthem die ganze Zeit Bescheid? Haben die beiden mir bloß nichts davon erzählen wollen, für den Fall, dass ihr Plan nicht funktioniert?

Nein. Ich habe seinen Blick im Club gesehen. Ich habe seine Augen gesehen, als er mir sagte, dass er zum Sterben bereit sei. So ein guter Schwindler war Anthem nie, besonders nicht mir gegenüber … auch wenn er sich immer gerne einbildete, mich täuschen zu können.

»Wusste ich's doch. Natürlich bist du die Erste, die uns hier findet.« Haven erhebt sich hinter einem Tisch voller Computer, über deren Bildschirme endlose Code-Reihen scrollen.

»Was hast du *getan*?« Mein Blick bleibt wieder an Anthem hängen, und er zuckt zusammen, als er die blanke Wut darin sieht. Die Strahlen aus farbigem Licht, die seinen Körper formen, flackern wie bei einem kurzzeitigen Stromausfall, bevor sein Bild wieder still wird.

»Al«, sagt Jonas und berührt meinen Hals. Ich schüttle ihn ab, weil ich von allem überfordert bin. *Anthem ist nicht fort. Ich muss ihn nicht gehen lassen. Er braucht nicht zu sterben, nicht wirklich. Aber er wollte nie so enden. Er war bereit zu sterben, und jetzt schaut er uns an und wirkt völlig real. Das hier ist tatsächlich mein Bruder. Oder auch nicht. Nein, nicht einmal annähernd.*

»Ich hatte keine Wahl«, sagt Haven und bewegt sich um ihn herum auf mich zu. Ihre Augen sind feucht. »Ich konnte ihn einfach nicht gehen lassen.« Abwehrend hebe ich die Hände und bin nicht sicher, ob ich sie hassen oder umarmen soll. Bevor ich mich für eines von beidem entscheide, will ich wirklich sicher sein.

»Das ist wie bei den Leuten, von denen du kürzlich geredet hast, richtig?« Jonas sieht mich fragend an. »Ich meine, wie …«

Ich vervollständige Jonas Satz. »… der Aufsichtsrat und Präsidentin Z.« Mir entgeht nicht, dass Haven wie immer schaudert, wenn man ihre Mutter bloß erwähnt. »Nur hat Haven die Technik noch verbessert.« Falls *verbessern* das richtige Wort ist. Mein Gehirn ist zu schockgefroren, um einen passenderen Ausdruck zu finden. »Sie musste seinen MemoryChip herausschneiden, während er am Leben war. Stimmt doch, oder?«

»Das war der einzige Weg. Nur so konnte ich dafür sorgen, dass Anthem weiterhin denkt wie er selbst. Er war noch ganz da, Al, bloß in seinem Körper gefangen.«

Ich hasse mich selbst, weil ich verstehe, was sie meint. Schließlich sind mir vor ein paar Stunden ähnliche Gedanken durch den Kopf gegangen. »Er hat sich verabschiedet.«

»Nicht von mir.«

Ich öffne den Mund und klappe ihn wieder zu. Betrachtet sie das wirklich als Erlaubnis, ungefragt so eine Entscheidung zu treffen? »Findest *du* das okay?«, frage ich, als würde mein Bruder tatsächlich vor mir stehen. Als würde sein Körper nicht in unserer Wohnung liegen, nur kaltes Fleisch und Knochen auf einem mit Blut getränkten Laken. Als könnte er meine Fragen beantworten wie immer: geduldig, beschützend und hilfsbereit.

»Alpha«, sagt er. Mir stockt der Atem. Er klingt *exakt* wie früher. Seine Stimme dringt aus der Säule des Sichtgeräts. Wer hat das gebaut? Die Hologramme waren bisher immer stumm. Lautsprecher wurden nie gebraucht. »Alpha«, sagt er noch einmal. Ich schaue ihm in die Augen. Haven hat genau den richtigen Blauton getroffen. Seine Augen sehen aus wie meine, nur dass in ihnen keine Tränen brennen. »Was passiert ist, ist passiert.«

Das ist keine Antwort auf meine Frage. Darüber sind wir uns beide im Klaren. Haven versteht es ebenfalls, denn sie wendet sich ab. Ich frage mich, ob sie und diese Version von Anthem streiten können. Vielleicht haben sie das schon hinter sich. Keine Ahnung, wie lange Haven und mein Pseudobruder bereits hier sind. Auch früher haben sie immer ihr Bestes getan, damit Omega und ich keinen Streit mit anhören mussten. Wenn wir dabei waren, haben sie sich nicht einmal wegen irgendwelcher harmloser Kleinigkeiten in die Haare bekommen wie Wäschewaschen oder wer ins Depot gehen soll, um Essen zu kaufen.

»Das ist doch verrückt. Wie hast du …? Nein, weißt du was? Ich will es gar nicht wissen.« Ich marschiere in einem Kreis um das Sichtgerät herum und mustere das Hologramm von allen Seiten. Es ist makellos. Aus irgendeinem Grund heizt diese Perfektion meine Wut noch mehr an, bis sie fast meine Eingeweide verbrennt. »Du hast ihn umgebracht. Er hat noch geatmet. Hast du seinen Herzschlag gespürt, als du die Klinge in seinen Schädel gestoßen hast?«

»Das reicht jetzt, Alpha«, sagt mein Bruder. Ich beiße mir auf die Zunge und schlucke Worte hinunter, die sogar mich überraschen.

»Ich habe ihn gerettet«, flüstert Haven. Ihre Stimme ist heiser von Tränen.

Ermordet. Gerettet. Stimmt natürlich beides. Die Stadt wird demnächst wohl größere Rückschauzentren brauchen. Während ich Anthem zuschaue, wie er sich in seinem engen Lichtkreis bewegt, sehe ich Massenunterkünfte voller schimmernder Geister, in denen sich ganze Familien zusammenscharen. Haven wird dem Rest von uns beibringen müssen, wie sie das angestellt hat. Bestimmt dauert es nicht lange, bis jemand die Wahrheit herausfindet. Vielleicht folgt ihr einer der Reporter – falls sie das ZFR jemals wieder verlässt. Dann wird er sich womöglich fragen, wieso sie ihre ganze Zeit hier verbringt. Jeder kennt ihr Gesicht, und die Bürger lieben sie, aber völlig vertraut haben sie ihr nie. Schließlich wissen alle, wer Havens Eltern waren. Vielleicht liegt ihr die Machtgier im Blut oder in dem Chip, den man ihr als Kind ins Gehirn gepflanzt hat.

Die schimmernden Wände rücken immer näher, erdrücken mich, pressen mir die Luft aus den Lungen. Haven sagt etwas zu Jonas, das von dem Summen in meinen Ohren übertönt wird, während ich aus der Tür taumele, die Treppe hinunter und nach draußen. Keuchend atme ich die frische Luft ein. Ich bin der einzige Mensch auf der Straße. Weit und breit ist niemand zu sehen. Einsamkeit. Ruhe und Frieden. Meine Gedanken rotieren wild im Kreis wie Discolichter und weigern sich, auch nur einen Moment anzuhalten. Ich lasse mich auf den Kantstein in der Nähe des Shuttles sinken und lege den Kopf auf die Knie.

Schritte.

»Hey, du«, sagt Jonas. Mehr sagt er nicht. Er lässt mich einfach nur wissen, dass er da ist.

»Die Schlüssel?«

Er lässt sie in meine Hand fallen und folgt mir wortlos zum Shuttle. Ich bin okay. Ich werde nicht zusammenbrechen oder explodieren.

So viel von mir hat die ganze Zeit hier geschlummert, im Web, und ist seit meiner Rückkehr wieder erwacht und ein Teil von mir geworden. Er kennt keine dieser verborgenen Schichten.

Isis und Omega erwarten uns am Küchentisch, während die anderen anscheinend noch schlafen. »Schaut es euch selbst an«, sage ich. »Sie sind im Rückschauzentrum, wo auch die ganzen übrigen ... ihr wisst schon.« Ich erkläre die Lage, so gut ich kann.

»Heilige Scheiße. Na, das ist ja *perfekt.*« In dem kalten Küchenlicht wirkt Omegas Haut so bleich wie saure Milch, schon fast bläulich. Er steht auf, und ein paar Sekunden später schlägt lautstark die Wohnungstür zu.

»Mir fällt dazu eine Menge ein, aber perfekt ist es nicht«, erwidere ich, als er schon längst fort ist.

»Immerhin hat es funktioniert«, sagt Isis.

Meine Augen verengen sich. »Wusstest du, dass Haven so etwas probieren wollte?«

Sie schüttelt den Kopf. »Nein, aber überrascht bin ich nicht. Du etwa?«

Die Frage lässt mich innehalten. Ich bin wütend. Ich bin verwirrt. Sogar sehr. Haven ist zehnmal klüger als der Rest von uns, und mit ihrem Sturkopf hat sie immer schon Sachen durchgezogen, nur um zu sehen, ob es machbar ist. Natürlich

121

greift diese Erklärung zu kurz, aber nein, überrascht bin ich kein bisschen.

»Du wirkst nicht gerade glücklich.«

Glücklich. Ich glaube, dieses Gefühl habe ich in Los Angeles liegen lassen, wo es irgendwo zwischen Büchern und Socken unter meinem Bett verkramt ist. »Ich bin nur müde. Ist sein Zimmer … ist Anthem …«

»Ich kümmere mich darum.« Sie nimmt mich in ihre Arme, die vor Erschöpfung schlaff und schwer wirken. Ein Teil von Isis ist wahrscheinlich erleichtert, dass es endlich vorbei ist, auf welche Weise auch immer. Seit sie meinem Bruder zum ersten Mal begegnet ist, hat sie ihn praktisch die ganze Zeit ärztlich versorgen müssen. »Du solltest schlafen gehen.«

Ha. Aber immerhin ist das Schlafzimmer dunkel und still, nur erfüllt von Jonas Atem, dessen Rhythmus sich von selbst an meinen anpasst.

»Willst du darüber reden?«

Reden. »Nein.«

»Okay«, sagt er nur. Er kennt mich, und jetzt ist nicht der richtige Moment, um nachzuhaken. Auch wenn er Übung darin hat, sich an meine Gedanken heranzutasten, wie man versuchsweise an Gitarrensaiten zupft.

Ich spüre, dass er überrascht ist, als ich in der Dunkelheit zu ihm komme und meine Schultern und Hüften an ihn schmiege. Sein Zögern ist offensichtlich, aber ich will mich wieder lebendig fühlen, greifbar, real … alles, was Anthem fehlt. Ich spüre, wie Jonas meiner verzweifelten Dringlichkeit nachgibt. Seine Lippen unter meinen werden weich, und er lächelt auf die Art, die ich am meisten an ihm mag. Sein Lächeln sagt, dass ihm alles andere egal ist, weil er mich liebt. Ich möchte genauso antworten, doch die Worte stecken in der Tiefe meiner Kehle fest wie in einem engen Flaschenhals ... zusammen mit vielen anderen.

Ich wünschte, Jonas könnte meine Sorgen so einfach von mir abstreifen wie meine Kleidung. Hinterher liege ich lange wach, mit seinem Arm um meine Schultern, und drifte im Halbschlaf durch seltsame Träume, die in farbigen Neonlichtern und Klängen pulsieren.

Schwarzes Wasser rauscht in der Tiefe an uns vorbei, und auf der Flussoberfläche liegt ein Schimmer von Gold und Morgenröte, als das Shuttle mit quietschenden Reifen auf die Brücke zusteuert. Nachdem ich endlos lang vergeblich versucht habe einzuschlafen, bin ich mit Sabine losgefahren und habe die Wohnung in beklemmender Stille zurückgelassen.

»Fabel und Jonas sind vermutlich immer noch in ihren Zimmern und haben keine Ahnung«, meint Sabine.

»Ich weiß.«

»Okay.«

Wir rumpeln über die Nahtstelle, wo die Brücke auf Land trifft, und nun liegt das Web hinter uns, während die endlose Weite und Los Angeles vor uns warten. Wenn ich die Augen schließe, kann ich bereits die Häuser und das Meer sehen.

»Warte! Halt an.«

Sabine tritt scharf auf die Bremse und reißt das Steuer herum, sodass Geröll um das Shuttle aufspritzt und gegen die Fenster prasselt. Kiesel knirschen unter meinen Füßen, als ich vom Sitz springe und bis ans Ufer des Flusses laufe. Mit dem

Wind stiebt auch der metallisch-gewitterige Geruch um mich herum, den ich immer und überall erkennen würde. Die Sonne ist halb aufgegangen und berührt die Gebäudespitzen der Skyline. Ich fröstele, denn die einzige Wärme strahlt von Sabines Haut ein paar Zentimeter neben mir ab.

Wenn ich wollte, könnte ich einfach durchbrennen. Sabine würde weiterfahren, wenn ich sie darum bäte. Deshalb habe ich ja ausgerechnet sie gefragt. Jonas hätte auf mich eingeredet, dass ich nicht wütend abreisen soll. Fabel hätte gewusst, wie er mich tatsächlich überzeugen kann.

»Jetzt mach schon den Mund auf.«

»Ich verstehe einfach nicht, wie sie so etwas tun konnte.«

»Mir ist immer noch nicht ganz klar, was genau sie getan *hat*«, sagt Sabine und schirmt ihre Augen vor dem Gleißen des Wassers ab, während ihr die Haare ums Gesicht flattern.

»Na gut.« Ich versuche die Geschehnisse in ein Muster zu pressen, das für jemanden Sinn ergibt, der aus L.A. stammt. »Wir haben alle einen MemoryChip im Kopf, okay? Davon habe ich dir erzählt.« Sie hat versucht, die Narbe zu ertasten. Doch die Spuren sind längst verschwunden, weil der Kon es für eine gute Idee hielt, möglichst jung anzufangen. Ich war damals drei.

»Ja, hast du.«

»Die Chips zeichnen alles Mögliche auf, Erinnerungen, Gedanken, was weiß ich. Für mehr Details müsstest du Haven fragen, sie ist die Expertin. Genau darum geht es. Als die Revolte ausbrach, hat Haven herausgefunden, dass ihre Mutter – die Präsidentin – und der Aufsichtsrat, zu dem ihr Vater gehörte, nicht einfach getötet werden konnten. Dann wäre etwas richtig Übles passiert. Das gesamte Computersystem des Web wäre ausgefallen oder so ähnlich. Deshalb mussten diese Leute am Leben bleiben. Oder zumindest mussten sie lebendig *wirken*.«

»Also hat Haven die Chips benutzt, um sie allesamt in Hologramme zu verwandeln?«

»Genau. Allerdings waren ihre Abbilder lange nicht so überzeugend wie Anthem.« Ich schätze, Haven hatte genug Zeit, an ihrer Technik zu feilen.

»Okay, wieso haben wir euch Ostküstler zu uns nach L.A. gekriegt, aber nichts von diesem coolen Kram?«, scherzt Sabine.

»Du findest das *cool*?«

»Ich denke, du bist sauer, weil du hier gestrandet bist … und ich bohre nicht nach dem Grund, warum du die Stadt so hasst, das ist deine eigene Sache. Aber jetzt lässt du deine Gefühle an der Frau aus, die dich praktisch aufgezogen hat, nur weil sie getan hat, wofür ich mich an ihrer Stelle auch entscheiden würde, wenn ich das nötige Know-how hätte. Das würde doch wohl jeder tun.«

Ich trete nach einem Kiesel und schaue zu, wie er ins Wasser platscht. »Darum geht es nicht. Er wollte sterben! Und sie hat ihn nicht gelassen.«

»Und jetzt abzuhauen ändert das, oder wie? Okay, wir mussten aus einem total mistigen Grund herfahren, das kapiere ich ja. Trotzdem war es irgendwie cool, die Stadt zu sehen. Wie eine andere Welt. Fabel hat mir alles Mögliche gezeigt, das man sich zu Hause kaum vorstellen kann. Schau mich nicht so an, ich bin noch nicht fertig. Ja, es war cool, aber ich bin schließlich nicht blind. Natürlich habe ich mitbekommen, was hier früher abgelaufen ist und was heute noch passiert.«

»Und?« Mein Blick verschwimmt.

»Und du hast die ganze Fahrt hierher Panik gehabt, dass wir zu spät kommen und du dich nicht mehr verabschieden kannst. Wie viel schmerzhafter wäre es wohl, beim nächsten Mal wegen einer blöden Verspätung nicht mehr rechtzeitig sagen zu können, dass es dir leidtut?«

»Dafür müsste es mir erst einmal leidtun!«

»Okay, klar.« Sie hebt abwehrend die Hände, und ich schließe die Augen. Natürlich hat sie recht, auch wenn ich immer noch so wütend auf Haven bin, dass mir das Blut in den Adern kocht. Ich kann entweder wegrennen, oder ich kann bleiben und versuchen, Haven davon zu überzeugen, dass sie meinem Bruder den Stecker ziehen soll.

Sobald ich mich überwinden kann, ihr wieder ins Gesicht zu schauen.

Ich glaube, das Web hat noch nie so strahlend und taufrisch ausgesehen wie jetzt durch die Windschutzscheibe, als Sabine das Shuttle wendet. Das passt überhaupt nicht. Die Stadt sollte das düstere, hoffnungslose Grau meiner Erinnerungen tragen. Viel zu früh fängt uns die Spinne wieder in ihrem klebrigen Straßennetz ein und frisst uns mit Haut und Haaren.

»Lass mich hier raus«, sage ich, sobald der Stadtpark in Sicht kommt.

»Sicher?«

»Ich komme bald nach«, verspreche ich und nehme meine Gitarre von der Rückbank, wo ich sie vor einer Stunde mit deutlich mehr Sorgfalt verstaut habe als den Rest meiner Sachen.

Anthem hat den Park immer geliebt. Na ja, oder den Park mit Haven darin, um genau zu sein. Aber bei gutem Wetter hat er Omega und mich auch manchmal hergebracht. Selbst als wir zu alt geworden waren, um das als tolles Überraschungsgeschenk zu betrachten, hat er immer Gründe gefunden, entspannt mit uns unter den Bäumen abzuhängen.

Hier hat er mir beigebracht, wie man Musik spielt. Genau hier. Als Erstes hole ich mein Tablet aus der Tasche und schicke eine Nachricht an Mage und Phönix, obwohl Isis das bestimmt schon erledigt hat. Pixel wahrscheinlich auch. An der Westküste ist es noch sehr früh, und ich beneide die beiden um ihre letzten unwissenden Stunden, bevor sie aufwachen und erfahren, was hier seit Mitternacht alles passiert ist.

Für mich fühlt es sich an, als seien Tage vergangen.

Das Stück Rasen, wo Anthem das erste Mal für uns gespielt hat, nachdem der Aufstand vorbei war, ist vom Sommer ausgedörrt und prasselt unter meinen Stiefelsohlen und dann unter dem Gitarrenkasten. Leute kommen vorbei und verlangsamen ihre Schritte ein bisschen, bis sie um die Ecke biegen und wieder außer Hörweite geraten.

Ich vermisse meine Bühne. Anthem würde das Gefühl verstehen. Genau deshalb kann ich nicht mit ihm darüber reden. Außerdem ist Haven vermutlich da … aber der Hauptgrund ist, dass mein Bruder mich garantiert drängen würde abzureisen. Er wird sagen, ich bräuchte seinetwegen nicht zu bleiben. Dabei weiß ich es besser. Haven betrachtet den Gedanken, ihn von den Maschinen auszustöpseln, als Mord. Ich sehe darin einen humanitären Akt. Mein Magen verkrampft sich, während ich stumm mit jemandem streite, der mir so viel bedeutet.

»Ich dachte mir schon, dass ich dich hier finden würde.«

Omega steht vor mir und verdunkelt die Sonne. »Hey«, sage ich. »Kannst du mich neuerdings per Gefühl orten oder so?«

»Nein.« Er lacht. »Aber wir sind nicht umsonst Zwillinge.«

»Dann kannst du dir auch denken, dass ich keine Lust zum Reden habe.«

»Gut, geht mir genauso.«

Ich zupfe weiter gedankenverloren an den Saiten herum. Omega legt sich ins Gras und hört zu. Am liebsten würde ich auf ihn ebenfalls wütend sein, aber dazu fehlt mir die Energie.

»Al.« Omega knufft mein Schienbein mit seiner Stiefelspitze und nickt in Richtung meiner Tasche. »Dein Tablet summt.«

»Wahrscheinlich Jonas.« Ich lege die Gitarre ins Gras. Schuldgefühle durchfluten mich. Ich habe Jonas gebeten, mich zu begleiten, und dann kaum Zeit mit ihm verbracht, nachdem wir hier angekommen sind. Andererseits konnte ich die letzten Tage wohl kaum damit verbringen, ihm die Gegend zu zeigen. Omega hat das für mich übernommen. Schließlich konnte er vorher die ganze Zeit bei Anthem sein, im Gegensatz zu mir.

Okay, der Umzug war meine eigene Entscheidung, aber ich hatte gute Gründe. Habe ich immer noch. Ich schätze, nun brauche ich nicht einmal um Anthem zu trauern. Alles kann wieder wie vorher werden, und ich kann so tun, als sei mein Leben normal.

Irgendwie schafft mein Tablet es immer, in der Tasche unter allem anderen Kram zu verschwinden. Als ich es endlich ausgebuddelt habe, tippe ich auf den Bildschirm.

Die Welt schrumpft zusammen.

»Al?« Ich glaube, Omega berührt meine Schulter, aber bin mir nicht sicher. »Alles okay? Hast du wieder einen Flashback?«

»N-nein.« Nein. Ich bin nicht in dem weißen Zimmer. Nicht dort. Ich bin hier.

Ein Atemzug. Zwei. Das Blätterdach rückt wieder in normale Ferne und verwandelt sich in tausend Einzelteile, voneinander getrennt und doch verbunden.

Omega und ich haben oft über die Flashbacks gesprochen. Seine klingen anders, obwohl wir Zwillinge sind. Unsere Gehirne sind nun einmal nicht identisch verdrahtet, oder vielleicht benutzt er nur andere Worte, um das Gleiche zu beschreiben. Ich stopfte mein Tablet zurück in die Tasche, bevor er die Nachricht sieht.

Jetzt ist es fast so weit, Alpha. Ich kann dir alles geben, was du willst. _

»Ich muss kurz weg. Könntest du bitte nachschauen, ob mit Jonas alles in Ordnung ist?« Seit gestern Nacht war ich so idiotisch vernagelt. Erst durch den Beinah-Flashback ist mir plötzlich klar geworden, was Havens Entscheidung bedeutet, wenn man einmal die Gesamtperspektive betrachtet.

»Ja, klar.« Er steht zusammen mit mir auf. »Was ist denn los?«

»Ich muss zu Anthem. Nein, keine Sorge, ich will mich nicht mit Haven streiten. Es ist wichtig, dass ich mit ihm spreche.« Ich sehe Omega an, dass er bereits verstanden hat, worauf ich hinauswill. Aber ich will ihm keine Hoffnungen machen, bevor ich ganz sicher bin. Die Flashbacks haben ihn nie so belastet wie mich – deswegen kümmere *ich* mich darum, ein Gegengift zu finden –, doch ich tue es genauso für meinen Zwillingsbruder. Ich renne aus dem Park in Richtung Norden und lasse die lähmende Erschöpfung mit jedem Schritt weiter hinter mir.

Haven ist auf einem Stuhl eingenickt, und mein Bruder schwebt über der Sichtsäule vor ihr. Er blickt mir mit offenen

Augen entgegen. Ich schätze, Anthem braucht keinen Schlaf. Nie mehr. Ein Frösteln läuft über meine Haut. Es ist einfach nicht normal, dass er mich sehen kann und mir zuwinkt. Ich berühre Haven sanft an der Schulter, so wie wir es gelernt haben, um sie nicht zu erschrecken.

»Alpha«, sagte sie mit rauer Stimme und blinzelt dem Morgen entgegen, auch wenn es hier kein Sonnenlicht gibt. Nichts in dem dunklen Raum stört die glühenden Linien von Anthems Silhouette. Ich reiche ihr eine Wasserflasche aus meiner Tasche und rücke das Halstuch zurecht, das die Spuren von letzter Nacht verdeckt. Ich will nicht, dass sie nach mir und Jonas fragt.

Ich will kein Mitleid für meinen Zusammenbruch.

»Erklär mir, wie die Technik funktioniert«, sage ich noch immer etwas atemlos. »Was kann er … sehen?« *Sehen* ist vielleicht nicht das richtige Wort, aber es kommt der Sache am nächsten.

»Na ja, vielleicht hilft es, wenn du ihn dir als einen Computervirus vorstellst«, sagt Haven und wirft Anthems Hologrammgestalt einen entschuldigenden Blick zu. »Er kann sich überall im System bewegen, aber bei manchen Orten braucht er länger, um sie zu sehen. Das ist ungefähr wie in einem riesengroßen Gebäude, wo man die Haupträume auch besser findet als die Rumpelkammern. Damit meine ich verschlüsselte Dateien und Ähnliches. Wieso?«

»Ich muss mit Anthem sprechen. Allein.«

»Haven findet es schrecklich, dass du wütend auf sie bist«, sagt Anthem. »Sie liebt dich, Al.«

»Du bist *nicht* wütend?«

Ich könnte schwören, dass er seufzt. »Ich weiß nicht genau. Irgendwie schon. Aber nicht unbedingt aus den Gründen, die sie erwartet. Oder die du für wichtig hältst.«

»Sondern?« Ich setze mich auf Havens Stuhl und betrachte ihn. Er hat dieselben nervösen Angewohnheiten wie früher, fährt sich mit den Fingern durchs Haar, trommelt einen unhörbaren Rhythmus auf seinen Oberschenkel. Die Neonlinien verzerren sich, wenn sie sich überschneiden wie Teichwellen, in die man einen Kiesel wirft.

»Weil ich nutzlos bin«, sagt er. »Ich kann sie nicht anfassen. Ich kann dich nicht in die Arme nehmen und dir sagen, dass du nach Los Angeles zurückkehren solltest, wo du doch viel lieber bist. Ich kann nicht mit euch zusammen *leben*, also macht es doch keinen Sinn zuzuschauen. Okay, im Moment ist Haven die ganze Zeit hier, aber das wird nicht so bleiben. Soll ich in Zukunft hier herumhängen, ganz allein, bis mal jemand Lust hat, vorbeizukommen und Hallo zu sagen?«

Ich schlucke, weil ich Angst vor der Antwort auf meine

nächste Frage habe. »Willst du, dass ich dich abschalte?« Kann ich das überhaupt? Wahrscheinlich ist es nicht so einfach.

Das Blau seiner Augen ist so perfekt, dass es mich jedes Mal wieder umwirft. Haven muss Jahre daran gefeilt haben, und ich bewundere sie fast dafür, dass sie ihre Arbeit die ganze Zeit vor ihm und uns allen verbergen konnte. Einige Sekunden lang starrt er mich mit seinem typischen intensiven Blick an, dann schüttelt er schließlich den Kopf.

»Was passiert ist, ist passiert. Mir geht es ganz okay, kleine Schwester.«

»Wie fühlt es sich an?«

»Als würde man schweben. Plötzlich ist alles so viel klarer, ganz anders als seit … einer Weile. Ich sehe sämtliche Informationen gleichzeitig, den ganzen Hauptrechner. Das ist … unbeschreiblich. Eine riesige Menge an Daten, und ich denke genauso schnell wie der Computer.«

Eine bessere Überleitung kann ich mir kaum wünschen. Ich atme tief ein. »Es gibt da eine Sache, die ich dir erzählen muss.«

Das letzte Mal, dass ich jemandem alles gebeichtet habe, ist vier Jahre her. Damals musste ich Fabel das Ganze erklären, weil er kurz davor war, ein MedShuttle zu rufen. Ein Flashback hatte mich auf dem Heimweg von der Schule erwischt. Ich erinnere mich noch an das Brennen meiner aufgeschürften Knie, weil ich mitten auf dem Bürgersteig zusammengeklappt war.

Anthem kennt den Anfang der Geschichte: dass Ell mich und Omega abgeholt und versprochen hat, uns zu unserem Bruder zu bringen. Wir hatten zwar begriffen, dass Anthem für sie arbeitete, aber wussten nicht genug, um ihr zu misstrauen.

Eigentlich sollte es leicht sein, die Musik zu beschreiben, die ich damals gehört habe. In der Realität stolpere ich jedoch über meine eigenen Sätze, während ich Wort für Wort das Bild ausmale, das ich viel zu oft in meinem Kopf sehe. Die Energie im Raum ändert sich, je länger ich von allem rede, was seitdem passiert ist. Anthem strahlt Schock und Trauer aus wie Elektrosmog. Wir wollten nicht, dass er davon erfährt, erkläre ich … als sei das eine Erklärung. Er sollte nicht wissen, dass sein Plan gescheitert war, uns zu beschützen und vor dem Kon zu retten.

Anthem hatte für uns einen Bürgerkrieg begonnen. Da wollten wir ihn im Gegenzug wenigstens glauben lassen, dass er gewonnen hatte. Schließlich hatte er in seinem Leben schon genug verloren.

Das war jedenfalls das Hauptmotiv für unser Schweigen, während sich der zweite Grund peinlich und kindisch anhört, als ich ihn laut ausspreche: Omega und ich mochten es, ein Geheimnis zu teilen. Wir waren gut darin, den Mund zu halten.

Bin ich immer noch.

Ich wische mir die Tränen von den Wangen.

»Deshalb bin ich weggezogen.« Wieso fällt es mir so schwer, die Wahrheit zu sagen? »Ich versuche, ein Heilmittel für Omega und mich zu finden. Hier im Web ging das nicht. Deshalb musste ich fort.«

»Können wir sicher sein, dass es nur euch zwei betrifft?«, fragt er, und am meisten schmerzt das *Wir*. Mein Bruder steht auf einer verdammten Computersäule, man sieht seinem flackernden Gesicht an, was diese Neuigkeit mit ihm anstellt, und trotzdem denkt er zuerst an mich und Omega. Genau wie immer.

»Ich habe Luchs und Spektrum gebeten, sich umzuhören«, erkläre ich. »Natürlich habe ich ihnen nicht alles gesagt, aber genug, damit sie die Informationen für mich finden konnten.

Ich musste einfach weg, Anthem. Solange ich hier bin, fühle ich es die ganze Zeit.« Neue Tränen brennen mir in den Augen. »Ich will streamen. Bevor ich umgezogen bin, war es kaum noch auszuhalten.«

»Ist es jetzt auch so schlimm?«

Seine Stimme ist nur ein Flüstern. Am liebsten würde ich die Lautstärke hochdrehen, aber das geht nicht. Ich nicke.

»Und was du in L.A. lernst ... glaubst du, es könnte wirklich helfen?« Hoffnung und Schmerz halten sich in seiner Stimme die Waage. Ich denke an meine Studienkurse und Schaubilder von gut ausgeleuchteten Gehirnen.

»Ich glaube schon?«, sage ich. Man hört meiner Stimme an, dass diese Hoffnung nur ein dünner Strohhalm ist, an den ich mich klammere. »Wenn ich erst einmal streame, dann könnte der Schaden ... dann ist es vielleicht nicht mehr möglich, mich wieder hinzubiegen. Ich muss bei meinem ersten Stream sicher wissen, dass er hilft. Weil ich ihn selbst programmiert habe. Und deshalb muss ich ganz an den Anfang zurückkehren, zu den frühen Tagen des Web, um herauszufinden, wie genau sie das gemacht haben. Ich muss dort anfangen, wo alles begann.«

»Alpha.« Mehr sagt er eine volle Minute lang nicht. »Ich wünschte, du hättest mir früher davon erzählt, aber das ist jetzt egal. Schließlich habe ich auch eine irre Menge vor dir geheim gehalten, und zwar aus dem gleichen Grund.«

Um Omega und mich abzuschirmen, schon klar. Also steht es ihm wohl kaum zu, mir jetzt Vorwürfe zu machen.

»Ich muss Bescheid wissen«, flüstere ich. »Seit ich hergekommen bin, habe ich im System nach Informationen gegraben, aber dann wurde ich ... abgelenkt.«

»Frag mich alles, was du willst, Alpha«, sagt er. Wie ist mein Bruder nur zu dem Menschen geworden, der er ist? Oder der er früher war? »Aber die Suche dürfte schneller gehen, wenn wir Haven davon erzählen.«

Ich schaue zur Seite. Dann nicke ich.

»Kannst du versuchen, ihr zu verzeihen? Ich habe es schließlich auch getan«, sagt Anthem.

Ich komme mir egoistisch vor, denn meine Wut hat nachgelassen, seit ich weiß, dass ich Anthem für meine Pläne einspannen kann. Damit muss ich wohl leben, wenn es im Gegenzug bedeutet, dass ich die Flashbacks loswerde. »Ich *versuche* es ja.«

Er lächelt ein bisschen. Flacker, flacker. »Hast du was Neues von Phönix und Mage gehört?«

»Nicht seit ich ihnen geschrieben habe, was passiert ist. Also, mit dir.«

»Du hättest deshalb nicht bleiben müssen.«

»Doch, musste ich.«

Haven klopft an die Tür, bevor sie wieder hereinkommt. Obwohl ihre Schritte nervös wirken, hält sie den Rücken gerade und stolz, als könnte ihr eigener Körper sich nicht entscheiden, was er von ihrer Tat halten soll.

»Ich muss los. Jonas wartet auf mich«, sage ich. In ihren Augen flackert Schmerz, aber ich ertrage es nicht, länger hierzubleiben. Ich will ihr nicht ins Gesicht schauen müssen, wenn sie erfährt, was ich vor ihr verborgen habe. Dabei waren wir uns immer so nah und konnten endlos miteinander reden. Ich wende mich wieder an Anthem. »Ich muss alles über den ersten Stream wissen«, erkläre ich ihm. »Meinen ersten.« Haven tritt ein paar Schritte zur Seite, um von meinen Lippen lesen zu können, aber nicht schnell genug. Frustriert ballt sie die Hände zu Fäusten.

»Okay«, sagt Anthem.

Erst draußen vorm Gebäude erlaube ich mir, über die Möglichkeit nachzudenken, dass er tatsächlich Erfolg haben könnte. Vielleicht braucht er seine Gedanken nur in die verborgenen Tiefen des Systems auszustrecken, um mir die Datei herauszupflücken wie einen Apfel vom Baum einer Hydrofarm. Ich weiß kaum, wann ich das letzte Mal geschlafen habe … oder wann ich Schlaf weniger nötig hatte.

Es ist Nacht, doch Web ist voller Leben, genau wie ich.

»Lasst uns ausgehen!«, rufe ich, als ich in die Wohnung gestürzt komme. Jonas, Fabel und Sabine schauen hoch und starren mich an. »Kommt schon, ich will Spaß haben!«

»Was ist denn mit dir passiert?«, fragt Fabel. Alle drei mustern mich nervös, aber das ist mir egal.

»Gar nichts. Alles ist bestens. Na los, macht euch fertig.«

»Okay.« Jonas Lächeln wirkt jetzt echt. »Wo soll es denn hingehen?«

»Überallhin!«

Ich schlüpfe in einen Rock, ziehe die Partystiefel über und umrande meine Augen mit schwarzem Kajal. Jonas dreht sich wie ein Model auf dem Laufsteg, damit ich ihn von allen Seiten begutachten kann, und ich schüttle den Kopf über seine Eskapaden. Er sieht gut aus. Tut er doch immer. Als Fabel und Sabine wieder zu uns stoßen, fange ich an zu lachen.

»War das Absicht?«, frage ich und zeige auf ihre täuschend ähnlichen Outfits: Netzshirts und viel Leder.

Sabine verschränkt die Arme und unterdrückt ein Lächeln. »Nein, war es nicht.«

Wenn man zum Lichterwirbel des Cyclon unterwegs ist, liegt das nächste Konsolencenter nur ein paar Minuten von unserer Wohnung entfernt. Die Glasscheiben der Fenster werfen tausend spiegelnde Funken auf das Straßenpflaster. Unwillkürlich verlangsame ich meine Schritte und stelle fest, dass jeder Platz drinnen besetzt ist. Am Empfangstresen sitzt eine gelangweilte, unterbezahlte Frau, deren Job es ist, notfalls die MedTechs zu rufen oder Gewaltausbrüche zu verhindern, falls jemand einen schlechten Trip hat. Sie hat die Füße auf den Stuhl neben sich gestellt und ein Buch auf dem Schoß. Hinter ihr sieht man grellbunte Frisuren, die sich von fahler Haut abheben und an die schillernden Farben von Blutergüssen erinnern. Kopfhörer sind fest auf ein paar Dutzend Ohrenpaare gestülpt, durch die jeder Süchtige mit seinem persönlichen Soundtrack beschallt wird. Wir haben Samstagabend. Kein Wunder, dass das Konsolencenter voll ist. Wenn nicht heute, wann sonst?

Ausnahmsweise spüre ich kein Verlangen danach.

Wir lassen das Gebäude hinter uns, streifen den Rand der taghell erleuchteten Zone rund um die schwarze Glasspinne und kommen an einem Club vorbei, in dem alles so läuft wie früher. Dort werde ich garantiert nie hineingehen und bin erleichtert, dass er anscheinend nicht besonders gut besucht ist. Keine Warteschlange und keine Grüppchen von Leuten in Schwarz und Neon, die auf verspätete Freunde warten, bevor sie den Club betreten.

»Da oben wollen wir hin«, sage ich zu Jonas und zeige einen Straßenzug entfernt auf einen Wolkenkratzer, dessen dunkle Fensterreihen von einer strahlenden Dachetage gekrönt werden. Jonas grinst, und den letzten Rest des Weges rennen wir vier regelrecht. Ich war seit über einem Jahr nicht mehr in einem Skyclub, doch der Türsteher in seinem Kunststoff-Outfit erkennt mich sofort. Die Samtkordel öffnet sich mit einem Säuseln, das ich ohne Probleme hören kann, weil die Tanzfläche immer noch mit dem alten Schallschutz umgeben ist. Eigentlich wären diese Sicherheitsmaßnahmen ohne die codierten Streams nicht mehr nötig. Jonas Blick wandert über die Panoramafenster, durch die man einen perfekten Blick auf das Web hat – glitzernd wie eine Computerplatine –, dann über die rotierende Tanzfläche und über die Lautsprecher rundum an den Wänden und der Decke.

Keine Drogen, nur Musik pulsiert so laut durch den Saal, dass ich es bis in die Zähne spüre. Implantierte Klangsensoren funkeln auf nackter, erhitzter Haut. Bänder aus Chrome winden sich um Arme und Hälse, fangen die Discolichter ein und werfen sie zurück. Nein, keine Drogen, nur ein Energiemix aus Rhythmus, Sound und dem puren Rausch der Bewegung, den es nirgendwo sonst gibt. Der Schallpegel ist so überwältigend, dass er meine Gedanken auslöscht, solange ich hier im Club bleibe. Sabine wendet sich der Bar zu, Fabel einer Gruppe Mädchen, die in der Nähe der Theke stehen. Lachend ziehe ich Jonas an der Hand mitten in die Menge und lasse mich von der Musik – nichts als Musik – mitreißen und davontragen.

■

Warmes Sonnenlicht strömt durch die Fensterscheiben. Ich spüre Jonas Haut samtweich an meiner, sein Atem ist vom Schlaf tief und gleichmäßig.

Wir sind erst spät nach Hause gekommen. Deshalb bin ich selbst überrascht, dass ich um diese Zeit schon wieder wach bin. Mein Tablet auf dem Nachttisch enthält keine neuen Nachrichten von Haven oder meinem geheimen Verehrer, aber dafür mehrere von Phönix. Ich klettere aus dem Bett und tapse auf Zehenspitzen ins Wohnzimmer, damit ich sie lesen kann, ohne Jonas zu wecken.

Die erste Antwort von ihr muss gekommen sein, als wir letzte Nacht auf der Party waren.

Uns geht es gut, mehr oder weniger. Ist bei euch alles okay?_

Besser als vorher, viel besser. Ich warte trotzdem mit der Antwort, bis ich den Rest gelesen habe.

Ehrlich, wie läuft es im Web?_

Hier wird gerade alles ziemlich merkwürdig._

Ich gehe in die Küche und hole mir ein Glas Wasser, ohne die Augen vom Bildschirm zu lösen.

Also, ich glaube ja selbst kaum, dass so etwas möglich ist, aber ich kenne die Anzeichen, Al. Streams. Jede Menge davon. Die Polizei ist gekommen und hat uns ausgefragt. Das machen sie jetzt mit allen Einwanderern aus dem Web._

Ich kann mir lebhaft vorstellen, wie Phönix darauf reagiert hat. Die Polizei … in ihrem Club.

Los Angeles war bisher ziemlich gut darin, keine Streams in die Stadt zu lassen. Es hieß, wer Musikdrogen ausprobieren will, könne dafür gerne ins Web fahren. Manche haben das tatsächlich getan, weil Menschen nun einmal neugierig sind. Insgesamt war es nicht schwer, L.A. streamfrei zu halten. – Die Neubürger waren schließlich genau davor geflohen, und wer nicht clean werden wollte, blieb lieber direkt an der Quelle.

Drüben an der Westküste weiß zwar niemand, wie man Konsolen repariert, wenn sie den Geist aufgeben, aber anscheinend hat trotzdem jemand es gewagt, den riskanten Handel damit anzufangen. Man kann sie ohne Probleme mit Drogen vollpacken, und weil sie relativ klein sind, lassen sie sich leicht verstecken.

Bei uns ist alles okay_, tippe ich zurück. So okay, wie es eben sein kann, aber Phönix versteht schon, was ich meine: Seit ich ins Rückschauzentrum gestürmt bin, hat sich nichts verändert. Obwohl es an der Westküste vier Uhr morgens ist, kommt die Antwort gleich nach einem kurzen Schluck Wasser.

Gut. Hältst du mich auf dem Laufenden?_

Okay, du mich auch?_

Klar._

Ich ziehe mich an, wobei mir jede Bewegung zu laut vorkommt, weil ich niemanden stören will.

Um mich herum auf der Straße und im Park erwacht das Web nur allmählich aus seinem Dämmerschlaf, genau wie meine Freunde oben in der Wohnung.

Aber es bleibt nicht so still.

In der Ferne höre ich Schreie, die den Morgenfrieden durchbrechen. Ich finde den Ursprung nicht gleich, suche mit dem Blick die gewundenen Pfade zwischen den Bäumen ab. Dann entdecke ich eine Frau, die vermutlich nicht älter ist als ich, eher jünger, und den Mund zu einem endlosen Schrei aufgerissen hat. Sie rennt wie gehetzt und wirft mit einem Tritt eine Recyclingtonne um, sodass gut hundert leere Wasserflaschen ins Gras kullern.

Man muss kein Genie sein, um zu erkennen, was mit ihr los ist. So etwas passiert. Selten. Aber immer noch zu oft.

Ich lasse meine Tasche fallen und nähere mich vorsichtig. »Alles in Ordnung?«, frage ich. Natürlich ist mit ihr gar nichts in Ordnung, aber ich brauche einen Einstieg. Leider hört sie mich nicht einmal.

Ihr Blick ist wild, ihre Haut leichenblass.

»Hey!«, rufe ich lauter. Die wenigen Spaziergänger um uns herum bemühen sich, einen möglichst weiten Bogen um sie – oder uns beide – zu machen. »Beruhig dich, okay? Bitte.« Ich bin fast nahe genug, um sie anzufassen, auch wenn ich selbst nicht genau weiß, was ich anschließend tun soll. Nur eines ist mir völlig klar: Jemand muss ihr helfen.

Kurz flackert ein Funke von Bewusstsein in ihren Augen auf. Dann ist er gleich wieder verschwunden. Genau wie sämtliche Leute in der Nähe. Feiglinge. Als könnten sie vor ihrer eigenen Vergangenheit davonlaufen. Jetzt gibt es nur noch mich und die Frau. Ihre Haarsträhnen sind so leuchtend grün wie ihre Augen und hängen verkleistert an schäumenden Lippen und gebleckten Zähnen.

»Hi …«

Eben konnte ich noch atmen, dann plötzlich nicht mehr.

Finger schließen sich mit festem Griff um meine Kehle. Röchelnd schlage ich mit den Armen um mich und versuche die Frau wegzustoßen, aber sie scheint es nicht einmal zu fühlen. Sie ist total weggetreten. Ihr Griff verstärkt sich bloß noch, und Tintenschwärze sickert in die Ränder meines Sichtfeldes. Schmerz sticht bis in den Nacken hinunter, und meine Trommelfelle fühlen sich an, als ob sie gleich explodieren. Mit einer Hand ertaste ich ihren Haarschopf und zerre daran, was ihre Schreie noch lauter macht.

Der harte Boden raubt uns beiden den Atem, und ihr Griff

lockert sich einen Moment. Gerade lange genug, damit ich einmal nach Luft schnappen und die Dunkelheit ein bisschen zurückdrängen kann. Ihr rasender Zorn lässt sie kaum noch menschlich erscheinen.

Aber tief in ihr verschüttet steckt ihr normales Ich. Sie weiß vielleicht nicht, was sie tut oder wo sie ist, aber ein Rest von ihr muss noch da sein.

»Hör auf«, bettele ich. Mein Hinterkopf schlägt gegen einen Stein, als ich darum kämpfe, ihren schnappenden Zähnen auszuweichen. »Ich will ... helfen.«

Nichts. Blut träufelt heiß über meinen Hals, spitz gefeilte Fingernägel bohren sich tiefer. Jetzt schreie auch ich, winde ihren Haarschopf um meine Faust und zerre, so hart ich kann. Ich habe nicht vor, für ein Partygirl zu krepieren.

Sie rollt sich zur Seite, ich helfe mit einer Hand auf ihrer Schulter nach und lasse nicht mehr los. Bevor sie Gelegenheit hat, sich noch irgendwie zu rühren, presse ich sie bäuchlings zu Boden und werfe mich auf ihren Rücken, sodass ihre Schreie vom Gras erstickt werden. Kunstleder knirscht unter dem Knie, das ich zwischen ihre Schulterblätter presse.

Meine Tasche ist außer Reichweite, und das Tablet liegt garantiert wie immer ganz unten. Verdammt. Auf keinen Fall stehe ich jetzt auf, um danach zu greifen. Jedes Mal, wenn ich meinen Kopf wende, um den Pfad nach Menschen abzusuchen, spüre ich den Abdruck ihrer Finger, als würde sie mir immer noch die Luft abschnüren. Aber wenigstens scheint die Blutung fast aufgehört zu haben.

Endlich kommt ein Mann um die Ecke gebogen. »Entschuldigen Sie?« Ich muss zweimal ansetzen, bevor ich einen Ton herausbekomme. Die junge Frau windet sich unter mir, und ich drücke sie wieder härter auf den Boden. »Könnten Sie bitte ein MedShuttle rufen?«

Er schaut zwischen mir und der Frau hin und her. Seine Lippen verziehen sich misstrauisch, als hätten ich mit dem Partygirl gerade eine kleine Schlägerei gehabt, weil sie mir den Typen ausgespannt hat oder ähnlichen Blödsinn, und jetzt hätte ich plötzlich ein schlechtes Gewissen bekommen.

»Bitte.«

Er nickt und bleibt lange genug stehen, damit ich ihn auf sein Tablet tippen sehe, dann hastet er davon. Ich verbringe die nächsten Minuten damit, zu hoffen, dass er die Nachricht tatsächlich abgeschickt hat. Gleichzeitig muss ich weiter darum kämpfen, die Frau unter Kontrolle zu behalten. Ich glaube, in meinem ganzen Leben war ich noch nie so erleichtert, Sirenen zu hören.

Die MedTechs eilen herbei. Sie fixieren ihre Arme sorgfältig, erst dann darf ich loslassen. Das müssen sie mir nicht zweimal sagen.

»Freundin von Ihnen?«, fragt der eine kurz, als sie die Frau auf der Trage festgeschnallt haben. Ich liege immer noch auf dem Boden und lasse das Adrenalin durch mich hindurchrauschen, nachdem ich endlich in Sicherheit bin.

»Nein. Nein, wirklich nicht.«

Der andere kniet sich bei mir hin und streckt die Hand nach meinem Hals aus. Ich zucke zurück. »Schon gut, ist nicht schlimm.«

»Sicher?«

»Absolut. Kümmern Sie sich lieber um die Frau.«

Ich weiß, wie die Behandlung aussehen wird. Medizinische Streams sind immer noch das beste Mittel gegen normale Streams, bei denen etwas schiefgeht. Damit habe ich mich eingehend beschäftigt. Ich frage mich, was sie wohl gedacht und gefühlt hat, kurz bevor ich auf sie zugegangen bin, und welche Bilder sie in ihrem Kopf gesehen hat. Vielleicht hat sie auch gar nichts gesehen und war nur ein brodelnder Hexenkessel blinder Wut.

Oder sie war in einem weißen Raum. Vollkommene Leere wie ein unbeschriebenes Blatt. Der einzige Makel in all dem Weiß sind Omega, Ell und ich. Schmerz pulsiert durch meinen Hals, und jeder Herzschlag brennt in den winzigen Wunden.

Gerade eben diese Frau … und vorher der Typ, als Omega und ich meinen Freunden das Web gezeigt haben. Überall die Sirenen von MedShuttles.

Am liebsten würde ich mir einreden, dass mir die Probleme bloß mehr auffallen, weil hier alles so anders ist als in Los Angeles. Der Kontrast färbt meine Sichtweise, und deshalb sehe ich die Schattenseiten überdeutlich.

Aber falls Phönix recht hat, verwischen sich gerade die Unterschiede zwischen dem Web und meinem Zuhause am Strand.

Ich fühle mich zerschlagen und orientierungslos, als ich in die Wohnung zurückkehre.

»Kein Grund zur Sorge«, sage ich zu Jonas, bevor er wegen der Würgemale an meinem Hals ausflippen kann. »Falsche Zeit, falscher Ort. Schlafen die anderen noch?«

Fingerkuppen fahren sanft über die blauen Flecken und getrockneten Blutreste. »Ja.«

»Das Web stellt schreckliche Dinge mit den Leuten an. Es ist ein bisschen, als gäbe es endlich Sonnenlicht zum Wachsen, aber das hilft nur leider überhaupt nichts, weil der Boden immer noch vergiftet ist.« Das Web stellt schreckliche Dinge mit *mir* an.

»Mir gefällt die Stadt. Natürlich meine ich nicht das, weswegen wir herkommen mussten«, fügt er schnell hinzu, als er meine Miene sieht. »Aber der Rest. Alles ist irgendwie … exotisch.«

Exotisch. So kann man es auch nennen. »Du hast ja keine Ahnung.«

»Würde ich aber gerne.« Er starrt auf einen unsichtbaren Punkt in der Luft. »Ich will wissen, wie es sich anfühlt. Lass es mich probieren, Al«, sagt er. Das kommt so aus dem Nichts, dass ich zuerst gar nicht kapiere, was er meint. Dann geht mir ein Licht auf, und trotzdem tue ich weiter so, als hätte ich ihn nicht verstanden.

»Wovon redest du?«

»Von den Streams.«

Ich stehe abrupt auf. Hier im Wohnzimmer herrscht das reine Chaos. Zu viele Leute waren zu lange zusammengepfercht und hatten anderes im Kopf als aufräumen. Ich beginne, Gläser in die Küche zu tragen und Stiefel neben der Tür auf einen Haufen zu werfen. Spikes aus Metall schrammen über die empfindliche Haut zwischen meinen Fingern.

»Wieso?«, frage ich und konzentriere mich darauf, einen Fleck auf dem Couchtisch mit meinem Ärmel wegzuwischen.

»Vielleicht weil das für euch alle so eine große Sache ist? Weil ich es verstehen will? Keine Ahnung, jedenfalls klingt es wie ein echter Trip.«

Tja, damit hat er garantiert recht.

»Lass dich von mir nicht aufhalten«, sage ich kühl und hoffe, dass man meiner Stimme den Schmerz und die Panik nicht anhört, die mir den Atem rauben. »Nur zu, Konsolencenter gibt es überall. Die Clubs, die damit weitergemacht haben, sind auch nicht schwer zu finden. Du musst nur durch den Cyclon spazieren und dich umhören.«

»Warst du denn nie neugierig? Ich meine, Omega hat mir die ganzen Storys erzählt … dass Anthem euch jeden Abend allein gelassen hat, um zu den Partys zu gehen, weil er sich einfach nicht beherrschen konnte. Hast du dich nie gefragt, wie sich das anfühlt? Ich meine, als du alt genug warst? Wie wäre die letzte Nacht für uns beide gewesen? Oder unser Club zu Hause in L.A., wenn man da …?«

»Neugierig?«, spucke ich hervor und putze noch härter auf der Tischplatte herum. »Jeden verdammten Tag.« Damit sage ich die reine Wahrheit, denn ich habe mich immer gefragt, wie es sich anfühlen würde, wenn ich zum *Spaß* streamen und nicht immer in dem weißen Raum mit seinem gleißenden Schmerz landen würde. »Genau deshalb habe ich nie … ich habe mich von den Clubs und dem Rest ferngehalten. Schließlich habe ich gesehen, was dann passiert.«

»Alpha.« Er lässt sich von der Couch auf den Boden rutschen und kniet sich neben mich. »Natürlich ist die Wirkung schlimm, wenn man damit ständig weitermacht.« Er blinzelt, und ich weiß, dass er Anthem vor sich sieht. »Aber was kann ein einziger Versuch schaden? Jetzt mal ehrlich?«

Ich öffne den Mund, und die Worte liegen mir auf der Zunge. Fast erkläre ich ihm, welchen Schaden ein einziges Mal anrichten kann … aber die Versuchung ist zu groß, und deshalb halte ich den Mund. Ich male mir aus, wie wir tanzen und miteinander abheben, schwerelos. Wenn ich ihm die Wahrheit sage, wird er die Idee fallen lassen.

146

Ich schaue ihm ins Gesicht, und seine Umrisse verschwimmen durch meine mühsam zurückgehaltenen Tränen. Es kommt mir vor, als würde ich ihn zum ersten Mal seit Wochen wirklich sehen. »Das Web stellt schreckliche Dinge mit uns an«, sage ich wieder, stehe auf und weiche langsam in den Flur zurück, während meine Finger die Blutergüsse an meinem Hals betasten. »Ich hätte nie zulassen dürfen, dass du herkommst.«

Warum habe ich ihn nicht davor beschützt? Hier kann ich nicht einmal mich selbst schützen, und trotzdem bin ich gezwungen zu bleiben. »Du bist scharf auf Streams? Die sind jetzt auch in L.A. Fahr einfach nach Hause«, sage ich.

0010011011 **12** 1101101110

Ich höre kaum, wie die Tür hinter ihm zuschlägt. Tränen verzerren meine Sicht auf den Raum, und das altbekannte Pochen breitet sich von meiner Schädelbasis aus.

Verdammte Scheiße, nicht ausgerechnet jetzt. Doch dieses Mal bin ich machtlos dagegen. Ich habe keine Wahl, als mich mitreißen zu lassen, mitten in das grelle Licht und die Musik, die mir den Atem nimmt. Als die dröhnenden Rhythmen aufhören und ich wieder zu mir komme, kann ich nur mühsam die Stiefel abstreifen, die mit meinem Mageninhalt bedeckt sind, und mich unter die Dusche schleppen. Dabei frage ich mich die ganze Zeit, wie mir alles so total entgleiten konnte.

In meinem Leben vermischen sich viel zu viele Melodien und Motive, sodass nur ein chaotisches Klanggewitter übrig bleibt: Jonas – die Suche nach einem Gegengift – Anthem auf seiner Säule, der sich nun durch acht Jahre Vergangenheit gräbt, um mir jedes kleinste bisschen Information zu besorgen – Streams in Los Angeles und immer mehr Süchtige im Web –, die Stalkertexte auf meinem Tablet.

Ich habe Jonas nach Hause geschickt, weil ein Teil von mir sich wünscht, an seiner Stelle abreisen zu können. Doch der Wunsch zu bleiben ist größer … was mich überrascht, denn so habe ich noch nie empfunden, wenn es ums Web ging. Zum ersten Mal kommt es mir vor, als gäbe es einen winzigen Lichtschimmer in der Dunkelheit. Ich lege den Kopf zurück und berühre die Abdrücke an meiner Kehle.

Tropfen voller regenbogenbunter Schminke perlen von meinem Hals und auf die Sofalehne. Am Ende des Flurs öffnet sich eine Tür, und ich zucke zusammen. Ich hatte ganz vergessen, dass ich nicht allein bin. Eigentlich hätte Fabel hier auf der Couch schlafen sollen. Stattdessen taucht er zusammen mit Sabine aus ihrem Schlafzimmer auf. Ich hebe eine Augenbraue und bekomme von beiden ein verlegenes Grinsen als Antwort.

»Na endlich«, sage ich, aber es klingt etwas gequält. Es schmerzt, dass Jonas in diesem Moment nicht hier ist und dass ich keine Ahnung habe, wo er steckt. Das Lächeln der beiden schmerzt umso mehr, weil *ich* es in den letzten Stunden fast verlernt habe.

»Ihr beide wart ja nicht zu überhören«, sagt Sabine.

»Wir hatten einen Streit.«

Fabel kommt zu mir an die Couch und hebt mein Kinn an. Sein Grinsen verwandelt sich in einen Ausdruck purer Wut. »Hat er das getan? Dieser verfickte Mist- «

»Was? Nein, natürlich nicht. Also ehrlich, Fabel. Es gab nur einen … Vorfall … im Park. Ist nicht so schlimm.«

Sabine tritt näher, um einen besseren Blick darauf zu bekommen. »Heilige Scheiße, Al. Nicht schlimm? Für mich sieht das schlimm genug aus.«

»Ist es aber nicht«, behaupte ich stur. Ich will nicht daran denken, sonst fängt mein Hals gleich wieder an zu pochen. »Ihr beide habt doch eine Menge Zeit da draußen verbracht …« Ich wedele mit einer Hand in Richtung der Fenster. »Hattet ihr das Gefühl, es gibt mehr Junkies als gewöhnlich?«

Natürlich weiß Sabine nicht, was wir im Web als *gewöhnlich* betrachten, aber Fabel schon. »Darüber wollte ich sowieso mit dir sprechen. Unter anderem«, sagt er. »Ja, ich habe definitiv mehr Junkies gesehen.«

Ich nehme mein Tablet vom Tisch und reiche es ihm. Phönix' Tickernachricht über Los Angeles ist noch immer geöffnet. Auf Fabels Gesicht zeigt sich kaum eine Regung, nur seine Pupillen weiten sich ein bisschen, bevor er das Tablet an Sabine weiterreicht.

»Ich dachte, vielleicht sollten wir noch einmal versuchen, mit Riegel zu reden«, sage ich. »Um zu sehen, ob er eine Ahnung hat, was los ist.«

Fabel windet sich unbehaglich. »Das war das Zweite, über das ich mit dir sprechen wollte. In Riegels Zentrale, nachdem er uns nicht empfangen wollte …«

Meine noch immer schweißfeuchte Haut überläuft ein Schauer, als er von dem Tag spricht, als Anthem fast gestorben wäre. Zum ersten Mal, denn inzwischen ist er ja mehrmals *fast* gestorben. »Und?«

»Na ja.« Er räuspert sich. »Ich bin ziemlich sicher, dass Riegel gestreamt hat. Das war die Info, nach der ich im Hauptrechner gesucht habe. Pax hat sich einfach zu seltsam benommen.«

Was?

Nein.

Ich starre Fabel an. Stehe auf. Schaue mich nach meinen Stiefeln um, bevor mir einfällt, in welchem Zustand sie sind. »Und wann genau wolltest du mir das erzählen?« Ich kann nicht glauben, dass er mir seinen Verdacht verschwiegen hat. Als wäre es nicht weiter wichtig. Keine relevante Information oder so. Also echt.

»Wir waren damals gerade mit anderen Dingen beschäftigt, Alpha. Und außerdem, was soll's? Wir wussten doch längst, dass er ein Gauner ist. Jetzt wissen wir eben, dass er mit seinen bescheuerten Kampagnen gegen Drogen ein *verlogener* Gauner ist. Aber garantiert steckt er nicht hinter der neuen Suchtwelle oder den Streams, die an die Westküste geschmuggelt werden. Erstens hat er dazu nicht den nötigen Grips. Zweitens bemüht er sich krampfhaft, seine eigene Sucht zu verbergen. Er rennt nicht gerade rum und erzählt den Leuten, dass sie sich wieder an die Konsolen hängen sollen. Die Beweise zu finden war ganz schön kniffelig. Ich habe es bisher nicht erwähnt, weil es doch eigentlich egal ist. Okay, der Bürgermeister ist ein Junkie. Aber das gilt doch immer noch für eine Menge Leute. Was willst du dagegen machen? Es geht uns nichts an.«

»Du findest es okay, wenn das Web von jemandem regiert wird, der Streams für eine gute Sache hält?«, frage ich. »Meinst du wirklich, das ist ein Weg, den wir einschlagen sollten?«

»Ich meine, Riegel geht mir ziemlich am Arsch vorbei, und mir ist egal, was er in seiner Freizeit tut.«

»Ehrlich, ich fasse immer noch nicht, dass du mir die ganze Zeit nichts gesagt hast.«

»Ach ja? Nur du darfst Geheimnisse haben, oder was?«, murmelt er. Sabines Kopf ruckt zwischen uns hin und her, als würde sie zwei ihrer Grundschulkinder beim Fangenspielen im Auge behalten.

»Ich …«

Verdammt.

Ich verschwinde in mein Zimmer und ziehe mir ein altes Stiefelpaar an, das ich beim Umzug stehen gelassen hatte. Als ich zurückkomme, hat Sabine meinen Platz auf der Couch eingenommen, und Fabel hat den Arm um sie gelegt. »Ich gehe raus«, lasse ich sie wissen, als ob die beiden sich das nicht denken könnten.

Los Angeles war wie eine Oase oder eine schützende Blase, in der ich mich verkriechen konnte, aber nun ist der Traum zerplatzt. Alles vermischt sich auf ungesunde, gefährliche Weise. Hätte man in L.A. von mir verlangt, mich zwischen Jonas und meinem Studium zu entscheiden, dann hätte ich ohne Zögern weiter nach meinem Heilmittel gesucht.

Glücklicherweise stellt niemand die Frage. Jetzt wäre ich mir da nämlich nicht mehr so sicher. Aber vielleicht muss ich mich auch gar nicht entscheiden.

■

Wir nähern uns unter den Bäumen so zögernd und vorsichtig wie ein Paar scheuer Tiere. Das hier ist nicht der Stadtpark vor meiner Haustür, sondern bloß eine winzige Grünfläche im Quadranten 2, wo Omega gerade mit Jonas unterwegs war, als ich ihn angetickert habe. Meine Tasche ist schwer mit Wasserflaschen beladen, die ich mir auf dem Weg bei Luchs und Spektrum geholt habe … wobei ich wieder einmal versprechen musste, nächstes Mal länger zu bleiben. Und Jonas mitzubringen.

Er hält Abstand und auch ich berühre ihn nicht. Ihn anzufassen ist ein Privileg, das ich mir erst wieder verdienen muss.

Vielleicht hat der Teil von mir, der nicht von dem weißen Raum überschattet ist, vorher geahnt, was passieren würde.

Nämlich, dass ich hier im Web keine andere Wahl haben würde, als Jonas alles zu erzählen. Habe ich mich deshalb so dagegen gewehrt, dass er mitkommt?

Habe ich deshalb schließlich Ja gesagt?

Man kann nicht behaupten, dass es im Web einfach ist, ihm die Wahrheit zu sagen, aber immerhin *einfacher*. Anders als in der brütenden Sonnenhitze an einem chemisch leuchtenden Ozean. Noch dazu wartet die ganze Geschichte erzählfertig in meinem Bewusstsein, weil ich sie gestern erst Anthem gebeichtet habe. Mein Geheimnis kommt mir wahrscheinlich gewichtiger vor, als es eigentlich ist, nachdem es so lange nur mir allein gehört hat. Ich habe es gehütet und gepflegt, habe zugelassen, dass es an einem dunklen Ort Wurzeln schlägt, bis es mir über den Kopf gewachsen ist.

Jetzt lasse ich alles aus mir herausprudeln, rede mich heiser, kippe Wasser hinterher und rede weiter. Ich kann Jonas nicht ins Gesicht sehen, spüre aber seine Reaktionen. Er ist abwechselnd geschockt, traurig, wütend und dann alles noch einmal von vorne.

»Jetzt weißt du es also«, sage ich. »Das ist der Grund, warum ich ständig studiere, warum ich nie einen einzigen Stream ausprobieren werde und warum ich manchmal gedanklich wegdrifte.«

»Fabel weiß Bescheid, stimmt's?«

Fast muss ich lachen. »Ausgerechnet daran beißt du dich fest?«

»Das geht noch am einfachsten in meinen Kopf«, sagt er, und ich verstehe, was er meint. Der Rest ist zu unglaublich und überwältigend. »Ich habe mir immer Sorgen gemacht, dass ihr beide ... na ja ... ihr seid ständig zu zweit verschwunden.«

»Er weiß seit Jahren darüber Bescheid, weil ich keine andere Wahl hatte, als es ihm zu erzählen. Aber glaub mir, deine Sorgen kannst du vergessen, besonders seit letzter Nacht ...« Er hebt fragend die Augenbrauen. »Na, er und Sabine!«

Die kurze Leichtigkeit verfliegt, und ein paar Regentropfen beginnen zu fallen. Jonas pflückt einen Grashalm ab und zwirbelt ihn zwischen den Fingern. »Hast du wirklich geglaubt, das würde meine Gefühle für dich verändern?«

Mein Herz pocht schmerzhaft. »Ich bin eben total durchgeknallt. Hast du doch vorhin selbst gesagt.«

Er streckt die Hand aus, und einer seiner Finger streicht mir eine rosenrote Haarsträhne hinters Ohr. »Tut mir leid«, flüstert er in die Leerstelle zwischen unseren Lippen, die langsam zu nichts zerschmilzt. Seit unserem letzten Kuss sind Stunden vergangen, die sich wie Tage anfühlen, und ich presse meinen Mund auf seinen, als sei es wirklich schon so lange her. Die Schwere in meinem Körper, die sich bereits gestern im Rückschauzentrum zu verflüchtigen begann, dampft von meiner Haut und löst sich auf. Mir fällt erst jetzt auf, welche Last ich mit mir herumschleppen musste, als sie mich nicht länger niederdrückt.

»Wie fühlen sich die Flashbacks an?«, fragt Jonas. Seine Stimme klingt behutsam, doch ich höre auch eine gewisse Schärfe darin. Vielleicht aus Empörung, was mit mir passiert ist ... oder weil er testet, ob ich ihm diesmal die Wahrheit sage.

Ich starre auf meine Hände. »Als wäre ich wieder dort in dem Zimmer. Ich bin ein Kind und finde alles so aufregend und cool. Bald darf ich Anthem sehen. Der ganze Raum ist weiß und die Frau setzt mir Kopfhörer auf. Meinem Zwillingsbruder auch. Ich habe noch nie etwas so Tolles gehört und bin einfach nur *glücklich*. Natürlich weiß ich da noch nicht, welche Schmerzen auf mich zukommen, wenn ich mich nach dem nächsten Trip verzehre. Die Migräne fühlt sich an, als würden meine Schädelknochen brechen. Ich bin *glücklich* und wehre mich nicht. Und heute kann ich nicht unterscheiden, welche Teile von mir tatsächlich mein eigenes Ich sind und was man mir nur in den Kopf gepflanzt hat.«

Sein Daumen fängt die Tränen auf meiner Wange auf. »Du bist Alpha, meine Alpha. Ich kenne niemanden, der so eine Kämpferin ist wie du.«

»Wirklich?« Meine Stimme zittert.

»Ja, wirklich.«

»Da ist noch mehr. Ich bin zwar halbwegs sicher, dass dieses Problem« – ich zeige auf meine Stirn – »nur Omega und mich betrifft, aber wir sind schließlich nicht die Einzigen, die sich immer noch mit Nebenwirkungen abquälen. Ich hoffe … na ja, ich weiß auch nicht. Wenn ich ein Heilmittel für uns beide finden kann, vielleicht ist das nur der erste Schritt, um allen zu helfen. Um die Junkies von ihrer Sucht zu befreien, die Leute irgendwie zu reparieren, sodass sie ein langes Leben vor sich haben wie die Menschen, die ich manchmal am Strand von L.A. spazieren gehen sehe: graue Haare, krumme Schultern und sonnenbraune Faltengesichter.«

»Okay, also arbeiten wir daran, dich zu kurieren.«

»Wir?«, frage ich mit zitteriger Stimme.

Sein Blick begegnet meinem. »Wir. Hat Anthem schon etwas herausgefunden?«

»Noch nicht. Ich hatte gehofft, dass ich heute von ihm höre – oder von Haven, schätze ich –, aber bis jetzt haben sie sich noch nicht gemeldet.« Darüber bin ich sogar irgendwie froh. So musste ich mich nicht entscheiden, ob ich als Erstes zum ZFR oder hierher zu Jonas rennen sollte.

Er legt die Hand an meine Wange und lächelt. »Sollen wir hingehen und nachfragen?«

»Nein. Haven ist schon rund um die Uhr bei Anthem, schläft dort, isst dort … bestimmt tun sie, was sie können.« Und ich will nicht von ihnen hören müssen, dass ich mir keine großen Hoffnungen machen soll. Noch genieße ich das schwerelose Gefühl, Jonas so viel wie möglich erzählt zu haben, und daran will ich festhalten. Sein Lächeln verblasst ein bisschen, als ich Phönix Tickernachrichten erwähne, Fabels Verdacht gegen den Bürgermeister und meine wachsende Furcht, dass das Web in seinen alten Zustand zurückkehrt.

In gewisser Weise ist es jetzt sogar schlimmer, denn unter der Herrschaft des Kon waren die Bürger gezwungen zu streamen; sie hatten keine Wahl. Jetzt haben sie acht Jahre Freiheit hinter sich, klare Gedanken, Kontrolle über ihr Leben, und trotzdem entscheiden sie sich für die Drogen. Am liebsten würde ich jeden einzelnen von ihnen durchschütteln und anschreien, damit sie kapieren, wie diese Jahre für mich ausgesehen haben. Ich hatte eine solche Freiheit nie und weiß nicht einmal, wie sich ein völlig klarer Kopf anfühlt. Während ich immer noch krampfhaft nach einem Heilmittel suche und einfach alles dafür geben würde, werfen sie ihre Gesundheit achtlos weg.

Der Regen beginnt dichter zu fallen. Ich stehe auf und halte Jonas meine Hand entgegen. Ein kleiner Funke Angst flammt auf, dass er sie nicht nehmen wird, und ich atme aus, als sich meine Befürchtung nicht erfüllt. »Es tut mir wirklich leid«, sage ich und senke den Blick auf seine Stiefel.

»Als ich dich das erste Mal gesehen habe, warst du so …«
Er schüttelt den Kopf und zupft sanft an meinen Haaren. »Wie
ein Regenbogen. Ich wusste gleich, dass der Gewittersturm
auch dazugehört.«

Mir fehlen die Worte, also küsse ich ihn noch einmal. Unsere Kleidung wird klitschnass, während wir beieinanderstehen.
Seltsam, wie Lebensgeschichten manchmal in Kreisen verlaufen: ein sich wiederholender Refrain aus Lügen und Wahrhei-
ten, Geheimnissen und Enthüllungen. Haven hat mir schon
vor langer Zeit erzählt, was zwischen ihr und Anthem passiert
ist, weil sie zu viel voreinander verbergen wollten. Anscheinend
lässt sich doch nicht ganz verleugnen, dass ich seine Schwester
bin. Jonas und ich laufen auf die nächste TT-Station zu. Meine
Schritte sind leicht und rascher als seine.

Vielleicht habe ich schneller dazugelernt als Anthem.

■

Fabel und Sabine stehen mit gepackten Taschen im Wohnzimmer, während das erste Morgenlicht die Fenster erleuch-
tet.

»Bist du sicher, dass du nicht mitkommen willst?«, sagt Sabine schmunzelnd zu Jonas und sammelt ihr Gepäck ein.

Mit einem Grinsen zuckt er die Schultern. »Ich schätze, ich
hänge noch ein bisschen hier rum.«

Vielleicht hätte er das gestern nicht geantwortet, aber jetzt
ist zwischen uns endlich alles okay.

»Seid vorsichtig, ja? Und rast gefälligst nicht wie die Verrückten!«, mahne ich, nur um etwas zu sagen. Wir wissen alle,
dass Sabine sich nicht daran halten wird.

»Wir werden zusammen mit Phönix und Mage schon herausbekommen, was in L.A. passiert«, sagt Fabel und gibt mir einen Kuss auf die Wange. »Dann lassen wir es euch wissen.«

»Meldet euch mal auf dem Weg.«

»Versprochen.«

Ich umarme Sabine und trete zurück, sodass ich neben Jonas stehe. Gemeinsam sehen wir zu, wie die beiden gehen. Die Choreografie ihrer Schritte hat sich verändert, fast unmerklich passen sie ihre Bewegungen einander an. Diesmal bin ich nicht eifersüchtig auf die beiden.

»Ist es okay, wenn ich dich hier eine Weile allein lasse?«, frage ich Jonas. »Omega ist bald zurück. Er wollte Haven bloß das Frühstück bringen.« Als mein Zwillingsbruder zum ZFR aufgebrochen ist, hatte ich einen Anfall von Nervosität, aber nur kurz. Kann sein, dass Haven und Anthem ihm erzählen, woran sie für mich arbeiten. Na gut, dann soll es so sein. Ich weiß nicht einmal, ob er sich genauso Hoffnungen macht wie ich oder ob es ihm egal ist.

Jonas macht sich diesmal keine Sorgen, dass ich ihm etwas verberge, wenn ich verschwinde. Die Geheimnisse, die ich noch vor ihm habe, sind nicht meine eigenen. Er gibt mir einen Kuss. »Hör auf zu grübeln und grüß deine Freunde von mir.«

Pixel und Isis wohnen im Quadranten 3 und haben sich eine nette kleine Wohnung ausgesucht, mit der sie beide keine Erinnerungen verknüpfen, abgesehen von ihrer gemeinsamen Zeit. Nun sitzen Isis und ich in ihrem Wohnzimmer, verbrennen uns die Zungenspitzen an frisch gebrühtem Pfefferminztee, und sie wartet darauf, dass ich rede. Schließlich kann sie sich denken, dass ich nicht zum Teetrinken vorbeigekommen bin.

Nachdem ich die Geschichte inzwischen schon ganze zweimal erzählt habe, fällt es mir jetzt beinah leicht – gerade weil ich bei Isis nicht bloß mein Herz erleichtern will. Ich hätte sie schon vor Jahren einweihen sollen, früher als Fabel, Anthem und Jonas. Sie ist eine vom Konzern ausgebildete Med-Tech, die seit der Revolution ihre Zeit damit verbracht hat, jedes bisschen medizinisches Wissen zusammenzutragen, an das sie herankam.

Ich wollte es selbst schaffen. Wollte mich ganz allein kurieren. Ich sollte zu Hause in L. A. sein und mich nach dem Prüfungsmarathon für die Zulassung im September entspannen, aber so ist es nun einmal nicht gelaufen.

»Hilfst du mir?« Mein Becher ist leer, doch das Metall hält noch immer die Wärme fest, während meine Finger die runde Form umklammern.

»Natürlich. Ich habe nur darauf gewartet, dass du fragst.«

Ich blinzele. Isis schaut mich mit ihren klugen braunen Augen an. Sie schimmern feucht und Weisheit liegt darin. »Mein Gefühl hat mir immer gesagt, dass etwas nicht stimmt. Nur ein Bauchgefühl, schätze ich, und außerdem habe ich eine Menge Erfahrung damit, was für einen Schaden der Kon anrichten kann. Ich hatte dich und Omega schließlich unter Beobachtung, gleich nachdem … du weißt schon. Ich habe mich um euch gekümmert und gesehen, wie ihr aus dem Rausch aufgewacht seid. Eure Reaktionen waren ganz anders, als ich sie bis dahin kannte. Der Grund hätte natürlich sein können, dass ihr noch so jung wart, zumindest habe ich mir das eingeredet. Ich habe mir gesagt, wenn du so weit bist, wirst du mir schon alles erzählen. Sind die Flashbacks bei Omega genauso wie bei dir?«, hakt sie nach.

»Wir glauben nicht. Ähnlich, aber nicht gleich.« Ich zucke mit den Schultern. »Wer weiß das schon? Wir beschreiben doch kaum etwas auf dieselbe Weise.«

»Stimmt. Na gut, könnt ihr beide morgen ins MedCenter kommen? Ich möchte ein paar Tests durchführen.« Anscheinend sieht man mir meine Bedenken an, denn sie fügt hinzu: »Das ist völlig ungefährlich, versprochen.«

»Okay.«

Ich bleibe noch eine Weile, einfach nur, weil ich mich hier schon immer wohlgefühlt habe. Isis bedeutet mir viel, genau wie Pixel, auch wenn er während meines Besuches nicht aus seinem Zimmer kommt. Ich muss daran denken, was ihm passiert ist, wie er seinen Bruder verloren hat. Wie würde ich mich fühlen, wenn man mir meine Geschwister entreißen würde? Die letzten eisigen Splitter in meinem Herzen schmelzen, als ich an Haven denke, und werden aus meinen Adern fortgeschwemmt.

Der Spazierweg zurück zum Quadranten 1 ist ziemlich weit, aber wir haben schönes Wetter, und der Wind vom Fluss fühlt sich beinah an wie die Meeresbrise in L.A., wenn sie durch mein Schlafzimmer am Strand weht. Mein Kopf ist klarer als seit Tagen. Beim Aufschließen der Wohnungstür begrüßt mich Stille, und mein Gefühl sagt mir, dass ich allein bin. Ich lasse mich von Radiomusik aus der Küche berieseln, während ich summend die Wohnung putze, als könnte ich die ganzen Probleme wegschrubben, die sich hier wie hartnäckiger Dreck festgesetzt haben.

Nein, die Probleme sind nicht verschwunden. Ich habe immer noch keine Ahnung, was zum Teufel in Los Angeles los ist, und da Phönix sich nicht wieder gemeldet hat, gibt es anscheinend nichts Neues. Sabine und Fabel werden dort eintreffen, so schnell sie können. Wenn ich morgen zu Isis ins MedCenter gehe, werde ich vorher einen Abstecher zu Luchs und Spektrum machen und fragen, wer ihrer Meinung nach große Mengen Streams in die Stadt schmuggeln könnte, ohne aufzufliegen. Natürlich könnte man die Daten einfach über die Sendemasten funken, aber niemand ist wohl so dumm, das zu versuchen.

Ein Song geht nahtlos in den nächsten über. Diesen hier kenne ich schon und summe die Melodie mit. Die Musik entspannt mich total, und meine Muskeln werden geschmeidig wie Wasser, während ich durch die Küche tänzele und Essen koche. Das unverwechselbare Gefühl, beobachtet zu werden, kribbelt mir im Nacken. Ich drehe mich um und lächele Jonas entgegen, der im Rundbogen des Kücheneingangs lehnt.

Hinter ihm höre ich die Wohnungstür klappen, und Omega ruft mir ein Hallo zu. Anscheinend waren die beiden zusammen shoppen. Ich weiß kaum, ob ich lachen oder Jonas schnurstracks ins Schlafzimmer zerren soll, als mein Zwilling ein schwarzes Oberteil hochhält, das von roten Lederschnüren zusammengehalten wird.

»Wenn ich schon hier bin, kann ich mich auch anpassen.« Jonas zuckt lässig mit den Schultern und tut so, als sei es ihm egal.

»Also, mir gefällt es.« Ich gebe ihm einen ausgiebigen Kuss. Am liebsten würde ich mich einfach in seine Arme fallen lassen und den brenzligen Geruch vom Herd ignorieren. Mir ist auch egal, ob mein Bruder in Sichtweite auf der Couch sitzt und seine Stiefel auszieht.

Ein neues Lied beginnt, das ich zwar nicht kenne, aber dessen Melodie mich sofort einfängt. Gitarrenklänge zupfen an meinen Synapsen. Kochendes Wasser sprudelt und lässt meine Sicht verschwimmen.

Das Zupfen wird härter.

Die Musik zerrt.

Zerrt.

Weiße Kacheln und makelloser Stahl blitzen auf. Plötzlich bin ich in einem anderen Zimmer, und in meinem Kopf *spielt die Musik.*

Kälte, eisige Kälte presst sich an meinen Rücken wie eine glatte Glasfläche und lässt mich nach Luft schnappen. Sauerstoff füllt meine Lungen, und ich fühle mich besser, bis Krallenfinger sich in meine Haut bohren. Weiße Zähne blecken sich zu einem verzerrten Lächeln. Jetzt ist mir viel zu heiß. Ich schwebe über der kalten Ebene, oder vielleicht bin ich hindurchgefallen. Alles ist schwerelos und … falsch.

Falsch. Ganz falsch. Ich muss irgendwo Hände haben, Füße, Beine, einen vollständigen Körper. Mehr als nur mein Bewusstsein, das an den Rändern nebelweiß ist und dazwischen in allen Prismenfarben sprüht, während jede Note es zum Funkeln und Zucken bringt. Hohe Noten sind blau, glaube ich, und die tiefen erinnern an Feuer. Warme Gitarrenklänge schmelzen süß auf meiner Zunge wie Schokolade.

Nein. Das ist alles falsch. Ich bemühe mich, meine Zehen zu spüren und mich zu erinnern, wo sie sein müssen. Dann folgt langsam der Rest meines Körpers. Meine Hände sind zu Fäusten geballt, mit denen ich die Krallenfinger wegschlage und mich freikämpfe …

Erstickt keuchend stolpere ich durch den Raum auf den kleinen schwarzen Kasten zu.

»Alpha?« Die Stimme von Jonas klingt schwach und scheint weit weg. Meine Hände krampfen sich um das Radio. Ich kann regelrecht spüren, wie bei der bloßen Berührung die Droge durch meine Haut dringt.

Mit zusammengebissenen Zähnen starre ich Jonas an, dessen Pupillen geweitet sind, obwohl helles Sonnenlicht die Küche durchflutet. Der Aufprall ist laut, Plastik und Kabel zerschellen und schlittern über den Fußboden. Omega kommt hereingerannt und schaut zwischen mir und Jonas hin und her.

»Das Radio«, sage ich. Mein Kiefer schmerzt. Meine Ohren schmerzen. Mein ganzer Kopf dröhnt. »Die Streams kommen durchs Radio.«

Als wir in den Raum gestürzt kommen, reicht Haven ein Blick auf unsere Gesichter. »Was ist passiert?«, fragt sie alarmiert. »Stimmt etwas nicht? Wir hatten noch keinen Erfolg mit …«

»Nein, es geht nicht um das Gegengift«, keuche ich. Da wir in der Nähe keinen Parkplatz gefunden haben, bin ich fünf Häuserblocks gerannt, die Jungs immer dicht auf den Fersen. »Wir haben ein anderes Problem. Verdammt, ein ganz anderes!«, stoße ich hervor und schaue ihr ins Gesicht.

Während ich davon erzähle, weicht alle Farbe aus ihrer Haut, als würde das hübsche Zimtbraun aus ihren Fußsohlen sickern und gleich eine Pfütze auf dem Fußboden bilden. Anscheinend ist meine Wahrnehmung immer noch verzerrt. Ich versuche, mit purer Willenskraft die letzten Überbleibsel des Streams aus meinem Gehirn zu vertreiben.

»Nein.« Sie schüttelt ungläubig den Kopf. »Nein, Al.«

»Ich war dabei«, mischt Omega sich ein, bevor Haven fragen kann, ob ich wirklich sicher bin. »Genau wie Jonas. Die Wirkung hat ihn auch erwischt.« Seine Augen sind weit aufgerissen, und Jonas Körper neben mir zittert und zuckt.

Tja, er wollte schließlich eine Kostprobe. Die hat er jetzt bekommen.

»Vielleicht war es nur ein Versehen?«

»Du meinst, jemand hat ungewollt codierte Musik abgespielt?« Diesmal schüttelt Omega den Kopf. »Erzähl ihr den Rest, Al.«

Wortlos reiche ich Haven mein Tablet. Die Nachrichten von Phönix sind geöffnet. Sie scrollt den Text zweimal von Anfang bis zum Ende durch.

»Etwas ist im Gange, das spüre ich einfach«, sage ich. Haven verbindet mein Tablet mit ihrem Computersystem, und ein Regenschleier aus Text fällt um Anthem herum. Seine durchscheinenden Hände ballen sich zu Fäusten.

»Wir wussten immer, dass viele Bürger weiter streamen würden«, sagt Haven. »Das war in dem Moment klar, als wir entschieden haben, die codierten Songs nicht alle zu vernichten. Aber wir hatten garantiert nicht vor, die Sucht bis an die Westküste zu verbreiten. Oder Leuten eine Musik vorzusetzen, bei der sie erst dann etwas von der Wirkung merken, wenn es zu spät ist.«

Ich glaube, Anthem würde am liebsten mit dem Fuß gegen etwas treten, wenn er könnte.

»Der Stream im Radio ist ja nicht einfach so aufgetaucht. Genauso wenig wie die Drogen in L. A. Es muss Spuren geben. Irgendwas, irgendwo.«

»Okay«, sagt Anthem. »Eine andere Frage ist doch: warum? Mal abgesehen von dem Rest, wieso passiert das gleichzeitig hier und dort drüben? Wieso gerade jetzt?«

»Vielleicht findet jemand es witzig, damit herumzuspielen«, schlage ich vor und zucke mit den Schultern. Die Worte haben einen bitteren Beigeschmack, und ich glaube kaum, dass die Antwort so einfach ist, doch etwas Besseres fällt mir nicht ein. Ein kleiner Teil von mir will mich überzeugen, dass das Ganze nicht mein Problem ist. Haven und Anthem haben erst recht keinen Grund, sich noch einmal in den Kampf zu stürzen. Aber das ist natürlich reiner Selbstbetrug. Es ist nun mal unser Problem. *Mein* Problem. Los Angeles ist mein Zuhause ebenso wie das Web, und niemand wird es mir einfach wegnehmen.

Ein etwas größerer Teil warnt mich davor, was ich eventuell aufgebe. Wenn ich Haven und Anthem jetzt um Hilfe bitte, können sie nicht gleichzeitig nach den Streams suchen, mit denen Ell mich beschallt hat.

Der allergrößte Teil schwankt zwischen Panik und Wut, weil es sowieso egal sein könnte, denn schließlich habe ich wieder gestreamt. Wenn auch nur kurz.

»Wir geben unser Bestes«, sagt Haven. Unsere Blicke treffen sich, und ich weiß, was sie denkt: Ich war so empört darüber, was sie getan hat, und jetzt ist es plötzlich okay, nur weil ich Anthem brauche … weil ich sie beide brauche. Sie scheint darüber nicht einmal wütend zu sein.

»Tut mir leid«, sage ich kaum hörbar, doch sie liest die Worte von meinen Lippen. »Ich weiß, ich … ich hätte früher mit dir reden sollen, aber das ist jetzt nicht wichtig, oder? Hilfst du mir?«

»Ja, mache ich.«

»Anthem.« Ich weiß kaum, was ich sagen soll. Er wollte sterben, und ich war die Einzige, die ihn unterstützt hat. Schlimm genug, dass ich meine Meinung geändert habe, als ich dachte, dass er mir persönlich helfen könnte – mir und Omega, um genau zu sein. Er hat geglaubt, dass seine Zeit im Web vorbei sei, dass er nicht mehr kämpfen müsse, und das wäre auch nur fair gewesen. »Vielleicht regen wir uns über nichts auf, und alles ist ganz harmlos.«

»Im Web ist nie etwas harmlos, kleine Schwester«, sagt er mit einem schiefen Grinsen. »Das habe ich schon vor langer Zeit lernen müssen.«

»Weißt du, wie der Radiosong hieß?«, fragt Haven.

»Nein, ich kannte ihn nicht.«

»Sonst jemand?« Die anderen schütteln gleichzeitig die Köpfe.

»Okay. Dann suchen wir nach dem Equipment. Wer hat den nötigen Technikkram gekauft?« Tasten klicken, und eine ganze Reihe von Computern erwacht zum Leben. Lichter blinken, Pieptöne in Dutzenden von Tonlagen bilden eine disharmonische Melodie. Meine Augen brauchen einen Moment, um sich an die plötzliche Helligkeit anzupassen und flüchtig einzelne Ziffern in dem Code auszumachen, der um Anthem herumregnet. Er liest sämtliche Zahlen mit einem Blick, bevor sie am Boden auftreffen und zerschellen.

»Wow«, sagt Jonas. Ich nicke stumm. Havens Finger klicken so schnell über die Tasten, dass das Geräusch zu weißem Rauschen verschwimmt, während Omega sich über ihre Schulter lehnt. Anthem navigiert sie durch Dateien, Speichersektoren und anderen Computerkram, den ich nicht wirklich verstehe. Selbst im Tod – wenn man es so nennen kann – ist er rücksichtsvoll wie immer und schaut Haven direkt an, wenn er spricht.

Am liebsten würde ich den Raum keine Sekunde verlassen, aber es wäre ein Wunder, wenn sie sofort etwas finden würden. Also besorgen Jonas und ich Fertigmahlzeiten für uns alle, und wir essen im Schneidersitz auf dem harten Boden des ZFR.

Zwar können wir nur hilflos warten, doch es wäre übertrieben zu behaupten, dass wir anderswo dringender gebraucht werden.

Nachdem wir Stunden später immer noch keine Antworten erhalten haben, stehe ich auf und strecke mich. Ich kann die Füße in den Stiefeln kaum noch still halten. Omega sitzt an eine Wand gelehnt und lässt die Knöchel knacken, um nicht einzuschlafen. Finger fahren die Rückseite meines Beins entlang, und ich streiche Jonas als Antwort über die Haare. Alles okay. Seine Igelfrisur fühlt sich abwechselnd seidenweich und stachelig an.

»Könnte einer von euch beiden losgehen und ein Radio kaufen?« Haven mustert Jonas und mich mit Wärme im Blick, aber ihre Stimme ist kühl und geschäftsmäßig. Ich zögere.

»Du brauchst nicht hier zu sein, wenn ich die Musik anstelle«, sagt sie. »Keiner von euch.«

Stimmt. Sie kann nichts davon hören und Anthem nichts davon fühlen.

Es ist schon spät, aber die Sommerluft ist immer noch warm und vermischt sich mit der Brise vom Fluss, die als kaum spürbarer Hauch bis zur Inselmitte dringt. In einem Laden ein paar Häuserblocks entfernt schnappe ich mir das erste Radio, das ich im Elektronikregal finde, und wende den Blick von dem Glasschrank voller Minikonsolen ab, die heutzutage frei verkäuflich sind.

Jeder im Web kann so ein Ding haben, wenn er will.

Der Typ hinter dem Tresen mustert mich mit leuchtend gelben Katzenaugen und fragt, ob ich mal was davon ausprobieren will. Ich wünschte, ich könnte mein eigenes Gesicht sehen beziehungsweise den Blick, den ich ihm zuwerfe. Seine Reaktion ist jedenfalls enorm befriedigend. Er sagt kein weiteres Wort und wartet nur stumm, bis der Scanner mit einem

Piepen signalisiert, dass der Chip in meinem Handgelenk abgelesen wurde.

Ich gehe, ohne mich zu bedanken.

Kaum bin ich zurück, schickt Haven uns allesamt nach Hause. »Seht zu, dass ihr ein bisschen Schlaf bekommt.«

»Du aber auch«, sage ich und hole sie einen Moment von ihren Computern weg. Meine Umarmung soll eine Art Entschuldigung sein. Obwohl in meinem Kopf alles schmerzhaft verknotet ist, entspannen sich meine Schultern total ... zum ersten Mal seit der Nacht, als der ganze Mist angefangen hat.

Sie drückt mich fest. »Ich komme später nach.«

Ich glaube zwar eher, dass sie wieder hier im ZFR schlafen wird, habe aber nicht vor, einen neuen Streit anzufangen.

Die Wohnung ist dunkel und still. Radiosplitter aus Kunststoff glänzen im Mondlicht rund um den Küchentisch. Omega übernimmt das Aufräumen, und ich halte ihn nicht davon ab, sondern lächele nur dankbar und ziehe Jonas an der Hand ins Schlafzimmer. Hinter uns macht mein Bruder eine Bemerkung, die ich überhöre, und lacht leise in sich hinein.

Jonas hat eine besondere Art, mich zu berühren, jedenfalls in den meisten Nächten, wenn er sich langsam vorantastet und seine Fingerabdrücke auf meinen Schultern und Handgelenken nachklingen. Oder es gibt Nächte wie diese, in denen er zupackender und deutlich praktischer vorgeht. Unter den Decken liegen wir in Löffelchenstellung und sein Arm ruht auf meinem Schultergürtel. Der Schlaf überkommt mich schneller, als ich nach diesem Tag erwartet hätte, und hüllt mich in weiche Wärme.

Bssss. Mein Tablet summt wieder einmal auf dem Nachttisch, laut und aggressiv wie eine gefangene Wespe.

Letzte Nacht ist hier jemand an einer Überdosis krepiert._

Mist, Mist, Mist. Ich schreibe Mage sofort zurück. Die Uhrzeit leuchtet unübersehbar in der Bildschirmecke. Wenn er jetzt noch wach ist, hat er gar nicht erst versucht zu schlafen.

Was ist passiert?_

Keine Ahnung. Die Polizei ist wieder aufgetaucht, um mit uns zu reden. Ich habe ihnen erzählt, dass es auch Streams gibt, die helfen können, aber nicht hier in Los Angeles. Sie wollen sich mit Riegel in Verbindung setzen._

Natürlich, bisher wurde so etwas in L.A. nie gebraucht. Meine wunderschöne, sonnendurchflutete Stadt, wo Menschen klar denken und frei atmen können … Im Gegensatz dazu ist meine Brust jetzt so schmerzhaft eng, als würde ich ersticken. Jonas stützt sich auf einem Ellbogen ab und legt seine Hand auf meinen Rücken.

Mage, tu mir einen Gefallen. Finde raus, ob die Leiche bei einem Radio gefunden wurde._

■

Ich stehe am Fenster meines Schlafzimmers, während Jonas mit gekreuzten Beinen auf dem Bett hockt. Die Geschehnisse der letzten Tage lasten auf uns wie eine drückende Gewitterwolke.

Ein Gewitter würde die Luft wenigstens reinigen, aber bisher ahne ich gerade erst den Geruch von Elektrizität. Also dürfte es noch eine Weile so weitergehen.

Meine Schienbeine beginnen, schmerzhaft zu kribbeln, und

ich setze mich in Bewegung, um den nötigen Kram in meine Tasche zu werfen. Zeit zum Aufbruch, auch wenn unser Ziel nicht weit ist.

Während der Fahrt reden wir kaum, doch die Stille ist entspannt. Na ja, so entspannt sie eben sein kann, während wir beide daran denken, was gerade an der Westküste passiert. Jonas versteht das alles nicht wirklich, und ich verstehe viel zu viel. Am Rückschauzentrum steuert er schnurstracks auf den Eingang zu, aber ich halte ihn zurück. Erst dann fällt mir ein, dass er die Tür sowieso nicht öffnen kann.

»Wenn wir noch länger hierbleiben, brauche ich endlich einen dieser Chips«, murmelt er und schaut auf sein Handgelenk.

Stimmt vielleicht, auch wenn mir bei der Vorstellung, dass jemand an ihm herumschneidet, ganz übel wird. Ich schüttle den Kopf und lehne mich gegen das ZFR-Schild, das immer noch an der Fassade hängt, obwohl das Zentrum seit Jahren nicht mehr wirklich in Betrieb ist.

»Willst du nicht reingehen?«, fragt Jonas.

»Ich habe ein paar Freunde gebeten, uns hier zu treffen.« Luchs und Spektrum würden es am Ende sowieso herauskriegen. Außerdem brauchen wir jetzt ihre Hilfe – also sollen sie Anthem lieber gleich mit eigenen Augen sehen. Das ist viel einfacher, als alles mühsam zu erklären, besonders per Tickertext. »Sie sind bestimmt gleich da.« Mir wird bewusst, dass ich Jonas noch nie von den beiden erzählt habe.

Ich habe ihn immer nur so viel wissen lassen, wie absolut nötig war. An jedem neuen Tag im Web wird mir klarer, wie sehr ich vor allem weglaufen und meiner Vergangenheit entfliehen wollte. Und wie sinnlos eine Flucht ist, wenn man nicht einmal genau weiß, wovor man eigentlich davonrennt … oder wo man ankommen will.

Am Ende der Straße erscheint ein TT. Er hebt sich durch seine pure Größe von den anderen Shuttles ab. Das Web ist erwacht, und der Verkehr so dicht wie immer. Ich kneife die Augen ein wenig zusammen und versuche, einen Blick ins Innere zu erhaschen – trotz des gespiegelten Stadtpanoramas auf den Scheiben – oder das Fahrzeug durch pure Willenskraft schneller herzubringen. Leider funktioniert keines von beidem.

Endlich steigen Luchs und Spektrum an der Haltestelle aus und kommen auf den Bürgersteig gesprungen. Ein blonder und ein knallroter Haarschopf wirbeln herum, um nach mir Ausschau zu halten.

»Alpha, wieso haben wir unsere Kundschaft aus der Bar geschmissen und den weiten Weg in die Zivilisation auf uns genommen, nur um uns ausgerechnet *hier* zu treffen? Wir lassen uns ja gerne von einem hübschen Gesicht überzeugen …«

»… aber so sexy bist du nun auch wieder nicht«, frotzelt Luchs zu Ende. Jonas schaut mit erhobenen Augenbrauen zwischen den beiden und mir hin und her.

»Darf ich dir Luchs und Spektrum vorstellen?«, sage ich und wedle mit der Hand in ihre Richtung. »Am besten überhörst du fast alles, was sie sagen. Leute, das hier ist Jonas.«

Süß, bildet Luchs mit den Lippen, während Jonas und Spektrum sich die Hände schütteln.

Weiß ich doch, gebe ich genauso zur Antwort.

»Die Konsolen sind nicht das Problem«, sage ich laut und führe sie nach drinnen. »Hört zu, jemand benutzt Radiosendungen, um die Streams bei uns und drüben in L. A. zu verbreiten. Vielleicht kommen sie auch aus L. A. und landen im Web, keine Ahnung. Komplizierte Geschichte … aber erst mal muss ich euch etwas zeigen.«

Zu jedem anderen Zeitpunkt wäre ihre Reaktion auf Anthems Hologramm unbezahlbar. Pure Comedy. Besonders, als mein Bruder auch noch »Hallo« sagt. Haven muss den beiden auf die Schultern klopfen, damit sie ihre Blicke losreißen und sie überhaupt bemerken. Dabei haben sie Haven vermutlich seit Monaten nicht gesehen. Sofort beginnen beide gleichzeitig loszureden und sie mit einer Million Fragen zu löchern: über die Programmierung, wie lange sie gebraucht hat, ob sie das gleiche Ergebnis auch aus anderen MemoryChips herausholen kann.

Haven antwortet geduldig auf alles, denn sie kann den beiden genauso wenig widerstehen wie sonst jemand. Bei Luchs und Spektrum beginnt einfach jeder zu plaudern.

Sie hat *sechs Jahre* daran gebastelt.

Lippen drücken sich auf meinen Scheitel. Ich lehne den Kopf nach hinten, um Jonas den Kuss zurückzugeben.

Schritte auf der Treppe lassen mich aufhorchen. Sie scheinen von mehr als einer Person zu stammen. Die Muskeln unter meiner Haut straffen sich, bis ich sehe, dass es Omega mit Pixel und Isis im Schlepptau ist. Anscheinend hat mein Zwilling ihnen schon alles erzählt, denn Pixel ist leichenblass und Isis Augenwinkel sind angespannt. Als Omega meine Begleiter sieht, bleibt er stocksteif stehen und seine Lippen werden so dünn, als würde er darunter die Zähne blecken.

Gleich darauf entspannt er sich wieder. »Hi, ihr beiden«, sagt er.

»Omega. Lange nicht gesehen.«

»War beschäftigt. Wie läuft's bei euch?«

»Das Geschäft boomt.« Luchs grinst ihm entgegen.

»Toll.« Sein Lächeln erreicht die Augen nicht. »Na, dann. Gibt es hier was Neues?«

»Wir warten noch auf das Ergebnis von ein paar Datenscans«, sagt Haven. Wir stehen im Raum herum, mit Anthem als Mittelpunkt unseres Orbits, und tauschen nervöse Blicke aus. Was wir nicht auszusprechen wagen, hallt wie ein Echo durch die Stille: Eigentlich will niemand von uns einen klaren Beweis für unsere Befürchtungen. Ich starre Omega an, mache eine auffordernde Kopfbewegung zur Tür und drücke kurz Jonas Finger, bevor ich loslasse.

»Was denn?«, fragt Omega unschuldig, als wir draußen stehen. Hält er mich eigentlich für blöd?

»Was ist zwischen dir und den beiden passiert? Luchs und Spektrum sagen, du hast dich ewig nicht blicken lassen, und als du sie vorhin gesehen hast, warst du stinksauer. Tu nicht so ahnungslos, ich kenne dich besser als jeder sonst.«

»Gar nichts ist passiert.«

»Ach, ehrlich?«

»Ja. Ehrlich.«

»Du lügst doch.«

Sein Gelächter scheucht Vögel von einem Baum, der an der Hausecke wuchert. »Willst ausgerechnet du dich beschweren, wenn man dir nicht alles erzählt? Da bist du wohl die falsche Person, Al.«

»Was soll denn das heißen?«

»Tja, Jonas hat die Wahrheit *wann* erfahren ... vor fünf Sekunden? Er hat sich von dir über durch den Kontinent schleppen lassen, aber mit ihm reden? Natürlich nicht. Was für eine schräge Idee.«

»Scheiße, du hast doch keine Ahnung.« Meine Haut glüht und fühlt sich unangenehm eng an.

Er verschränkt die Arme. Seine Hände heben sich blassweiß von dem schwarzen Shirt ab. »Seit ihr beide hier angekommen seid, habe ich jedenfalls mehr Zeit mit ihm verbracht als du. Und von den Streams in L.A. hast du doch auch schon längst gewusst, ohne jemandem etwas zu sagen. Dass du nicht mit Haven reden wolltest, kann ich sogar verstehen – oder mit mir –, aber Jonas ist voll auf deiner Seite, nur weil du eben du bist. Na ja, falls du die Seiten überhaupt noch auseinanderhalten kannst. An deinem ersten Abend hier hast du Haven total fertiggemacht, aber kaum kannst du Anthem gebrauchen – tadaa! –, ist alles plötzlich okay für dich.«

In meinem ganzen Leben wollte ich Omega noch nie so dringend ohrfeigen. Sonst sind wir immer miteinander klargekommen, selbst als Kinder. Wir zwei gegen den Rest der Welt. Wir mussten uns aufeinander verlassen können, weil wir sonst niemanden hatten, jedenfalls nicht richtig. Ein Teil von Anthem gehörte den Streams, dann dem Widerstandskampf, dann Haven. Ich war immer froh, dass ich meinen Zwillingsbruder hatte.

Also drehe ich mich um und bringe ein paar Schritte Abstand zwischen uns, ehe ich etwas tun kann, was ich später bereue. Ungesagte Worte brennen mir in der Kehle.

∎

Ich tigere vor dem Rückschauzentrum auf und ab, bis sich mein Puls beruhigt hat. Natürlich war Havens Entscheidung nicht plötzlich *okay* für mich, aber ich konnte schließlich nichts tun,

außer das Beste daraus zu machen, die Chance zu nutzen …
zuerst, um mich selbst zu retten, und dann, um einer Stadt zu
helfen, die fast niemand hier im ZFR jemals zu sehen bekommen wird. Meiner Stadt. Meiner zweiten Heimat, die ich für
sie verlassen habe. Würde ich mir die gleichen Sorgen machen,
wenn sich alles bloß hier abspielen würde? Die Streams aus
dem Radio?

Ja. *Ja.*

Ein Shuttlefahrer drückt auf die Hupe und löst damit ein
ganzes Konzert aus. Bei jedem Ton sticht es hinter meinen
Augen. Die Tür des ZFR geht auf, Pixel kommt heraus und
sieht mich an der Wand lehnen. Ich kenne ihn nicht so gut wie
Mage und Phönix, aber Onkel Pixel war immer irgendwo in
der Nähe, wenn man ihn brauchte.

»Willst du darüber reden?«

»Später?« Um ehrlich zu sein, sieht Pixel schlimmer aus, als
ich mich fühle, aber das muss ich ihm ja nicht sagen.

»Okay. Haven braucht dich drinnen. Wo steckt denn Omega?«

»Ist er nicht wieder reingegangen?«

»Nein.«

Was soll's. Er kann machen, was er will.

Ich folge Pixel die Treppe hinauf. Luchs und Spektrum sind
an einigen Computern beschäftigt, die Haven noch übrig hatte. Anthem schaut hinter einem Vorhang aus Code-Zeilen auf,
während Havens Finger in Gedankenschnelle über mehrere
Tastaturen gleichzeitig fliegen.

»Sagt mir bitte, dass ihr was gefunden habt«, meine ich und
durchquere den Raum, um mich neben Jonas zu stellen.

Anthem gestikuliert mit den Lichtstrahlen, die seine Hand

177

formen, und ein Monitor strahlt auf. »Vielleicht«, sagt er. Haven hebt ruckartig den Kopf.

Ich bin immer noch nicht darüber hinweg, dass Anthem tatsächlich meine Stimme verarbeitet. Er kann mich *hören*. »Vielleicht?«

»Bin gleich zurück«, sagt Haven. »Ich muss unten was überprüfen.« Als sie an mir vorbeisaust, verströmt sie Panik wie einen eiskalten Luftzug, obwohl sie versucht, sich nichts anmerken zu lassen.

»Was zur Hölle ist hier eigentlich los?«

Jonas legt seinen Arm um mich. Pixel zieht Isis ebenfalls an sich heran. Mein Bruder schüttelt den Kopf, Wellen laufen durch den Wasserfall des Datenstroms. »Nichts Gutes.«

Als hätte ich *das* nicht schon seit Tagen gewusst. Länger als alle anderen hier.

»Anthem …«

Er braucht keine Luft zu holen. Nie mehr ein- und ausatmen, nie mehr schlafen, nie mehr weinen … aber sein Hologramm sieht aus, als hätte er alles drei gerade sehr nötig. »Wir glauben, sie haben nur darauf gewartet, dass ich sterbe.«

0110010001 **15** 1001010110

Im Web gibt es nur ein *sie*. Eigentlich habe ich es längst gewusst. Ich wollte bloß nicht daran glauben. Habe alles versucht, um nicht darüber nachzudenken.

Sie.

»Der Kon wurde zerstört«, sage ich. Jonas zuckt zusammen, denn meine Fingernägel hinterlassen Abdrücke in seinem Arm. Ich lockere meinen Griff, kann mich aber nicht dazu bringen, ganz loszulassen.

Jetzt haben wir es ausgesprochen, und dadurch wird es real.

Viel zu real.

Anthem starrt auf den Boden. Ich weiß nicht, was er sieht oder ob er überhaupt sehen *kann*, ähnlich wie er Schallwellen hört. Jetzt ist wohl kaum der richtige Zeitpunkt, danach zu fragen. Ich komme mir vor, als würde ich versuchen, für uns beide zu atmen. Scharfe, kratzige Luftzüge, von denen mir ganz schwindelig wird. Über das Summen in meinen Ohren hinweg höre ich, dass Anthem etwas zu Jonas sagt. Er bringt mich zu Havens Stuhl, damit ich mich setzen kann.

… sie haben nur darauf gewartet, dass ich sterbe.

Also können sie zurückkommen. Sie. Der Kon. Ich will fragen, wie das möglich ist, aber Antworten werde ich erst bekommen, wenn Haven wieder da ist. Vielleicht nicht einmal dann. Vor Angst bin ich wie gelähmt – wobei die Idee an sich nicht das Schlimmste ist, sondern wie leicht es mir fällt zu glauben, dass sie es schaffen könnten.

Meine Erinnerungen bestehen vor allem aus Uniformen und Dienstwaffen.

Aus Furcht.

Und aus dem Tag, als Anthem damit Schluss gemacht hat.

Ich hebe den Kopf. »Du musst nicht glauben, dass du gegen den Kon versagt hast«, versichere ich. »Immerhin hast du uns beschützt.« In meinem Schädel beginnt der bekannte pochende Schmerz. *Leider nicht vor allem.*

Anthem zuckt mit den Schultern.

»Ich weiß«, sagt er mit rauer Stimme, als habe der Lautsprecher eine Störung. »Aber wenn wir sie nicht gestoppt haben, dann hatte alles keinen verdammten Sinn, oder?« Die Tür geht auf und wieder zu. Ich spüre Jonas Hand in meiner, und der Druck seines Körpers an der Stuhllehne fühlt sich wie das Einzige auf der Welt an, woran ich noch glauben kann.

Haven nickt einmal kurz.

Mein Bruder beginnt, Wort für Wort ein Gespräch zu zitieren, als hätte er es seit damals jeden Tag in Gedanken gehört. Ich frage mich, ob er Präsidentin Z tatsächlich als ständige Wiederholung in seinem Kopf hatte wie einen zerstörerischen Stream.

Sie hat ihm prophezeit, der Konzern sei ewig. Anthem war in ihr Büro eingedrungen, und nur Sekunden trennten sie von ihrem Tod. Trotzdem war sie vom Kon völlig überzeugt und sicher, dass Anthem keine zehn Jahre überleben würde. Sie hat ihm gesagt, sein Name und sein Vermächtnis würden dahinschwinden wie er selbst und nie wieder erwähnt werden.

Er hat acht Jahre überlebt. Haven verzichtet darauf, von seinen Lippen zu lesen.

»Es gab also einen Plan B.« Die Worte kratzen wie Rasierklingen durch Pixels Kehle. Ich habe nur verschwommene Erinnerungen an Scope, überlagert von späterem Wissen, aber ich weiß, dass sein Tod Pixel noch tiefer getroffen hat als Anthem. Ich schaue meinen großen Bruder an, denke an Omega und stelle wieder einmal fest, dass ich Pixels Schmerz inzwischen viel besser nachfühlen kann.

»Beim ersten Mal hat der Kon unsere Revolte gestoppt, bevor sie richtig angefangen hat«, sagt Haven bitter. »Also war der Aufsichtsrat eigentlich überzeugt, wir hätten keine Chance. Aber es schadet ja nie, Sicherheitsvorkehrungen einzubauen, einen automatischen Neustart zu installieren. Bevor wir die zwölf getötet haben, waren sie halbe Maschinen. Ihnen wäre gar nicht in den Sinn gekommen, anders zu handeln.«

Getötet. So kann man es ausdrücken. Haven hat mit ihnen dasselbe gemacht wie mit meinem Bruder. Für Anthem hat sie die Technik bloß noch ein bisschen ausgefeilt.

Aber von einem Plan B zu sprechen ist wohl zu kurz gegriffen. Das sage ich den anderen auch, sobald ich meine Stimme wieder unter Kontrolle habe. Dem Kon geht es nicht bloß darum, die Macht im Web wieder an sich zu reißen. Warum sollten sie sich damit begnügen? Sie dürften kaum vergessen haben, dass es dort draußen auch andere Städte gibt, die man zu einem Teil der großen, glücklich zugedröhnten Konzernfamilie machen kann.

»Wir wissen noch längst nicht alles«, sagt Haven. Ich betrachte sie mit einer neuen Form von ... was auch immer. Vielleicht Respekt oder Neugier oder einem heimlichen, an Furcht grenzenden Magenflattern. Denn ein Teil von Haven hat instinktiv gewusst, dass sie Anthem am Leben erhalten muss, egal mit welchen Mitteln. Mit der Trauer wäre sie fertiggeworden. Sie hat das alles nicht nur aus egoistischen Gründen getan. »Bisher haben wir Spuren von merkwürdigen Streams entdeckt, deren Codierung selbst Anthem nicht erkennt, und außerdem ein paar Dateien, in denen sein Name erwähnt wird. Im System versteckte Nachrichten, allerdings stark fragmentiert. Jemand hat versucht, sie zu löschen. Ich bin noch dabei, alles wieder zusammenzupuzzeln. Wir wissen auch, dass jemand eine Riesenmenge Funk- und Radiotechnik gekauft hat, aber aus den Archivdateien ist nicht mehr abzulesen, *wer* das war.«

»Können die Änderungen im System von …« – ich zeige auf den Fußboden – »von denen da stammen?«

»Nein, solchen Einfluss haben sie nicht.«

Uns allen ist klar, was das bedeutet. Wir haben es mit einem Unbekannten zu tun, der irgendwo dort draußen an der Rückkehr des Kon arbeitet, und das *Draußen* ist heutzutage verdammt viel größer als noch vor acht Jahren.

Am liebsten würde ich mich einfach hinlegen und eine Woche schlafen. Und zwar in meinem Bett in Los Angeles. Nur wäre ich dort natürlich auch nicht mehr sicher.

»Also, was jetzt? Sagen wir jemandem Bescheid?«, will Jonas wissen.

»Nicht, bevor klar ist, wem wir vertrauen können«, antwortet Pixel. »Und außerdem, was sollen wir schon sagen? ›*Wir haben das Gefühl, hier läuft was Merkwürdiges*‹ reicht wohl kaum. Ich kann es ja selbst kaum glauben. Der Rest des Web wird es erst recht nicht glauben wollen.«

Tja, abgesehen von der Person, die hinter allem steckt. Verdammte Scheiße. Man sollte denken, dass sich alle noch gut erinnern. Besonders lange ist das Ganze schließlich nicht her. Der zeitliche Abstand sollte auf jeden Fall nicht reichen, um den Kon zu romantisieren, auch wenn Nostalgie manchmal scheinbar aus dem Nichts sprießt wie Schimmelpilze. Mir wird im Nachhinein ganz schlecht bei dem Gedanken, wie schlimm alles hätte werden können, ohne dass die Bürger überhaupt gemerkt hätten, was los ist. Glücklicherweise hat der Schuldige nicht damit gerechnet, dass Anthem noch hier sein und digitale Fußspuren finden würde, die nicht sorgfältig genug weggeputzt wurden. Abgesehen von den Leuten in diesem Raum und einer Handvoll anderer weiß niemand Bescheid, und das könnte unser letzter Hoffnungsfunken an einem ausgebrannten Himmel sein.

Luchs und Spektrum schalten gleichzeitig ihre Computer aus, stehen auf und verkünden, dass sie ihr Bestes tun werden, um zu helfen. In ihrer Bar laufen eine Menge zweifelhafter Dinge. Die meisten sind nicht allzu schlimm, aber trotzdem illegal. Das Web braucht Gesetze – auch ohne den Kon –, und es wird immer Leute geben, die gerne die Grenzen austesten.

Ich bin kaum in der Lage, das zu verurteilen.

»Danke, Leute«, sage ich, auch wenn es sich dürftig und falsch anfühlt. Nichts passt im Moment. Meine verspannten Schultern schmerzen, meine Kleidung ist kratzig und reibt sich bei jeder Bewegung an meiner Haut. Als die beiden gehen, schließen Pixel und Isis sich ihnen an. Ich schlendere zwischen die Regale, endlose Reihen leerer Spinde, in denen sich einst MemoryChips befanden.

Mit dem Rücken an die scharfkantigen kleinen Glastüren gelehnt, schicke ich eine Tickernachricht westwärts und wünsche mir vergeblich, die eingetippten Worte seien nicht wahr. Nach dem Ende der Konzernherrschaft hatte sich das Web überraschend schnell erholt, und die allgemeine Erleichterung weckte neue Energie in abgestumpften Köpfen. Aber die ganze Zeit über waberte eine drohende Gewitterwolke am Horizont, die niemand wahrhaben wollte.

Jetzt fällt der erste Regen auf die Stadt.

Ich presse mir die Hände auf die Augen, bis ich helle Flecken sehe. Als laute Schritte näher kommen, schaue ich blinzelnd hoch. Ich hatte Jonas erwartet, doch stattdessen sieht Omega mich mit einem bekümmerten Lächeln an. Seine Augen wirken dunkler als gewöhnlich.

»Tut mir leid wegen vorhin, Al«, sagt er und legt einen Arm um mich.

Ich zucke mit den Schultern. »Ist schon okay.«

»Die anderen haben mich auf den neuesten Stand gebracht«, sagt er mit einer Kopfbewegung zu Anthems Sichtgerät. »Glaubst du wirklich daran?«

»Du etwa nicht?«

»Es ist nur … oh, Mann.«

Oh, Mann. Ganz genau.

Vor acht Jahren haben Anthem, Haven und die ganzen anderen es geschafft, den Kon auf seinem eigenen Territorium zu besiegen. Sie alle hatten ein Feld, auf dem sie besonders gut waren, jeder auf seine Weise. Wir können nicht verlangen, dass sie schon wieder für uns kämpfen. Das hat der Kon bei seinem Plan mit einberechnet – also, falls wir recht haben und der Konzern wirklich zurück ist. Sie haben auf Anthems Tod gewartet.

Mein Bruder hat sie schon einmal geschlagen, und sie wollten sichergehen, dass es ihm kein zweites Mal gelingen würde. Klar, jetzt ist er trotzdem noch hier … gewissermaßen … überraschenderweise … aber er kann wohl kaum eine Schusswaffe halten. Er kann nicht herumrennen und uns retten wie früher. Keiner von ihnen ist mehr jung.

Omega, Jonas, Luchs, Spektrum und ich – wir sind die neue Generation, und diesmal müssen wir den Kon aufhalten.

»Alles okay? Al?«

Ich schlucke. »Ja, bestens. Habe bloß nachgedacht. Und vorschnelle Pläne geschmiedet. Lass uns wieder rübergehen.«

Vielleicht haben wir früh genug bemerkt, was los ist. Mage und Phönix warnen die Leute in Los Angeles bereits vor den Radiosendungen. Ich hoffe, dass uns genug Zeit bleibt, bevor die Info beim Bürgermeister und den anderen im Web ankommt. Die Behörden in L. A. haben unserer Regierung nie ganz über den Weg getraut, und das kann ich ihnen kaum verdenken. An der Westküste sind Bürger des Web zwar als Flüchtlinge willkommen, aber nicht als Politiker auf Staatsbesuch – denn wir haben nicht als Einzige unsere Zweifel, wem man vertrauen kann. Also bleibt uns Zeit, zumindest ein bisschen. Vielleicht waren wir schnell genug, um das Allerschlimmste noch abzuwenden.

Ja, klar.

◼

Der Kon ist ewig.

Auf Havens Computerschirmen sehe ich mehrere Landkarten. Bunte Punkte markieren die drei noch existierenden Städte. Ich würde gerne behaupten, dass wir das Kartenmaterial selbst erstellt haben, nachdem uns die Revolution die Freiheit gab, unsere Gefängnisinsel zu verlassen. Oder dass die Pläne schon ein paar hundert Jahre alt sind und aus der Tiefe einer vergessenen Datei geborgen wurden. Leider stimmt beides nicht. Altersmäßig liegen sie irgendwo in der Mitte, denn der Kon wusste die ganze Zeit, dass Los Angeles und Seattle dort draußen auf uns warteten.

Zur Abwechslung ist Anthem allein und liest einen Dateitext nach dem anderen mit solcher Geschwindigkeit, dass ich nicht einmal die Titel entziffern kann. Haven entdecke ich schließlich ein Stockwerk tiefer. Ich lehne mich unbemerkt gegen eine Reihe leerer Spinde und schaue zu, wie sie zwischen den Sichtsäulen auf und ab geht, die ihre Eltern und die anderen Mitglieder des Aufsichtsrats darstellen.

Sie ist sehr still. Ihre pinken Haarsträhnen sehen im hellen Schein der Lichtkegel blass und verwaschen aus. Sie hat sich ein bisschen vernachlässigt, während sie die ganze Zeit hier bei Anthem verbracht hat. Vielleicht wollte sie sich auch vor der Welt draußen verstecken, die anscheinend immer schon größer war, als wir ahnten.

Ich trete aus der Dunkelheit heraus und warte, bis sie mich sieht. Sie wischt sich über die Augen, und der Zorn auf ihrem Gesicht wandelt sich zu Schicksalsergebenheit. Ich habe nie verstanden, wie sie ihre Gefühle so leicht unter Kontrolle bringen kann. Oder vielleicht lässt sie es nur leicht aussehen. Mir jedenfalls fehlt das Talent für beides.

»Gehen wir«, sagt sie und gibt dem Sichtgerät mit ihrer Mutter einen Abschiedstritt. Das Bild flackert nicht einmal.

»Ich treffe mich gleich mit Omega«, sage ich. Wir haben eine dieser Sommernächte, in denen das Web ein bisschen wärmer und schöner ist, als es sein sollte, und ich den Rhythmus der Stadt spüre wie Musik. Viele solcher Nächte wird es nicht mehr geben, bevor sich die Bäume im Park erst golden und dann grau färben, bis sie schließlich als kahle Skelette in den farblosen Himmel ragen. Ich kann mich schon kaum noch erinnern, wie die Kirschblüten im Park aussahen.

Kirschblüten.

Jetzt ist es fast so weit, Alpha.

Ich kann dir alles geben, was du willst.

Omega antwortet sofort auf meine Tickernachricht, und ich mache mich auf den Weg quer durch das Web bis zum Südufer. Dort quetsche ich mich durch die Öffnung im Drahtzaun und betrete das Lagerhaus. Stimmen dringen aus der geöffneten Falltür zu mir herauf und verstummen, als man meine Stiefelsohlen auf der Leiter hört.

»Wieso treffen wir uns ausgerechnet hier?«, frage ich und springe das letzte Stück, statt die Sprossen zu benutzen. Omega zuckt mit den Schultern.

»Hat sich passend angefühlt.«

»Für was?«

»Um sich Inspiration zu holen? Keine Ahnung. Wir müssen endlich rausfinden, was los ist.«

Der Raum hat tatsächlich eine Atmosphäre, als würden die Schatten noch immer die Erinnerung daran festhalten, was hier seinen Anfang nahm. Eine lebendige, wachsame Stille. Der Konzern wurde einmal besiegt, vielleicht gelingt es uns ein zweites Mal.

»Anthem hat damals überlegt, ob er mit uns fliehen kann«, sagt Omega. Natürlich kenne ich diese Geschichte, denn unser Bruder hat sie uns beiden erzählt. Entweder weiß Omega das nicht mehr, oder er braucht einfach ein Thema zum Reden. »Aber er dachte, dort draußen gibt es nichts, also hat er den Plan aufgegeben.«

Bis zur Westküste hätten wir es sowieso nicht geschafft. Aber das ist auch nicht der Punkt. Ich verstehe, was Omega meint. Das Web wirkt plötzlich so anders als in den letzten, friedlichen Jahren. Wir haben eine Schicht aus dunklen Geheimnissen wie eine Haut abgeschält, nur um darunter hundert weitere Schichten zu finden. Wir sind hier geboren und aufgewachsen, wurden von gewissenlosen Leuten darauf gedrillt, hinzunehmen, dass es nichts außerhalb des Web gibt, und erst jetzt wird uns langsam bewusst, wie wenig wir unser Zuhause tatsächlich kennen.

Im Angesicht dieser Erkenntnis wirkt der Betonkeller wie unser einziger solider Halt. Er ist das genaue Gegenteil des weißen Raums in dem gläsernen Ungetüm, das mit seinem blitzblanken Funkeln den Mittelpunkt des Web bildet.

Die Zentrale ... die *Konzern*zentrale. Kann sein, dass wir sie bald wieder so nennen.

Nein, nie im Leben. Ich drücke den Rücken durch und blicke mit zusammengekniffenen Augen meinen Zwilling an, während ich Haven im ZFR vor mir sehe, wie sie mit Tränen der Wut vor den Hologrammen ihrer Eltern steht. »Was haben wir aus dem letzten Versuch gelernt?«, murmele ich kaum hörbar. Omega braucht einen Moment, um die Frage zu registrieren, dann schaut er mich verständnislos an.

»Wovon redest du?«

»Derselbe Konzern, dieselben alten Tricks. Sie haben ihre Pläne immer perfekt getarnt, und zwar indem sie gerade die Personen benutzt haben, die man am wenigsten verdächtigt.«

Entschlossen springe ich auf – ohne mich darum zu scheren, wie dreckig meine Hose geworden ist – und klettere die Leiter hoch. Draußen erwartet mich ein viel zu schöner Sommerabend. Ich marschiere los, entdecke aber erst nach einer Weile, was ich gesucht habe. Wir sind schon mehrere Häuserblocks in Richtung Norden gegangen, als mir das erste Exemplar ins Auge springt.

Ich war schon immer der Meinung, dass er ein schleimiger Bastard ist. Mein Finger zeigt auf das Riesenplakat, von dem uns das Gesicht des Bürgermeisters entgegenschaut. Er hat sein Raubtierlächeln aufgesetzt. Machtgierig. Aalglatt.

»Ist das dein Ernst? Er versucht doch die ganze Zeit, das Drogenproblem zu bekämpfen, Al.«

»Schade nur, dass er selbst süchtig ist.«

»Augenblick mal … was?«

Infos für sich zu behalten kann ein Problem werden, wenn man vergisst, welchen Leuten man eigentlich *was* verschwiegen hat. »Fabel ist darüber gestolpert.«

»Der Typ ist zwar ein Schleimer, aber glaubst du wirklich, dass er hinter allem steckt?«

Genau das Gleiche hat Fabel mich auch gefragt. Am liebsten würde ich schnurstracks zurück ins Lagerhaus rennen und mich für immer im Keller verkriechen, aber ich drücke die Knie durch. Natürlich bin ich mir nicht sicher. Ich habe keine Ahnung. Vielleicht wünsche ich mir nur, dass Riegel der Schuldige ist, weil damit alles so schön einfach und übersichtlich wäre. Niemand, der unter der Oberfläche lauert.

Wenn ich mit dem Bürgermeister richtigliege, ist der Kon nie wirklich weg gewesen. Riegel hat das Amt zwar nicht als Erster bekleidet, aber vielleicht hat der Konzern sich einfach nur im Hintergrund gehalten und gewartet. Das würde bedeuten, dass Anthems ganze Revolution sinnlos war. Nichts als ein Scheinsieg.

Sollte ich mit meinem Verdacht falschliegen, wäre der Bürgermeister in der Streamsucht gefangen wie jeder x-beliebige andere Bürger, der heutzutage noch eine Konsole benutzt. Dann müssten wir ihn wachrütteln und ihn davor warnen, was gerade passiert.

Aber alles passt einfach zu gut zusammen. Sein öliges, übereifriges Interesse an Anthems Zustand und seine gierigen Augen, die zu lange an mir kleben blieben. Mein instinktiver Widerwille, wann immer ich gezwungen war, mit ihm im selben Raum zu sein. Sein verschlagener Blick und der Machthunger, mit dem er die Herrschaft über unsere Stadtruine an sich riss, sobald die Leute ihn ließen.

Omega und ich hasten durchs Web zurück und weichen Shuttles aus, deren offene Seitenfenster die scharfe Brise vom Fluss einfangen. Verkehrslärm umspült mein Gehirn und beschleunigt meine Gedanken. Endlich taucht eine schnurgerade Straße vor uns auf, als wolle sie uns den Weg weisen.

In der Stille des ZFR schaut Haven uns schweigend an, als wir ihr von unserem Verdacht erzählen. Sie erlaubt sich nur einen kurzen Moment, um sich zu sammeln, dann beginnt sie auf ihre Tastatur einzutippen. Anthem blinzelt und scannt die Informationen, die sie ihm schickt. Omega wählt einen anderen Computer am Ende des langen Tisches aus, und seine Finger hämmern genauso schnell auf die Tasten wie ihre. Im Hintergrund geistert Jonas herum, der gerne helfen würde, sich jedoch mit dem ganzen Computerkram noch weniger auskennt als ich. Aber ich habe auch so genug, um mich zu beschäftigen. Der Nebel hat sich nach Wochen endlich gelichtet, und die elektrisierenden Gedanken, die durch mein Gehirn zucken, sind gleichzeitig erfrischend und erschreckend.

Endlich haben wir eine Idee, wonach wir überhaupt suchen. Die Antworten sollten sich jetzt leichter finden lassen, und trotzdem verstehe ich in diesem Moment Anthems Gefühl, nur ohnmächtig herumzustehen. Ich gehe zu Jonas, lehne mich bei ihm an, um ein wenig von seiner Wärme abzubekommen, und schließe die Augen.

»Okay, da haben wir's.« Eine Datenspur aus belastenden Beweisen führt schwarz auf weiß von der Stream-Datenbank zu einem gewissen Büro, das hinter getöntem Glas die Stadt überblickt.

»Hat Riegel auch die Technik für die Radio-Streams beschafft?«, frage ich.

Haven runzelt die Stirn. »Kann ich nicht sagen. Aber schließlich kennt er sich aus«, antwortet sie und zwirbelt eine Haarsträhne zwischen den Fingern. »Zum Beispiel weiß er, dass wir Anthem damals mit einem zusätzlichen PersoChip ausgestattet haben, damit er sich unbemerkt durchs Web bewegen konnte. Ich habe dem Bürgermeister selbst davon erzählt. Wenn er denselben Trick anwendet, können wir nicht nachverfolgen, wer sich welches Equipment kauft. Außerdem kann Riegel tun, was immer er will, schließlich ist er der Boss und befehligt den ganzen Laden.«

Sie hat bei Anthems Hologramm die Narben weggelassen und stattdessen eine perfekte Version meines Bruders geschaffen, aber wenn ich ihn anschaue, kann ich im Geist immer noch die zackige weiße Linie an seinem rechten Handgelenk sehen. Mehr hatte er von dem illegalen Chip nicht übrig behalten, der ihm am Ende der Revolte implantiert worden war.

Nur war dieses *Ende* anscheinend ein Irrtum. Pech gehabt.

»Wohin gehst du?«, fragt sie, als ich schon fast an der Tür bin.

Ich drehe mich zu Haven um. »Kommt dir das alles nicht ein bisschen zu einfach vor? Das ganze Komplott hat sich direkt vor unserer Nase abgespielt, sodass wir es kaum übersehen konnten. Anscheinend ist es ihnen egal … ist es *ihm* egal, was wir herausfinden. Wieso? Vielleicht ist Riegel schon nah genug an seinem Ziel, was auch immer das sein mag.« Ich umklammere den Türgriff, damit sie mein Zittern nicht bemerkt. Von den Rändern meines Bewusstseins schleicht sich ein weiterer Flashback an. Nein. *Nicht jetzt.* »Was ihr das letzte Mal gegen den Kon getan habt … anscheinend hat es nicht funktioniert. Jedenfalls nicht genug. Ich gehe jetzt zu Riegel und knöpfe ihn mir vor.«

1110011011 **16** 0101100001

Alles im ZFR färbt sich rot, dann wird der Raum vor meinen Augen weiß.

Omega und Jonas halten mich mit vereinten Kräften von der Tür zurück. »Beruhig dich, Al«, sagt mein Zwilling und zieht mich nach hinten. »Wir wissen nicht wirklich, was los ist und wer sonst noch in die Sache verwickelt ist. Eigentlich sind wir nicht einmal sicher, dass *er* dahintersteckt, auch wenn es ganz so aussieht.«

Ich kann nicht gleichzeitig gegen Omega und mein eigenes widerspenstiges Gehirn ankämpfen und beiße mir auf die Lippe, damit der Schmerzreiz dem Raum wieder scharfe Konturen und Farben gibt. Okay. Schon gut. Alles ist in Ordnung. Ich muss mir nur das Meer in L.A. vorstellen, das Vor- und Zurückrollen der Wellen. Mein Atem wird wieder gleichmäßig.

»Wir sollten zuerst den anderen Bescheid sagen«, schlage ich als Kompromiss vor. »Am besten gehe ich gleich zu Luchs und Spektrum, damit sie uns ein paar weitere abgeschirmte Tablets besorgen. Im Moment haben wir nur meines, und das reicht nicht. Ganz abgesehen davon, dass es anscheinend doch zu knacken war, aber das ist jetzt nicht so wichtig. Ich bin bald wieder zurück, okay?« Haven und Omega betrachten mich mit zweifelnden Mienen.

»Ich begleite dich«, sagt Jonas, und die beiden entspannen sich sofort.

»Du kannst auch mitkommen«, sage ich zu Omega ... vor allem, um seine Reaktion zu sehen. Er schüttelt den Kopf.

»Wieso bist du sauer auf sie? Erzählst du mir mal, was die beiden angestellt haben?«

»Nö, habe ich nicht vor.«

»Aber wir können ihnen vertrauen, oder?«

Er nickt widerwillig.

»Super, ich bin begeistert.«

Mein Tonfall lässt ihn die Augen verdrehen. Eines Tages werde ich dahinterkommen, was für ein Problem er mit Luchs und Spektrum hat. Immerhin kann er wohl darüber hinwegsehen, was mir an seiner Stelle schwerer fallen würde. Ich bin entschieden nachtragender. Meinen Ärger halte ich so krampfhaft fest wie eine entsicherte Handgranate. Vor allem bin ich es nicht gewöhnt, dass Omega mir Dinge verschweigt.

Aber schließlich habe *ich* mich damals entschieden wegzugehen, also habe ich sein Schweigen vielleicht verdient.

Als Jonas auf das Shuttle zusteuert, schüttle ich den Kopf. Ich brauche jetzt einen langen Fußmarsch, um meine Wut und das Adrenalin in den heißen Asphalt zu stampfen. Außerdem dürfte eine Auszeit uns beiden guttun. Es fühlt sich wie eine Ewigkeit an, seit wir das letzte Mal allein waren. Ich meine, *richtig* allein.

Wir könnten ein x-beliebiges Pärchen sein, als wir gemeinsam durch die Nacht wandern und Jonas seinen Arm um meine Schultern legt. Niemand von Bedeutung. Der Gedanke ist verlockend.

Nach der Revolution habe ich mich manchmal gefragt, wie es wohl wäre, nicht immer die kleine Schwester des Superstars Anthem sein zu müssen, sondern nur eine weitere anonyme Gestalt auf einer Discotanzfläche voller Beats und heißer Körper.

Während wir das Web durchqueren, kreisen meine Gedanken zwanghaft um die Informationen, die wir bis jetzt gesammelt haben. Worüber wissen wir mit Sicherheit Bescheid? Die Streams im Radio. Der Bürgermeister ... vielleicht. Die Rückkehr des Kon ... daran zweifle ich keinen Augenblick. Der Angriff auf meine zweite Heimat Los Angeles. Alles geht rund und rund, Strophe, Refrain, immer wieder von vorn. Mir kommt es vor, als würde mein ganzes Leben um dieselbe tödliche Gefahrenzone kreisen, die ich ahnungslos als Kind betreten habe, als ich in den weißen Raum kam. Genau wie damals merke ich, dass etwas nicht stimmt, weiß aber gleichzeitig viel zu wenig, um es aufzuhalten. Jonas hört, dass ich vor mich hin murmele, und diesmal erzähle ich ihm meine Gedanken und würde am liebsten gar nicht aufhören.

Die Wasserbar von Spektrum und Luchs ist dunkel und verschlossen, das Neonschild ein noch schwärzerer Schatten an der Wand. Jonas klopft und bringt das Glas im Türrahmen zum Klirren, aber natürlich ist es sinnlos. Ich weiß genau, wo die beiden stecken. Verdammte Idioten. Ich stehe wie festgenagelt da und kann mich nicht entscheiden, ob ich ihnen folgen soll. Regenwasser träufelt auf das Pflaster der Gosse und sammelt sich um meine Stiefelsohlen.

»Okay, komm mit«, sage ich.

Jonas hebt die Augenbrauen, als ich auf das Ende der Straße zeige. Der Tanzclub, den ich im Sinn habe, ist nicht weit von hier, nur ein paar Häuserblocks entfernt. Er liegt versteckt in einem Labyrinth von schmalen Gassen, die keine Ähnlichkeit mit dem UpperWeb haben.

Als wir uns dem Eingang nähern, werden meine Schritte immer langsamer. Ich hoffe vergeblich, dass mein Tablet blinkt und Luchs und Spektrum auf meine Tickernachricht antworten. Wenn die beiden im Club sind, bemerken sie natürlich nicht mal, dass ich ihnen geschrieben habe. Dann ist die Realität nur noch eine ferne Erinnerung, flach, farblos und langweilig im Vergleich zu dem flirrenden Drogenrausch.

»Wow, ist der Schuppen wirklich das, wonach es aussieht?«, fragt Jonas, als ich die Tür aufziehe und einen kleinen Eingangsraum betrete, an dessen Wand ein Kreditscanner blinkt. Eigentlich sollte hier der Clubmanager sitzen und wenigstens so tun, als würde er aufpassen, damit niemand eine Überdosis abbekommt. Doch sein achtlos beiseitegeschobener Stuhl ist leer.

»Und ob«, bringe ich heraus. »Warte hier.«

Meine Hände zittern. Das rote Licht des Scanners zwinkert mir entgegen. Ich atme mehrmals tief ein und aus. Bestimmt spielt es gar keine große Rolle mehr. Das Radio hat schließlich erledigt, wogegen ich mich jahrelang gewehrt habe. Außerdem will ich ja nicht lange bleiben. Das Türschloss schnappt auf, denn Jonas ist unbemerkt an mir vorbeimarschiert und hat den Durchgang zur Tanzfläche weit geöffnet, bevor ich ihn aufhalten oder überhaupt eine Entscheidung treffen konnte. Musik überflutet den Raum und alle meine Sinne in einem plötzlichen Schwall (ungefähr wie der kurze Moment nach einem heftigen Niesen, wenn der Kopf vor Erleichterung dröhnt), gefolgt von hallender Stille, als die Tür wieder zukracht. Der weiße Raum wabert bedrohlich im Hintergrund. Ich taumele nach draußen auf die Straße und zähle die Sekunden.

Jonas ist nicht lange im Club, aber die kurze Beschallung hat genügt. Der weggetretene Blick, als er herauskommt, versetzt mir einen Stich. Luchs und Spektrum sind völlig high und kichern zugedröhnt herum, während ihre Körper sich immer noch synchron zu der Musik bewegen, die in ihren Köpfen spielt.

»Du musstest das nicht für mich ma... Jonas, hörst du mich?«

»Was? Ja, klar. Kein Problem. Hier hast du die beiden.« Jonas Augen strahlen mich an, und er gibt mir breit grinsend einen Kuss. »Hier und hier.«

»Danke«, sage ich leise. In gewisser Weise meine ich es auch so, obwohl ich wünschte, er wäre nicht in den Club gestürmt. »Hey, ihr beiden ...« Ich schnipse mit den Fingern vor ihren Gesichtern herum, und sie lachen nur noch lauter, bis die ganze Straße davon widerhallt.

»Alpha! Wow, bist du das wirklich?«

Scheiße, jetzt reicht es. Ich packe je eine Handvoll sexy Partykleidung, ziehe die beiden hinter mir her, fühle Netzstoff reißen. Der Chip in Luchs' Handgelenk verschafft uns Zugang zu ihrer Wasserbar, die helle Beleuchtung und genug Flüssigkeitszufuhr holen sie zurück in die Wirklichkeit. Verdammte *komplette* Idioten.

»Geht's euch wieder besser?«

»Mir ging es vorher schon ziemlich gut«, sagt Spektrum,

während seine zu Normalgröße geschrumpften Pupillen sich in meine bohren. »Du hattest doch sonst nie ein Problem damit. Also, warum hast du uns rausgezerrt?«

»Eigentlich war ich das«, sagt Jonas. Ungefähr zum zwanzigsten Mal schaue ich ihm prüfend in die Augen und versuche gleichzeitig, mir nichts anmerken zu lassen. Wir können später darüber reden. *Später*, na klar.

»Okay, wer auch immer.« Luchs stürzt einen Schluck Wasser herunter. »Was kann denn bitte so wahnsinnig wichtig sein?«

»Der Kon ist zurück.« Meine Worte ernüchtern die beiden so schlagartig, dass ich fast darüber lachen könnte, wenn ich noch wüsste, wie man das macht. »Und anscheinend steckt der Bürgermeister hinter allem.«

»Das ist nicht dein verdammter Ernst.«

»Mein voller, verdammter Ernst.«

Beide werfen einen nervösen Blick durch den Barraum. Die Rückkehr des Konzerns hat plötzlich ein Gesicht bekommen, und sofort wirkt alles viel realer. Riegel braucht den Machtwechsel nur offiziell zu machen, und schon sind auch die alten Gesetze und Strafen zurück. Bei allem, was Luchs und Spektrum hier treiben, haben sie sich die Höchststrafe bestimmt schon ein paar Hundert Mal verdient.

»Okay«, sagt Spektrum. »Was brauchst du?«

Vor allem brauche ich Hilfe … jede, die ich kriegen kann. Ich weiß gar nicht, wo ich anfangen soll. Anthem ist der Held, nicht ich. Aber für den Anfang reichen mir ein paar abgeschirmte Tablets. Und vielleicht ein bisschen Schlaf? Das alte Gefühl ist zurück, die erstickende Klaustrophobie des Web, als würde die Insel unaufhaltsam schrumpfen und ihre Ränder immer näher rücken. Omega hat recht, wir wissen nicht, wer sonst noch zum Kon gehört oder welche Schritte der Bürgermeister bisher unternommen hat. Unser Feind agiert im Verborgenen, also müssen wir die gleiche Taktik anwenden.

Tja, ich habe mir ja gewünscht, unsichtbar zu sein. Sieht so aus, als könnte ich das nun ausprobieren.

■

Außerhalb der schützenden Wände des ZFR geht alles seinen viel zu normalen Gang. Die Bürger erledigen ihre Alltagsgeschäfte, ahnungslos und unbekümmert ... was unsere Schuld ist, sage ich mir. Wir haben uns schließlich entschieden, sie nicht zu warnen.

Am krassesten wird das sichtbar, als ich die Wohnung erreiche und erneut von einem bunten Strauß aus Paparazzi-Kameras begrüßt werde.

»Stimmt es, dass er tot ist?«

»Waren Sie dabei, als er gestorben ist?«

»Sind Sie stolz auf sein Lebenswerk?«

»Scheiße, haut doch einfach ab. Wie wäre es mit ein bisschen Respekt?« Ich reiße die Tür auf und zerre die gierigen Hände von mir weg. Schwer zu glauben, aber ich bin fast dankbar für diese Fragen.

Weil niemand die richtigen stellt. Die Medien haben noch nicht herausgefunden, was Haven getan hat. Keiner der Reporter hat erraten, was wirklich los ist.

Anscheinend hatte Pixel recht damit, dass die Leute die Wahrheit gar nicht sehen wollen. Wer sie doch sieht, dürfte garantiert in Panik ausbrechen.

Mir kommt alles schmerzhaft hell vor, alle Ecken und Kanten sind zu scharf. Ich bin ruhelos, kann mich aber nirgends nützlich machen. Im Rückschauzentrum zu hocken, während Anthem und Haven weiter das System durchkämmen, würde mich nur in den Wahnsinn treiben. Als wäre ich nicht schon auf halbem Weg dahin.

Schließlich gehen Jonas und ich zum Park, weil uns nichts Besseres einfällt. Wir bleiben beide stumm. Das Streitgespräch mit Omega geht mir endlos durch den Kopf. Ich sage Jonas nichts davon, aber diesmal hat mein Schweigen einen anderen Grund als sonst. Es wäre keine gute Idee, in der Öffentlichkeit und am helllichten Tag von *ihnen* zu reden, wo andere Bürger uns hören könnten. Ich führe Jonas durch das Tor und den Pfad entlang zu meinem Lieblingsplatz unter meinem Lieblingsbaum. Noch besser wäre es, meine Gitarre dabeizuhaben, aber dazu müsste ich erst wieder in die Wohnung gehen. So ist es auch nicht schlecht. Wir sitzen im Gras, ich schmiege meinen Rücken an seine Brust, und Jonas streicht abwesend mit den Fingern durch meine Haare, um gleichfarbige Strähnen zu finden.

Stille. Eine seltsame Stille. Wäre ich noch in L.A. würden wir jetzt auf das Gewitter warten, das den Ozean in Brand setzt.

»Ich verstehe das alles nicht«, sagt Jonas. »Wenn euer fieser Konzern zurück an die Macht will und wir den Hauptschuldigen kennen, wieso sitzen wir dann hier herum?«

»Weil wir keinen Feind bekämpfen können, den wir nur zu einem kleinen Teil sehen. Der Kon war schon immer wie ein Monster aus der Legende: Wenn man einen Kopf abschlägt, wachsen zwei neue nach. Also braucht man genug Schlagkraft, um alle Teile mit einem einzigen Streich zu erledigen.« Und davon sind wir weit entfernt. »Ich wollte dich nicht in meinen Mist hineinziehen«, sage ich und spüre, wie Jonas sich versteift. Anscheinend ist mir die Fähigkeit, mich klar auszudrücken, irgendwo auf dem löcherigen Highway verloren gegangen. »Nein, ich bin echt froh, dass du hier bist. Das habe ich nicht gemeint. Aber vieles hier lässt sich kaum beschreiben. Ich würde ja, wenn ich könnte«, beteuere ich, und er entspannt sich ein bisschen. »Das Ganze ist eher ein Gefühl, eine Atmosphäre. Schwer in Worte zu fassen.«

»Kannst du es wenigstens versuchen?«

Ich schließe die Augen. »Okay. Ich glaube, auf gewisse Weise …« – ich suche nach dem richtigen Ausdruck –, »… wird die Furcht vor dem Kon *vererbt* wie anderswo blaue Augen oder Sommersprossen. Wir haben über zweihundert Jahre nichts gekannt außer Angst und totaler Ohnmacht. Vielleicht sterben wir nicht bloß wegen der Streams so schnell. Vielleicht geben unsere Körper einfach auf, zerbrechen unter dem Dauerstress. Die Furcht frisst sich durch unser Inneres wie eine giftige Säure, bis nichts mehr von uns übrig ist. Ich glaube, nach einer Weile war es für die Leute einfacher, mit gesenktem Kopf auf ihre Füße zu starren und weiterzutrotten, als dem Monster in die Augen zu schauen. Man lernt, stumpf einen Schritt vor den anderen zu setzen. Man gibt das Erlernte an seine Kinder weiter. Irgendwann finden alle den Blick auf den Boden gar nicht mehr so schlecht. Bequem. Sicher. Man weiß, was man zu erwarten hat.«

»Du meinst, ihr hattet nicht genug Zeit, um das hinter euch zu lassen.«

»Acht Jahre.« Ich schüttle den Kopf. »Nein, nicht einmal

annähernd genug. Deshalb hat der Kon mit seinen Plänen auch nur so lange gewartet, bis Anthem aus dem Weg war.«

»Aber das ist er nicht. Zumindest nicht vollständig.«

»Stimmt, und damals hat er Präsidentin Z mehr oder weniger mit bloßen Händen umgebracht. Zumindest so etwas kann er jetzt nicht wiederholen. Näher wird der Kon seinem Ziel wohl nie kommen, Anthem auszuschalten. Haven hat ihn nicht ohne Grund gerade in dieses Rückschauzentrum gebracht. Eine ziemlich geniale Idee. Man kann dem Gebäude nicht die Stromverbindung kappen, weil sonst auch die Hologramme des Aufsichtsrats verschwinden würden, und damit würde das ganze Web zusammenbrechen.«

Einatmen. Ausatmen. Mein Tablet summt, und ich weiß kaum, ob ich über die Unterbrechung erleichtert oder frustriert sein soll, als ich es heraushole. »Phönix hat sich zurückgemeldet.« Jonas schaut über meine Schulter, um einen Blick auf den Bildschirm zu werfen.

Ich komme zu euch rüber._

Nein, schlag dir das aus dem Kopf. Wieso überhaupt? Ist in L. A. noch mehr passiert?_

»Sie kann doch nicht die ganze Strecke alleine fahren«, sagt Jonas. Aber ich weiß, dass man bei einer wütenden Phönix mit allem rechnen muss. Bei der Vorstellung, dass sie in dem Niemandsland draußen am Straßenrand schläft, allein in einem Shuttle, krampft sich mein Herz vor Panik zusammen.

Hier geht alles den Bach runter. Polizisten, wohin man schaut. Spezialtruppen stürmen Radiosender. Ich bin zu alt für diesen Mist._

Bald habt ihr ja Bean und Fabel wieder bei euch._

Na toll._

Ich zögere, denn die letzte Bemerkung hat mich getroffen. Was soll ich denn verdammt noch mal schreiben? *Hier ist alles supertoll, wir hängen entspannt rum und machen Musik, komm doch rüber und rock mit uns ab?*

Ich spüre die Erde unter dem Gras und den Baumwurzeln, und sie dreht sich immer schneller, wirbelt mit zehnfacher Geschwindigkeit herum, bis man keine Einzelheiten mehr ausmachen kann und nichts mehr einen Sinn ergibt. Bis alles durch die Fliehkraft auseinanderreißt und Dunkelheit durch die Ritzen nach oben strömt. Eines ist sicher: Riegel *weiß*, was hier und in L.A. gerade passiert.

Meine Hände ballen sich zu Fäusten, und ich stoße mich vom Boden ab. »Sorry, ich muss jetzt los.«

»Wohin?«

Ich sehe seinem Blick an, dass er verletzt ist. Er geht davon aus, dass ich schon wieder Geheimnisse vor ihm habe. »Sowie ich zurück bin, erzähle ich dir alles. Ehrenwort.« Immerhin lässt er zu, dass ich ihn küsse. Ich würde am liebsten gar nicht wieder aufhören, reiße mich aber los. »Treffen wir uns in der Wohnung? Ich brauche ungefähr eine Stunde, dann reden wir weiter, okay?«

»Ich warte lieber hier. Ist schön, mal draußen zu sein.«

»Alles klar. Könntest du versuchen, Phönix zu beruhigen?«

»Äh, ich habe mein Tablet in der Wohnung liegen lassen, glaube ich.«

Meines landet im Gras bei seinen Füßen.

Erst als ich am Rand des Parks und außerhalb von Jonas Sichtweite bin, renne ich los. Dabei versuche ich, mir selbst einzureden, dass ich das Richtige tue, habe aber nur wenig Erfolg. Okay, Riegel lässt sich bestimmt eher zum Plaudern bringen, wenn er weiß, dass ich allein bin, also konnte ich Jonas nicht mitnehmen. Andererseits hätte Jonas mich genau aus diesem Grund nicht unbegleitet in die Höhle des Löwen gelassen. Nur hat er ja keine Ahnung, was ich vorhabe.

Düster und drohend ragt das Gebäude inmitten des Lichtermeeres auf. Dahinter hängt eine rot untergehende Sonne über dem Fluss.

Ich brauche nur die Fahrstühle zwischen all dem Marmor zu sehen und das Summen des Zentralrechners hinter der rund geführten Wand zu hören, schon überfallen mich Erinnerungen.

An den Tag, als alles weiß wurde.

»Alpha?«

Ich erkenne meinen eigenen Namen nicht, er klingt wie eine Reihe sinnloser Geräusche. Sie muss ihn ein zweites Mal rufen, ehe ich mich umdrehe.

»Hallo«, sage ich. Wie sie heißt, weiß ich nicht mehr, aber wir sind zusammen zur Schule gegangen. Schon damals war klar, dass sie eines Tages zu der Sorte von Leuten gehören würde, die im Businessanzug herumlaufen und ihr Tablet keine Sekunde aus den Augen lassen.

»Ich hatte gehört, du bist nach Westen gezogen! Schon wieder zurück?!«

Mein Blick huscht zu den Leuchtziffern über dem nächsten Fahrstuhl: dritte Etage, Pfeil nach unten. »Ich bin nur zu Besuch hier«, sage ich und tue so, als würde ich auf meine Uhr schauen. Dabei stelle ich fest, dass ich keine trage, also wirkt die Aktion einfach nur idiotisch. »Sorry, ich muss weiter.«

»Oh. Na dann, lass es dir gut gehen.«

Schon klar. Ich beachte sie nicht weiter, aber ich spüre ihre Blicke immer noch auf mir, als ich in die Kabine haste und einen Knopf drücke. Die Fahrt kommt mir viel zu langsam vor, und ich bohre die Zehen in meine Stiefelsohlen.

Der Flur ist menschenleer, die Bürotür geschlossen, und Pax steht nicht am Empfangstresen. Ich klopfe. Keine Antwort. Das rote Blinklichtauge eines Scanners starrt mich an. Ich halte mein Handgelenk davor und erwarte eigentlich nicht, dass die Tür aufspringt. Als sie es doch tut, zucke ich zusammen. Schon auf den ersten Blick ist klar, warum Riegel sich dieses Büro unter den Nagel gerissen hat, trotz allem, was hier passiert ist. Riesige Fenster bieten einen perfekten Blick auf das Web, und das ganze Design umweht ein Hauch von Reichtum und Elite.

Hier oben muss Riegel nicht so tun, als sei er ein Mann des Volkes, ganz gleich, was für eine Show er unten auf der Straße abzieht.

»Hallo?«

Der Teppich verschluckt den Klang meiner Schritte. Ich umrunde eine Sitzgruppe aus Leder, Metall und dunklem Glas. Am anderen Ende des Raumes steht ein enormer Schreibtisch. Der Stuhl dahinter ist umgekippt.

Gibt es eigentlich auch Déjà-vus aus zweiter Hand? Wenn man etwas erlebt, das zwar einer anderen Person passiert ist, aber so oft erzählt wurde, dass es sich wie eine eigene Erinnerung anfühlt?

Eine lockige Haarsträhne. Das sehe ich als Erstes. Dann den zugehörigen Kopf und eine unförmige Gestalt, kalt und still. Die Halswirbelsäule in einem seltsamen Winkel, Kopfhörer auf den Ohren. Der Bildschirm einer Konsole leuchtet aus einem geöffneten Schrankfach, wo Riegel das Gerät offenbar verborgen hatte, wenn er es nicht gerade benutzt. Fahle, wächserne Haut und blicklose Augen.

Oh, Mist.

1110011011 **17** 0101100001

Ich mache mich verdammt schnell vom Acker. Scheiße, nein. Das kann echt nicht wahr sein. Nein. Eine Minute später stehe ich draußen im Schatten des Turms, stütze die Hände auf die Knie und schnappe nach Luft. Keine Ahnung, wie ich hier gelandet bin. Ich habe ein glasklares Bild von Riegels Leiche in meinem Kopf, und alle Details meiner Umgebung wirken so überscharf, als würden sie gleich in Billionen Pixel zerfallen, aber ich kann mich nicht an einen einzigen Schritt im Flur erinnern. Oder ob ich den Fahrstuhl genommen habe.

Oder ob jemand meine panische Flucht gesehen hat.

Verdammt.

Ich wollte nicht an Fabels Theorie glauben, dabei habe ich es eigentlich von Anfang an getan. Jetzt habe ich das Endergebnis mit eigenen Augen gesehen, und das verändert alles. Vielleicht hätte ich die Anzeichen früher bemerken können, wenn ich Riegel nicht immer so krampfhaft ignoriert hätte.

Für die Szene im Büro gibt es nur zwei Erklärungen. Entweder hat Riegel freiwillig bis zur Überdosis gestreamt. Aber dann hätte doch wohl jemand merken müssen, dass er schon eine Weile am Rande des Abgrunds balancierte und sich nur noch durch übermäßigen Konsum am Funktionieren hielt. Schleimiger, verlogener Heuchler.

Oder jemand hat ihn gezwungen, der sich gut genug auskannte, um ihn mit einem einzigen Song zu erledigen.

Ein Stream reicht. Unwillkürlich stelle ich mir vor, wie Riegel sich die Kopfhörer überstülpt und die Musik zu spielen beginnt, sanft oder hart, leise oder dröhnend laut. Ein instrumentales Crescendo, das sich in sein Gehirn bohrt, jede Note ein Stück tiefer.

Um mich herum wirbelt ein Feuerwerk aus Farben, das mir so wunderbar neu und schön vorkommt, nachdem ich die ganze Zeit nur weiß gesehen habe. Rot, blau, grün. Ich greife danach, und sie kitzeln meine Fingerspitzen, bevor sie verglühen. Hände fassen meine Schulter und ich kämpfe wütend dagegen an. Sie wollen mich am Boden halten, aber ich will nur fliegen. Ich spüre meine Zehen nicht mehr, und alles ist so wundervoll, während ich auf Gitarrenakkorden schwebe und mit jedem klaren Ton des Keyboards höher drifte.

Wow.

Und der Gesang ... er sagt mir, ich soll nicht stillhalten, sondern tanzen und rennen. Als ich lache, hallt meine Stimme zu mir zurück, bis ich ein Teil der Musik bin und das Lied mir gehört, mir ganz allein. Ich lasse mich in die Tiefe ziehen und hoch in den Himmel tragen. Schwerelos sinke ich, schwebe und sinke, schwebe und ...

Sinke ...

Kälte beißt in meine Haut, scharf und brutal. Ich will das nicht. Ich will nicht hier sein, aber ich weiß nicht mehr, wo hier ist. Also renne ich. Ich habe etwas Entsetzliches gesehen und renne, und jetzt ist alles um mich herum ein verschwommener Wirbel. Trommeln dröhnen in meinem Kopf, und jeder rhythmische Schlag ist ein stechender Schmerz.

Ich muss hier raus. Jemand muss mir helfen.

Atmen. Einfach nur atmen.

Das Web kehrt allmählich zurück, verwandelt sich in klare Linien und greifbare Formen. Ich habe keinen blassen Schimmer, wie ich hierhergelangt oder *wo* ich überhaupt bin. Auf der anderen Straßenseite fließt träge der Fluss. Im Licht einer nahen Straßenlaterne sehe ich, dass meine Handflächen aufgeschürft und blutig sind. Hinter dem Lampenschein liegt ein schwarzer Nachthimmel. Ich renne haarscharf zwischen zwei Shuttles hindurch und krümme mich über das Geländer, um mich ins Flusswasser zu übergeben. Tränen brennen mir in den Augen, mein ganzer Körper ist mit Schweiß überzogen, und ich fühle mich gleichzeitig fiebrig und eiskalt.

Auf unsicheren Beinen gehe ich die Strecke bis zur nächsten TT-Haltestelle und krame in meiner Tasche nach dem Tablet. Aber es ist nicht da. Ich habe es Jonas gegeben.

Jonas.

Ich weiß kaum, worüber ich zuerst in Panik geraten soll. Dann hüllt mich eine überwältigende Ruhe ein. Betäubt mich. Lässt mich innerlich gefrieren. Ein Schritt nach dem anderen. Scheinwerfer kommen näher, und ich warte, bis der TownTrans direkt vor mir hält. Erst dann zwinge ich meine Füße, sich in Bewegung zu setzen und einzusteigen. Sämtliche Passagiere starren mich an. Ich verberge mein Gesicht hinter meinen Haaren und linse hindurch auf die Stadt vor den Fenstern. Die Neonziffern einer Uhr an einer Gebäudewand lassen mein Herz einen Moment aussetzen, und dann versuche ich zurückzuzählen. Meine Tickernachricht an Phönix hatte eine Zeitangabe. Ich strenge mich an, die Zahlen vor mir zu sehen.

209

Drei Stunden, grob geschätzt. Ich habe gerade drei ganze Stunden verloren.

Natürlich wird Jonas nicht mehr unter dem Baum sitzen und warten. Aber ich muss trotzdem sichergehen, taumele an der nächstgelegenen Haltestelle aus dem TT, durch das Parktor und zwischen die Bäume. Ich rufe seinen Namen. Niemand antwortet.

Riegel ist tot. Ich probiere die Worte wieder und wieder in meinem Kopf aus, als würden sie dadurch mehr Sinn ergeben. Tot, einfach so.

Meine Zähne klappern aufeinander. Die Wohnung ist leer, als ich sie erreiche. Früher war sie immer voller Menschen und Gelächter, aber jetzt ziehen wir alle unsere eigenen Bahnen, die sich nur manchmal überschneiden. Meistens im ZFR, das schon fast ein zweites Zuhause ist. Jedenfalls fühlt es sich in diesem Moment eher wie ein Zuhause an als das dunkle Wohnzimmer. Ein mattschwarzes Viereck liegt auf dem Couchtisch … mein Tablet. Also war Jonas hier. Zumindest für kurze Zeit.

Vielleicht ist er jetzt draußen und sucht nach mir. Ich scrolle die Nachrichten entlang und finde einen neuen Text von Phönix, in dem sie behauptet, ihr und Mage ginge es gut.

Das ist natürlich glatt gelogen, aber darüber kann ich mir im Moment nicht auch noch Sorgen machen. In meinem Kopf drängen sich zu viele Lügen und Geheimnisse, verdunkeln meine Gedanken und überschwemmen sie mit ätzender Säure.

Das Sofa im Wohnzimmer ist eine echte Versuchung und mein Bett am Ende des Flurs noch mehr, aber ich gönne mir keine Pause. Ich ziehe nur ein Shirt über, das nicht völlig verschwitzt ist, dann verlasse ich die Wohnung wieder. Als ich

Anthems Raum im Rückschauzentrum betrete, ist er mit Haven allein. Die Computer arbeiten summend vor sich hin, überlagert von den gedämpften Stimmen der beiden, die schlagartig verstummen, als sie mich sehen.

Ich brauche nicht einmal den Mund aufzumachen. Haven läuft auf mich zu, nimmt mich in die Arme und führt mich zu ihrem Stuhl, nur weil sie meinen Gesichtsausdruck gesehen hat.

»Was ist passiert, Al?«, fragt Anthem.

»Riegel …« Meine Stimme versagt. »Er ist …« Ich kann das schaffen. »Er ist tot. Ich habe ihn gefunden. Nachdem er gestreamt hat.«

»Was?!«

Ich sehe die Mienen der beiden, als die Nachricht zu ihnen durchdringt.

»Eine Überdosis?«

»Ich glaube nicht. Das hätte man doch früher bemerkt, oder? Wenn er das Streamen so übertrieben hätte?«

Der Raum um mich herum beginnt unwirklich zu schimmern. Wir können nicht gegen einen unsichtbaren Feind kämpfen. Während wir uns auf den falschen Gegner konzentriert haben, lauert der richtige weiter am Rand unseres Gesichtsfelds. »Also war es nicht der Bürgermeister«, sage ich und bringe die Worte kaum über die Lippen. Ich wollte, dass Riegel schuldig ist. Wenigstens eine Sache in diesem Schlamassel sollte klar und einfach sein.

»Oder Riegel war daran beteiligt, bis der Drahtzieher ihn nicht mehr brauchte«, schlägt Haven vor.

»Also hat man ihm einen Stream mit Todes-Code verpasst … um ihn loszuwerden?«, frage ich.

»Das würde Sinn machen«, sagt Haven. »Diese Waffe hat der Kon schließlich schon früher eingesetzt.«

»Wir auch«, erinnert Anthem sie. »Ich dachte, wir hätten die tödlichen Streams gelöscht. Alle, nicht nur die paar, die wir selbst eingespielt haben.«

Aber man kann Informationen nie vollständig aus dem System entfernen. Datenspuren bleiben immer zurück, digitale Fragmente, die nur darauf warten, wieder zusammengefügt zu werden. Dazu braucht jemand nur genug Ehrgeiz und Gier. Ich bin sicher, dass Riegel nicht an einer normalen Überdosis gestorben ist. Das würde einfach keinen Sinn ergeben. Er hatte einen verdammten Fernsehauftritt nach dem anderen, sprühte vor Gesundheit und seinem speziellen öligen Charme, mit dem ich möglichst wenig in Berührung kommen wollte, damit nichts kleben blieb.

»Das ist noch nicht alles.« Ich spreche, ohne den Kopf zu senken, kann aber keinem der beiden ins Gesicht schauen, während ich meinen Flashback beschreibe. »So war die Wirkung noch nie«, ende ich und fummele an einem Fingernagel herum. »Gleich mehrere Stunden zu verlieren …«

»Alpha«, sagt mein Bruder. Ich warte auf eine Fortsetzung, aber mehr fällt ihm nicht ein.

»Wo sind eigentlich Omega und Jonas?«, erkundige ich mich und wische mir über die Augen. Wir haben Wichtigeres zu besprechen als Ells Bösartigkeit und die Folgen für mich. Auch wenn niemand damit gerechnet hatte, wie gefährlich die Langzeitfolgen für mich sein würden. »Ich weiß nicht, ob ich gesehen wurde, als ich die Zentrale verlassen habe, aber zumindest gibt es eine Zeugin dafür, dass ich hineingegangen bin. Bald wird jemand die Leiche entdecken, spätestens in der Morgenschicht. Und die Bürger erinnern sich bestens daran, wer zuletzt unsere Führungsspitze beseitigt hat.«

Haven hat mir die Hand auf die Schulter gelegt. Anthem schwebt als Lichtprojektion vor mir und strahlt Besorgnis aus. Sobald man Riegel findet, wird der Verdacht nicht nur auf mich fallen, sondern auch auf die beiden. Außerdem gibt es noch das kleine Problem, was die Polizei finden wird, wenn sie sich Anthems Chip genauer ansehen wollen. In den Ermittlungen wird garantiert die Frage auftauchen, was mein Bruder während seiner Lebenszeit wusste und ob er irgendwie in den Mord verwickelt war … und der MemoryChip, der unter seinem Namen in einem Spind des Rückschauzentrum Quadrant 2 liegt, ist nur eine leere Attrappe. Also wird die Polizei weiter nachbohren.

»Omega ist schon auf dem Weg. Er hat mich angetickert, kurz bevor du aufgetaucht bist.« Haven gibt ein nervöses, gezwungenes Lachen von sich. »Um zu fragen, ob er mir ein Abendessen mitbringen soll. Jonas ist vermutlich bei ihm.«

Aber als mein Zwilling im ZFR ankommt, ist er allein. Er hält eine Einkaufstasche in der Hand, die er Haven reicht, und schaut mich an. »Was ist passiert?«

Ich überlasse es Haven, die ganze Geschichte noch einmal zu erzählen. Ihre Stimmen dringen kaum zu mir durch. Ich brauche Jonas. Ich muss ihn finden.

»Nein, Haven«, sagt Anthem mit fester Stimme. Der ungewöhnlich scharfe Tonfall holt mich in die Gegenwart zurück.

»Er hat recht«, sagt Omega. »Die Leiche zu verstecken wäre zu gefährlich. Sollen sie ihn doch finden. Danach kümmern wir uns um die Folgen, wie auch immer sie aussehen. Komm, Alpha. Ich bringe dich nach Hause.«

Er zieht mich am Ellbogen hoch, führt mich aus dem Gebäude und zu einem Shuttle, das am Straßenrand parkt. Die
Straßenbeleuchtung fällt kalt und grell auf seine Schminke. Er
fährt sehr schnell. »Du solltest jetzt nicht im Web herumlaufen.
Zuerst müssen wir uns um dein Problem kümmern und das
hier in Ordnung bringen«, sagt er und hält vor unserem Wohn-
gebäude. Darüber muss ich fast lachen. Als wenn man etwas in
Ordnung bringen könnte, das ein für alle Mal kaputt ist. »Ich
suche Jonas. Geh nach oben und warte auf mich.«

Einfach nur herumzusitzen ist unmöglich, auch wenn mir
das Sofa vor ein paar Stunden so verführerisch vorkam. Immerhin fällt mir eine Kleinigkeit ein, die ich erledigen kann,
auch wenn sie lächerlich unwichtig erscheint. Ich krame in dem
Schränkchen unter dem Waschbecken von Havens und Anthems Hygienekabine herum und finde, was ich brauche. Nebenbei stelle ich im Spiegel fest, dass die Würgemale an meinem Hals zu einem grüngelben Schimmer verblasst sind. Eine
halbe Stunde lang tigere ich im Wohnzimmer auf und ab, bis
der Wecker klingelt, dann stelle ich mich unter die Dusche.
Heißes Wasser prickelt in scharfen Strahlen über meinen Rücken und wirbelt um meine Füße. Es hat die himmelblaue
Neonfarbe, die Anthems Markenzeichen ist.

Das Web explodiert.

Zumindest fühlt es sich so an. Die allgemeine Panik lässt
sich fast mit Händen greifen. Selbst vom Panoramafenster des
Wohnzimmers, hinter dem ich stehe und auf das Web hinun-
terschaue, spürt man den Hitzedruck ansteigen wie in einem

Dampfkessel und als erdrückende Wolke über den Häusern hängen, bis kein Sonnenstrahl mehr durchkommt. Regentropfen prasseln gegen die Scheibe und verwandeln das Blaulicht der Shuttles in Prismenfarben.

Im Fernsehen wiederholt eine künstlich schöne Nachrichtensprecherin endlos dieselben Schlagzeilen. Der Bürgermeister wurde tot aufgefunden. Er starb vermutlich an einer Stream-Überdosis. Also ist das immer noch die offizielle Version der Geschichte.

Jonas drückt mir einen warmen Becher in die Hand. »Danke. Tut mir leid«, sage ich zum wiederholten Mal und berühre mit der Fingerkuppe eines seiner Augenlider, das rot und verquollen aussieht. Omega hat ihn endlich doch gefunden. Mein Freund war damit beschäftigt, das Web nach mir abzusuchen.

»Schsch, du hattest einen guten Grund.«

Ich zucke bei der Erinnerung ein bisschen zusammen. Stimmt. Über eine Leiche zu stolpern ist wohl die beste Entschuldigung, die man fürs Zuspätkommen haben kann. Jonas guckt zerknirscht, aber ich sage: »Ich weiß schon, was du meinst.« Während ich an dem Tee nippe, lehne ich mich an die Fensterscheibe. Meine Sicht verschwimmt, und ich sehe nur noch den Schimmer von Blau um mein Gesicht, der sich im Glas spiegelt. »So richtig habe ich mich noch nicht an die Farbe gewöhnt.«

»Geht mir genauso.«

»Ich musste einfach etwas tun.« Ganz egal, was, solange ich dadurch weniger der Person ähnelte, die in Riegels Büro stand. Dabei dachte ich gar nicht so sehr an eventuelle Zeugen, sondern brauchte einfach das Gefühl, das Ganze sei jemand anderem passiert. Ich wollte, dass dieser Albtraum nichts mit mir zu tun hatte.

»Verstehe ich. Die Farbe gefällt mir. Herrgott, Al, was ist hier eigentlich los? Was sollen wir jetzt machen?«

Tja, das ist die große Preisfrage. Im Moment schicken wir nur massenhaft Tickernachrichten hin und her, weil sich Omega, Haven und Anthem im Rückschauzentrum vergraben haben … wohin ich nicht darf, denn meine Familie meint, ich sollte zu meinem eigenen Besten in der Wohnung bleiben. *Zu meinem eigenen Besten.* Ich trinke einen weiteren Schluck, um den bitteren Geschmack aus dem Mund zu spülen. Immerhin bin ich diejenige, die seit einem Jahr nach einem Mittel gegen Stream-Schäden forscht. Okay, dabei ging es ursprünglich nur um Omega und mich, aber jetzt hat sich die Lage geändert. Ich kann helfen. Über dieses Thema weiß ich mehr als jeder sonst, und wir können den Kon bloß loswerden, indem wir das Web vollständig von den Drogen befreien. Vielleicht gelingt es mir nicht, alle zu heilen, sondern ausschließlich meinen Zwilling und mich, aber immerhin ist das meine einzige Chance. Ich muss der Sucht entkommen, die mich ständig zwingen will, nachzugeben und zu streamen, streamen, streamen, bis nichts mehr von Bedeutung ist und ich aufhöre zu fühlen.

»Wir müssen den Leuten sagen, dass der Kon versucht, zurück an die Macht zu kommen«, entscheide ich. »Sie müssen vor den Streams gewarnt werden, die aus dem Radio kommen. Und vor den tödlichen Codes aus den Konsolen.«

»Glaubst du, es ist wirklich so einfach?«

»Einfach?« Ich schüttle den Kopf. »Nein.«

Aber uns läuft die Zeit davon. Wir können das Web nicht beschützen wie erhofft, indem wir aus dem Hintergrund alles in eine ungefährliche Richtung steuern. Ein Teil von mir – ein größerer Teil, als ich zugeben möchte – würde am liebsten die Koffer packen, unseren ganzen Kram ins Shuttle werfen und auf Nimmerwiedersehen abhauen. Natürlich ist auch Los Angeles nicht mehr sicher, und wie es in Seattle aussieht, wissen wir nicht. Luchs und Spektrum versuchen gerade, das herauszufinden.

Okay, ich war schon einmal mitten im Auge des Sturms. Allerdings war ich damals zu jung, um wirklich zu verstehen, was passierte. Jetzt würde ich alles dafür geben, sogar meine Gitarre, um wieder so ahnungslos und unschuldig zu sein wie damals.

Ich erwarte die ganze Zeit, dass Jonas unser abgerissenes Gespräch aus dem Park wieder aufnimmt und nach weiteren Einzelheiten fragt. Inzwischen bin ich bereit, ihm alles zu sagen, was er wissen will.

Aber er nimmt mir nur stumm den leeren Becher aus der Hand und verschwindet in die Küche.

■

Stunden vergehen. Meine Beine werden müde vom Herumstehen, und ich hocke mich auf den Teppich. Die Glasscheibe drückt kalt und glatt gegen meine Schulter. Im Fernseher wechselt die Sprecherin und dann auch der Inhalt der Schlagzeilen. Ich schließe die Augen und höre die unterdrückte Panik in ihrer Stimme, während sie versucht, ruhig und sachlich über die Gerüchte zu berichten, dass der Konzern zurück sei. Nur Gerüchte, betont sie, und nennt als Quelle eine kleine Splittergruppe, deren Glaubwürdigkeit erst noch geprüft werden muss.

Wir sind also eine Splittergruppe. Das ist irgendwie witzig. Nicht gerade etwas, worüber ich mich jetzt schlapplachen würde, aber immerhin.

Die Medien würden uns glauben, wenn die Information von Anthem käme, aber noch sind wir nicht bereit, seine Existenz zu enthüllen. Je länger wir ihn vor dem unbekannten Drahtzieher des Kon verborgen halten können, desto besser. Deshalb hat Luchs die Aufgabe übernommen, unsere Beweise ein paar sorgfältig ausgewählten Kontaktleuten zuzuspielen.

Die Tür geht auf. Meine Finger graben sich in meine Oberschenkel, aber es ist nur Omega, der mit klitschnasser schwarzer Kleidung und tropfenden Haaren vor mir steht. Der Regen hat das meiste von seiner Schminke weggewaschen, und ich merke erst jetzt, wie erschöpft er darunter aussieht. Die vergangenen Wochen haben ihn auch ziemlich mitgenommen.

Um genau zu sein – er sieht aus, als wäre er total am Ende. Aber ich verkneife mir jede Bemerkung, um mir nicht dasselbe über mich anhören zu müssen.

»Tja, der Stream-Konsum ist steil nach oben geschossen«, berichtet er. Ich stehe auf, marschiere den Flur entlang und komme mit einem Handtuch für ihn zurück.

»Das war ja zu erwarten«, sage ich.

»Wieso das denn?«, will Jonas wissen. »Haben sie keine Angst davor, was mit ihnen passieren könnte?«

Ich stelle mich wieder ans Fenster. »Wenn du im Web des Kon gelebt hättest und wüsstest, was auf uns zukommt, dann würdest du dich auch zudröhnen, bevor es losgeht. Warum erst abwarten, bis der Konzern dich dazu zwingt? Warum Angst haben, wenn du stattdessen etwas anderes fühlen kannst?«

»Nur für dich gibt es diesen Ausweg nicht.«

»Ich würde ihn auch gar nicht wollen.« Vielleicht ist das sogar die Wahrheit. Ich klammere mich immer noch an die Hoffnung, dass ich geheilt werden kann. Vielleicht stoßen wir inmitten der ganzen chaotischen Verwicklungen auch auf die Informationen, die ich brauche. Vielleicht wurde mein Gehirn von dem Radiostream nicht unwiderruflich geschädigt, und ich kann den weißen Raum immer noch mit gesunden bunten Farben übermalen. Vielleicht gelingt es uns, nebenbei auch das übrige Web vor den Drogen zu retten und den Bürgern die Freiheit zu geben, die Anthems Revolution versprochen hat.

Winzige Gestalten hasten die Straße entlang, auf dem Weg zum nächsten Konsolencenter. Wahrscheinlich stimmt es sogar, dass sie dem Kon zuvorkommen wollen, aber das ist nur die halbe Wahrheit. Viele von ihnen reden sich wahrscheinlich immer noch ein, dass es sich nur um ein Gerücht handelt.

Aber nun haben sie eine gute Entschuldigung, um wieder mit dem Streamen anzufangen. Genug Zeit ist verstrichen, um die hässlichen Nebenwirkungen zu vergessen, und die Jahre haben die Erinnerungen abgeschliffen, bis sie wie Juwelen funkeln. Niemand denkt mehr daran, dass Krankheit und Tod irgendwann die Folgen sind. Die Leute wissen bloß noch, wie befreiend es war, wie viel *Spaß* sie dabei hatten.

Der Gedanke, sich einfach nur zuzudröhnen, hat durchaus seinen Reiz, besonders als die Schlagzeilen zu einer neuen Runde starten und wieder von vorne beginnen. Ich gehe in mein Zimmer, ziehe die Tür zu und schließe die Vorhänge, damit es dunkel wird. Letzte Nacht habe ich total unruhig geschlafen und bin alle fünf Minuten aufgeschreckt.

Im Bett zu liegen fühlt sich falsch an, als dürfte ich mir keine Ruhe erlauben, und mein Unterbewusstsein kämpft gegen das Wegdämmern an. Träume im Halbschlaf vermischen sich mit Stimmen aus dem Wohnzimmer, die lauter werden und näher kommen. Helles Licht fällt herein und brennt auf meinen Augenlidern. Das maskenhafte Gesicht Omegas drückt Unentschiedenheit und Zweifel aus.

Ich setze mich auf und mustere die Uniformierten hinter ihm. Früher hatten die Wachen eine andere Dienstkleidung, aber noch immer scheinen unausgesprochene Drohungen aus jedem Saum zu quellen. Die verlegenen Mienen der Männer bilden dazu einen merkwürdigen Kontrast.

»Ist schon okay«, sage ich zu Omega. »Ich gehe freiwillig mit. Erzähl es ... den anderen.«

»Bist du sicher?«

»Ja, bin ich.«

»Tut uns leid, aber man hat sie gesehen, nachdem ...«, setzt einer der Männer an.

In unserer Welt beruht alles darauf, wonach es aussieht. Ich bin zwar Anthems kleine Schwester, aber die Extrabehandlung hat ihre Grenzen. In meinen ungeschnürten Stiefeln stolpere ich den Flur entlang und bin froh, dass man mir keine Handschellen angelegt hat. Jonas hat die Hände in die Sofalehne gekrallt, sodass die Knöchel weiß hervortreten, und mustert die Männer mit zusammengekniffenen Augen. Ich schüttle den Kopf und werfe ihm ein Lächeln zu, das hoffentlich gelassen und beruhigend aussieht.

Die Shuttlesitze sind bequem, die Hände der Wachen an meinen Armen rücksichtsvoll, der Eingang zur Regierungszentrale unterirdisch und damit den Blicken der Öffentlichkeit verborgen. Mich durchströmt brennende Panik, doch man führt mich nicht in eine Zelle. Der Raum sieht ganz normal aus, fensterlos und einfarbig, aber immerhin nicht weiß. Bevor einer der Wachleute mich einschließt, hat er zumindest den Anstand, mir durch den Türspalt einen mitleidigen Blick zuzuwerfen. Dann bin ich allein.

Ganz allein. Der schützende Panzer, den ich in meinem Schlafzimmer um mich errichten wollte, hat von Anfang an so schlecht gehalten wie meine offenen Stiefel. Nun zerbröckelt er völlig. Dass ich unschuldig bin, nützt hier gar nichts, falls der Kon zurück ist. Außerdem habe ich mir tatsächlich gewünscht, dass dieser Schleimer tot umfällt. Ich habe es oft genug laut ausgesprochen und dabei vergessen, dass im Web alle Wände Ohren haben.

Aber ich bin nun einmal hier und kann nichts dagegen tun. Also setze ich mich auf das harte graue Sofa und atme ein und aus, bis mein Herzschlag mir nicht länger in den Gehörgängen dröhnt.

Die Minuten zu zählen ist einschläfernd und lässt mich gähnen. Mein Kiefer knackt laut in der verzehrenden Stille. Irgendwann gebe ich das Zählen auf. Bestimmt ist es draußen schon längst Nacht, als die Tür wieder aufgeht. Zwei fremde Wachen versperren mir den Weg in die Freiheit.

»Ich habe nichts getan!«, sage ich. »Ja, okay, ich war in seinem Büro, aber ich habe ihn nicht getötet.«

»Das wissen wir doch«, sagt der dritte Mann und tritt in meinen Zellenraum. Er trägt keine Uniform, aber sein schwarzer Anzug erfüllt denselben Zweck. »Keine Sorge, deswegen bekommst du keine Probleme.«

Stattdessen sehe ich erschreckend viele andere Probleme auf mich zukommen. Das Zimmer ist plötzlich zu eng. Es gibt keinen Ausweg, um vor ihm zurückzuweichen … einem Mann, den ich nie persönlich getroffen habe, der jedoch den Beschreibungen zu sehr ähnelt, um es als Zufall abzutun. Er sieht genauso aus, wie ich ihn mir vorgestellt habe – wie Haven ihn mir geschildert hat, wenn Anthem nicht in Hörweite war. Ich bin derartig geschockt, dass ich keinen Ton herausbringe. Mir dämmert, dass ich ihn doch schon einmal gesehen habe. Nur ein einziges Mal – wie einen Schatten im Lichterglanz der Publikumsmenge, die den Club von Mage und Phönix füllte. Er war an dem Konzertabend dabei, als ich die Nachricht über Anthems Zustand bekam. Ich hatte bloß einen flüchtigen Blick auf ihn erhascht und nicht verstanden, was ich sah.

Alles in mir schreit *Nein!* ... bis auf den Rest, der ebenso laut *Doch!* schreit. Manchmal ist es erschreckender, wenn Dinge plötzlich einen Sinn ergeben, als wenn man weiter im Dunkeln tappt. In diesem Fall lässt mir die Lösung des Rätsels das Blut in den Adern gefrieren.

»Ich weiß sehr gut, dass du ihn nicht getötet hast«, wiederholt er und rückt eine zitrusgelbe Krawatte zurecht, während ich fassungslos in die Augen einer monströsen Legende starre. »Das habe ich nämlich erledigt. Wie schön, dich endlich persönlich zu treffen, Alpha. Ich hoffe, du mochtest die Kirschblüten?«

Wraith. So lautet sein richtiger Name, und passender kann man ihn kaum beschreiben. Er ist ein Geist. Ein Geist aus der Vergangenheit. Mein Bruder hat ihn früher immer anders genannt, damals, als der Kon-Agent noch mit Scope zusammen war, und auch später ... als alle dachten, er sei erledigt.

»Tot. Du bist tot«, sage ich. Idiotisch. Besonders, weil er es für eine Drohung halten könnte, und vielleicht hätte er damit sogar recht. Ein scharfes Lachen füllt den Raum, und mit einer nachlässigen Handbewegung schickt er die Wachen fort.

»Meinst du wirklich, das ist im Moment euer Hauptproblem?«

Ich weiche noch weiter in die Zimmerecke zurück und muss ihm irgendwie recht geben. »Aber ich verstehe nicht ... wie kann das sein?«

»Habt ihr tatsächlich geglaubt, wir seien nicht auf jede Möglichkeit vorbereitet gewesen? Uns hat es einfach gut in den Kram gepasst, deinen Bruder die ganze Zeit denken zu lassen, er habe uns besiegt. Als eure sogenannten Freunde allen erzählt haben, ich sei zusammen mit Scope gestorben, haben sie mir damit den Job nur umso leichter gemacht. Ganz im Ernst, dafür sollte ich mich persönlich bei ihnen bedanken.«

»Lass die Finger von ihnen.« Und von mir. Von uns allen.

Er ignoriert meinen Ausbruch. »Jedenfalls ist das *Wie* im Moment nicht gerade wichtig, oder? Viel interessanter ist die Frage, was als Nächstes passiert.«

»Nämlich?« Meine Chancen, heil aus der Situation herauszukommen, sind inzwischen so minimal, dass ich nicht einmal mehr Angst habe. Ich will einfach nur Bescheid wissen.

»Tja«, antwortet er mit einem selbstgefälligen Grinsen, »was passt uns wohl diesmal am meisten? Ich würde sagen, wir lassen deinen Bruder einfach auf seiner cleveren Hologrammsäule, damit er zuschauen muss, wie alle seine Pläne um ihn herum wie ein Kartenhaus zusammenfallen.«

Mir wird ganz schlecht. Also haben wir mit unseren Befürchtungen richtiggelegen. Der Kon hat wirklich bloß auf Anthems Tod gewartet … und stattdessen etwas noch Besseres serviert bekommen. Haven ist der lebende Beweis, dass es ihnen mehr Spaß macht, Leute zu brechen, als sie umzubringen. Dann können sie neben den Überresten stehen und in Siegesgelächter ausbrechen. Wäre Anthem wirklich gestorben, hätte er dem Konzern nicht mehr in die Quere kommen können, aber dafür ist er nun im ZFR gefangen und tatsächlich so hilflos, wie er sich fühlt.

»Mein Bruder ist nicht der Einzige, der euch aufhalten kann«, sage ich.

Er grinst wieder. »Wow, ich kann es kaum erwarten. Du bekommst deine Chance, keine Sorge, ich lasse dich nicht hier verschimmeln. Lauf zurück zu deiner lieben Familie und erzähl ihnen die ganze Geschichte. Vielleicht sollte ich mitkommen und zuschauen, das wäre bestimmt amüsant. Ich weiß alles über dich, Alpha, weil ich euch nie aus dem Auge gelassen habe. Sieh dich doch um! Anthems Vermächtnis ist zerstört, das Web gehört wieder dem Konzern, und bald werden die anderen Städte folgen, besonders dein geliebtes Los Angeles. Du kannst noch eine Weile gegen mich – gegen uns – ankämpfen, aber weißt du, was? Ich glaube, das willst du gar nicht. Hast du nie mit dem Gedanken gespielt, wie gut sich der Drogenrausch anfühlen würde? Was für eine Erleichterung es wäre, dem Konzern alle Entscheidungen zu überlassen?«

»Nein.«

Mit dem Rücken an der Wand fühle ich das Summen des Hauptrechners bis in meine Knochen. Es pulsiert in meinem Blut und überzieht meinen Körper mit Gänsehaut. Wraith streicht sich eine neongelbe Haarsträhne aus den Augen und umrundet das Sofa, sodass nun nichts mehr zwischen uns liegt als ein paar verschwindende Meter und eine wachsende Ansammlung Lügen.

»Nie?« Er kommt immer näher. »Ich glaube, du verzehrst dich danach, und zwar genauso sehr, wie es dir Angst macht. Weil du besser als jeder andere weißt, wie groß und mächtig der Konzern war und bald wieder sein wird.«

»Sorry, da liegst du falsch.«

Er zuckt ungerührt mit den Schultern. »Klar. Wenn du das sagst.«

Ich habe viel zu viele Fragen und bezweifle, dass er mir auch nur eine einzige davon ehrlich beantworten wird. Trotzdem muss ich es versuchen. »Okay, was nun? Du bist hier einfach hereinmarschiert« – meine Geste umfasst das Gebäude um uns herum – »und hast verkündet, dass du jetzt die Regierung übernimmst?« Davon war in dem mechanischen Gebrabbel der

Nachrichtensprecher jedenfalls nie die Rede gewesen. »Vielleicht bist du ja gar nicht der Mann an der Macht, sondern nur eine Marionette für jemand anderen?«

Inzwischen ist er mir so nah, dass ich seinen Atem und seine Körperhitze spüre. »Das wirst du wohl nie ganz genau wissen, also musst du mir einfach glauben, fürchte ich. Der Konzern bin jetzt *ich*, und unter meiner Führung wird er wieder in seinem früheren Glanz erstrahlen. Eine letzte Frage, Alpha. Möchtest du, dass ich dir dein Heilmittel gebe?«

Mein Blick verschwimmt. Ich sehe nichts als seine Augen. Mit hämmerndem Herzen ducke ich mich an ihm vorbei und renne einfach los. Ich bin sicher, dass er oder einer seiner zahmen Wachleute versuchen wird, mich aufzuhalten.

Niemand folgt mir. Kurz darauf stehe ich auch schon draußen vor der Regierungszentrale, wo jeder Luftzug wie ein Messer durch meine Lungen sticht. Die Szene kommt mir vor, als hätte jemand auf die Repeat-Taste gedrückt, als sei mein Leben der wiederkehrende Refrain eines Songs.

Ein Flashback kratzt am Rand meines Bewusstseins, doch dieses Mal kann ich ihn wegschieben. Nach Hause oder zum ZFR? Nach Hause. Dort warten Omega und Jonas auf mich, und sie können helfen. Anders als Anthem haben sie echte Körper, um aktiv zu werden, zu rennen, zu kämpfen.

An jeder Ecke schaue ich über die Schulter und hoffe fast auf Sirenen, Blaulichter oder gezückte Waffen. Sie wären wenigstens ein kleiner Widerspruch zu Wraiths arroganter, furchtbarer Überzeugung, dass der Kon dieses Mal nicht aufzuhalten ist. Ich sehe vereinzelte Shuttles, natürlich, aber keines davon schneidet mir den Weg ab oder verlangsamt auch nur das Tempo.

Ich bin unsichtbar. Total unwichtig. Keinen Blick der aufgeputschten Partygänger wert, und inzwischen sind im Web alle auf Drogen.

Verdammte Scheiße.

Ich hämmere ein Dutzend Mal auf den Aufzugknopf, bevor sich die Tür endlich öffnet. Die Fahrt bis zu unserer Luxuswohnung auf Wolkenhöhe dauert viel zu lange. Jonas und Omega wissen bestimmt, was zu tun ist, und dann können wir den anderen erzählen, wer in Wahrheit der Drahtzieher ist. Mage und Phönix haben uns alle angelogen. Ich glaube, ich kenne den Grund. Aber Anthem wird vermutlich weniger verständnisvoll sein.

»Hallo?«

Meine Stimme echot durch die Wohnung, und die Stille wirkt noch erdrückender als eben in der Kon-Zentrale (wie schnell die alten Begriffe wiederkommen), weil das elektrische Summen fehlt, das sonst pausenlos alle anderen Geräusche begleitet. Nichts. Völlige Stille. Wo stecken die beiden, verdammt noch mal? Vielleicht sind sie im ZFR.

Wahrscheinlich haben sie nicht geglaubt, dass ich überhaupt zurückkomme.

»Hallo, Leute?«, rufe ich lauter. Ich steuere auf mein Zimmer zu und grabe mein Tablet unter einem Haufen Kleidung hervor, wo ich es heute früh gelassen habe. Keine neuen Nachrichten. Ich schreibe Phönix schnell ein paar Zeilen. Eine kurze Warnung ist besser als gar keine. In Gedanken sehe ich, wie ihr Tablet auf dem Bartresen des Clubs aufleuchtet und ihre Schultern sich kurz versteifen, weil das Tickersignal sie jedes Mal ein bisschen überrascht. Dann fällt mir ein, dass der Club seit Tagen geschlossen ist. Mage und Phönix sitzen in unserem

Haus am Strand fest und können nichts tun, als verängstigt und wütend zu warten.

Was auf uns zukommt, wird ein grauenvolles Chaos. Ein besseres Wort fällt mir nicht ein. Nur Chaos. Meine Gedanken zerfasern, werden gleichzeitig in zu viele Richtungen gezerrt und von Fragen zerfressen. Wie? Wer noch? Das *Warum* ist verdammt offensichtlich.

Ich setze mich aufs Bett und erlaube mir einen Moment zum Atemholen. Wahrscheinlich sollte ich mich zwingen, aufzustehen und zum ZFR zu gehen, aber nichts will ich jetzt weniger. Damit würde ich unser Scheitern endgültig eingestehen. Anthem hat den Kon nicht besiegt, hat uns nicht retten können, hat nicht einmal sichergestellt, dass Scopes Mörder wirklich tot ist.

Und ich weiß nicht, wie ich ihm das alles sagen soll. Die Worte in meinem Kopf sind nur verschwommene, chaotische Ansätze, gefärbt von Angst und Verwirrung.

Okay. Ich atme tief durch, stehe auf und gehe zurück in den Flur. Die Tür zu Omegas Zimmer steht offen, bloß einen Spalt, und ich weiß selbst nicht genau, warum ich sie ganz aufschiebe. Er hätte mich schließlich hören müssen, als ich gerufen habe.

Außer …

Nein.

Aber fast.

Die Gestalt auf dem Fußboden, mit Kopfhörern auf den Ohren, ist nicht mein Zwilling. Ich wünsche mir beinah, er wäre es doch – anstelle des einzigen Menschen, bei dem mich das hier noch härter trifft. Der kleine Bildschirm der Konsole schimmert grünlich und bildet einen einsamen Lichtfleck im Raum, während der Titel eines Streams darüberscrollt. Das bisschen Helligkeit reicht aus, um mir alles zu zeigen, was ich auf keinen Fall sehen wollte.

Flashback. Refrain meines Lebens.

Dieses Déjà-vu gehört mir allein. Ich bekomme keine Luft, aber dafür atmet er wenigstens noch. Scheiße, bin ich erleichtert. *Bleib bei mir. Bitte, Jonas, bleib bei mir.* Ich rufe per Ticker ein MedShuttle und werfe die Kopfhörer so hart gegen die Wand, dass der Kunststoff zerspringt. Kommt schon. *Kommt schon.*

Die Minuten kriechen dahin, und jede fühlt sich wie ein Tag oder eine ganze Woche an. Sobald ich das Türschloss aufklicken höre, schreie ich, damit sie meiner Stimme folgen können. Die Rollbahre gräbt Spuren in den Teppich. Das grelle Warnlicht des Shuttles lässt die Adern unter seiner Haut tintenblau hervortreten. Ich nenne dem Fahrer das MedCenter, wo Isis arbeitet, und sage danach kein einziges Wort mehr.

Ich liebe dich. Verlass mich nicht. Lass mich jetzt nicht allein.

■

Isis versichert mir, dass Jonas wieder in Ordnung kommt. Ich versuche, ihr zu glauben – trotz seiner wächsernen Gesichtsfarbe und dem gequälten Wimmern, das seit Stunden als einziger Laut aus seinem Mund kommt. Schließlich hat Isis so etwas schon hundertmal gesehen.

Der Kissenbezug ist kühl, mein Gesicht nur ein paar Zentimeter von seinem entfernt. Ganz in sein Bett zu kriechen wäre eine schlechte Idee, also muss ich mich darauf beschränken, mich auf meinem unbequemen Stuhl in gekrümmter Haltung nach vorne zu lehnen.

Ich stelle mein Tablet aus. Im Moment kann das Web ruhig explodieren, ist mir egal. Ich will nur mit Jonas in Ruhe gelassen werden. Isis wird den anderen alles erzählen und mir Bescheid geben, falls etwas Schlimmes passiert ... etwas *noch* Schlimmeres als in den letzten Tagen, aber was soll da schon übrig sein? Der Gedanke ist fast beruhigend. Vielleicht sind nun endlich alle Bomben geplatzt, eine nach der anderen.

Anthem ist gestorben, aber nicht tot. Der Kon ist zurück. Der Bürgermeister ist definitiv tot, und ich bin nur haarscharf davongekommen. Wraith ... tödliche Streams ... Junkies ... schwarze Gewitterwolken ...

Jonas.

Ich bin immer noch froh, dass er mich begleitet hat, auch wenn ich gar nicht wissen will, was das über mich aussagt. Wie egoistisch kann man eigentlich sein? Seine Finger zucken auf dem kalkweißen Laken. Das ist ganz allein meine Schuld.

Ich habe ihm zwar endlich offen und ehrlich von allem erzählt, aber ich konnte ihn trotzdem nicht retten. Vielleicht hätten meine Warnungen besser gewirkt, wenn ich sie früher ausgesprochen hätte. Dann hätte er eine Chance gehabt, es wirklich zu begreifen. Zumindest wäre er nicht so sauer auf mich gewesen. Klar hat er versucht, seinen Ärger zu verbergen, und ich habe bewusst die Augen davor verschlossen, aber immerhin ist er mir quer über den Kontinent gefolgt, nur um dann sitzen gelassen zu werden. Ich habe ihn ignoriert, bin ständig nur herumgerannt, um mich um meine Familie zu kümmern, meine Freunde und diese ganze verdammte Stadt, die ich Zuhause nenne.

Denn das Web ist tatsächlich mein Zuhause, sosehr ich L. A. auch vermisse und mir wünsche, dort zu sein. Ich kann nur hoffen, dass es in der Zukunft noch ein Los Angeles geben wird, zu dem ich zurückkehren kann.

Um unsere beiden Städte zu retten, *müssen* wir den Konzern einfach besiegen.

Falsch: Das ist jetzt nicht mehr mein Job oder der von Jonas. Dafür sollen gefälligst andere sorgen. Ich hatte von vornherein nicht viel beizutragen, und nun liegt Jonas leichenblass neben mir, mit vor Schmerz zusammengezogenen Augenbrauen und verzerrtem Gesicht. Wenn das der Preis ist, den ich zahlen soll, dann ist er zu hoch. Soll man mich ruhig einen Feigling nennen, ist mir egal.

»Er schläft noch ein paar Stunden, oder?«, frage ich Isis, als sie zurückkommt, um nach ihm zu sehen … und vielleicht auch nach mir. Ihre angespannten Lippen verziehen sich mitleidig.

»Mindestens noch einen Tag, würde ich sagen«, antwortet sie und prüft seinen Puls. »Er hat keine Toleranz aufgebaut, Al. Außerdem scheinen Streams anders zu wirken, wenn man keinen MemoryChip implantiert hat. Ich bin noch dabei, das näher zu testen. Du hast also Zeit, was immer du tun willst.«

Die Chips. Moment mal.

»Wer hat dafür bezahlt?«

Sie lässt vor Überraschung seinen Arm los, sodass er aufs Laken plumpst. »Du meinst die Konsole? Die Streams?«

»Genau. Er hat keinen PersoChip, also auch keine Kreditpunkte.«

»Gute Frage.«

Die Antwort darauf würde mich wirklich brennend interessieren. So etwas ist schließlich nicht billig, und Jonas hatte nichts aus L.A. mitgenommen, das er verkaufen oder als Schwarzmarktware einsetzen konnte. Also hat ihm jemand

Zugang zum NETZ verschafft. Ein weiteres Rätsel, dem ich auf den Grund gehen werde. Zwar kann ich die Zeit nicht zurückdrehen und Jonas vor der Überdosis bewahren, aber ich kann dafür sorgen, dass so etwas in Zukunft nie wieder passiert.

»Ich bin bald zurück«, lasse ich Isis wissen.

Nächtliche Dunkelheit umhüllt mich. Okay, das Web wird nie ganz dunkel, aber nach dem grellen Licht des MedCenter fühle ich mich wie blind. Blinzelnd warte ich, bis erste Formen auftauchen, schärfer werden und sich in erkennbare Objekte verwandeln. Shuttle, Straßenlampen, Menschen in Schwarz und Neon. Ich halte mich im Schatten, als ich mit schnellen Schritten in die Untiefen von Quadrant 2 eindringe. Die Wasserbar ist brechend voll, und Musik – uncodierte, sichere Musik – dringt durch die Türritzen. Sie ist so laut, dass ich kaum meine eigenen Gedanken hören kann. Aber Luchs entdeckt mich, kaum dass ich die Tür geöffnet habe, und folgt mir nach draußen in die Gasse.

»Ich hab's schon gehört«, sagt er und umarmt mich fest. »Ist er okay? Und du?«

»Ich brauche ein Shuttle. Ein stabiles, das eine lange Strecke fahren kann und nicht nach den ersten fünf Minuten zusammenbricht.«

Ein Herzschlag. Zwei. »Bist du sicher, dass du weißt, was du tust?«

»Nein, keine Ahnung. Eine Waffe brauche ich auch.«

Eine weitere Pause. »Okay.«

»Und erzähl niemandem, worum ich dich gebeten habe.«

»Al ...«

Ich berühre seinen Arm und spüre kühles Leder unter den Fingern. »Bitte.«

»Alles, was du willst.«

Ich verdiene seine Großzügigkeit nicht, nehme sie aber trotzdem an. Er verspricht, mir beides zu liefern, sobald er kann. Das Shuttle wird er auf dem Parkplatz abstellen, der hinter unserem Hochhaus liegt. Dorthin gehe ich als Nächstes und staple meine und Jonas Kleidung auf dem Bett zu einem Haufen. Sie wird nicht reichen. Aber Haven und ich haben ungefähr die gleiche Größe, und Anthem braucht seine Klamotten schließlich nicht mehr. Als ich aus ihrem Zimmer zurückkomme, habe ich beide Arme voll. Schon besser.

Der nächste Tag kriecht langsam über den Horizont und scheucht das Gestern fort. Ich schlafe – auch diesmal verdammt schlecht – und erwache vor Sonnenaufgang. Wie versprochen hat Luchs ein Shuttle unten abgestellt, dessen Schloss umprogrammiert wurde, sodass es auf meinen PersoChip reagiert. Vermutlich öffnet es die Türen jetzt für jeden, nicht nur für mich. Eine Pistole steckt verborgen, schwarz und bedrohlich unter dem Fahrersitz. Ich packe den hinteren Teil des Shuttles mit Kleidung, Waschkram und Medizinvorräten voll. In einem Depot fülle ich jeden noch übrigen Winkel mit lang haltbaren Lebensmitteln.

Ich stoppe unschlüssig vor dem ZFR. Eigentlich sollte ich hineingehen, mich verabschieden, meine Gründe erklären. Das hier könnte meine allerletzte Chance sein, meinen Bruder und Haven zu sehen. Mir bricht fast das Herz, Tränen verfangen sich in meinen Wimpern und beginnen überzufließen. Wenn ich jetzt hineingehe, werden die beiden sich immer an diesen Anblick erinnern … an mein Gesicht, als ich einfach abgehauen bin.

Vor meinem Umzug nach L. A. habe ich mich hier von allem verabschiedet – von Menschen, von Orten, von Sachen, die ich nicht mitnehmen konnte –, und jetzt sieht man ja, was dabei herausgekommen ist. Vielleicht besteht der Trick beim erfolgreichen Weglaufen darin, dass man so tun muss, als würde man eines Tages zurückkehren.

Das Shuttle setzt sich wieder in Bewegung. Ich schaue nicht in den Rückspiegel und nehme die erste Abbiegung, um außer Sichtweite zu kommen. In einem Bogen fahre ich Richtung MedCenter. Meine Finger zucken nervös am Lenkrad herum. Isis hätte mich angetickert, falls Jonas aufgewacht wäre, aber je näher ich komme, desto tiefer krallt sich die Panik in mich hinein, als würden ihre Klauen genau zwischen meine Rippen passen.

Durch die Flure hallt ein Soundtrack aus gedämpften Pieptönen aus offenen Türen. Eine ganze Generation von Menschen, die unter Kon-Herrschaft aufgewachsen sind und zu alt waren, um mit dem Streamen aufzuhören, liegt hier gleichzeitig im Sterben und wird von Leuten meines Alters ersetzt: jung, stark, gesund und unbefleckt von der Vergangenheit.

Okay, ich bin nicht *unbefleckt*. Aber immerhin hatte ich keinen Flashback, als ich Jonas gefunden habe, im Gegensatz zu der Szene mit dem Bürgermeister, also betrachte ich das mal als Zeichen für ... was auch immer. Ein Hauch von Hoffnung, an den ich mich klammern kann, eine warme Decke, um mich einzuhüllen.

Die Tür von Jonas Zimmer steht einen Spalt offen. Ich spanne die Schultern an und bereite mich darauf vor, ihn bewusstlos und schwach zu sehen, auch wenn er in meinem Kopf genau das Gegenteil ist.

234

Zerknäulte Laken bedecken das Bett, aber er liegt nicht darin. Ich wirbele herum und schaue rechts und links den Flur entlang. Nirgends ist ein Zeichen von Isis oder sonst einem Menschen zu sehen, und die Beinah-Stille wirkt unerwartet beklemmend. Die Station ist zu ruhig. Isis hat von Tests gesprochen, die sie wegen der MemoryChips durchführen will. Vielleicht sind alle damit beschäftigt.

Hinter mir öffnet sich klickend die Tür zur Hygienekabine. Ein Lichtviereck inmitten von tiefen Schattenwänden umrahmt seine Gestalt. Frisch und sauber, ganz in Schwarz gekleidet, die Haare zu einer Stachelfrisur gegelt. Kantige Wangenknochen zeichnen sich schärfer als sonst unter dünner Haut ab. Der Look gefällt mir mehr, als er vielleicht sollte.

»Du bist wieder okay«, hauche ich und bin so schnell an seiner Seite, dass ich selbst kaum merke, wie ich mich bewegt habe. Jonas zuckt bei meiner Berührung zusammen, und ich weiche mit einer hastigen Entschuldigung wieder zurück. Eine Überdosis ist die pure Hölle, zumindest habe ich das gehört. »Wir verlassen das Web«, sage ich. »Draußen steht ein Shuttle mit allem, was wir brauchen. Lass uns aus dieser verdammten Stadt abhauen.«

Er beißt die Zähne zusammen und betrachtet mich mit schräg gelegtem Kopf. Mich überrollt wieder das schlechte Gewissen, und sämtliche Härchen an meinen Armen stellen sich auf, aber für Entschuldigungen bleibt mir genug Zeit, wenn wir erst auf dem Weg sind. »Abhauen? Wieso denn?« Von den Schmerzensschreien gestern ist seine Kehle wund und die Stimme rau.

»Wir werden hier nicht gebraucht.« Das ist eine glatte Lüge. »Die anderen kommen auch ohne uns zurecht.« Und eine weitere. Ich greife nach seiner Hand. »Bitte. Ich kann einfach nicht abwarten und dabei zuschauen, wie sich das wiederholt.« Ich weiß selbst nicht so genau, ob ich eher Jonas Überdosis oder den Kon meine ... irgendwie wohl beides.

»Mir gefällt es hier.«

Das Blut pocht hinter meinen Schläfen. Er ist noch nicht wiederhergestellt. Etwas anderes sollte ich auch nicht erwarten. Bei mir ist es acht Jahre her, dass ich gestreamt habe – vom Radio einmal abgesehen –, und ich will es immer noch, vermisse die Droge und muss gegen ihren Sirenenruf ankämpfen. »Bitte«, sage ich noch einmal. »Lass uns gehen.«

Ich beobachte ihn genau, und das leise Lachen kommt nicht von seinen Lippen. Trotzdem kenne ich den Klang so gut wie meine eigene Stimme. Omega erscheint hinter dem Vorhang, der eine Seite von Jonas leerem Bett abschirmt.

»Er kann nicht mit dir gehen, Alpha.«

Hitze prickelt über meine Haut. Von den Haarwurzeln über die Handflächen bis zu den Fußsohlen. Er ist mein Zwillingsbruder, also habe ich keinen Grund, mich zu fürchten ... aber der stechende Blick seiner Augen lässt mich regelrecht erstarren.

Wo steckt Isis?

»Was soll der Blödsinn?«, frage ich. Meine Stimme klingt sehr beherrscht. Gut. »Das ist nicht witzig, Omega.«

Er lacht wieder. »Nein, Schwesterlein, das war auch nicht als Scherz gedacht.«

Schritte erklingen im Flur. Isis, dem Himmel sei Dank. »Komm mit, Jonas.« Ich fasse nach seinem Arm, und er entreißt ihn mir, als hätten meine Finger ihm einen Elektroschock versetzt. Omega kommt noch einen Schritt auf uns zu.

»Er kann nicht mit dir gehen, Al. Weil er nämlich mit mir zur Zentrale kommt. Also zwing mich nicht, zu Mitteln zu greifen, die ich später bereuen würde. Im Gegensatz zu dir habe ich Sinn für Loyalität.« Kalter Stahl fängt das Licht ein. Eine Schusswaffe.

»Loyalität? Und die gehört wem?«

Er zeigt lächelnd die Zähne. »Dem Konzern, natürlich. Stimmt doch, Jonas?«

»Stimmt.«

Nein. Ich weiche zurück, bringe so viel Abstand zwischen die beiden und mich, wie in dem kleinen Zimmer möglich ist. Nichts ergibt einen Sinn.

Bis die Tür aufgeht und mit einem Schlag alles klar wird.

»Alpha, wie schön, dich wiederzusehen«, sagt Wraith. »Jetzt bekommst du also ein weiteres kleines Teil des Puzzles. Eigentlich hättest du auf den Stream genauso reagieren sollen wie dein Zwilling ... und wie alle anderen Bürger, die gerade unsere neue Version zu hören bekommen. Tja, was soll's. Du wirst dich nicht ewig sträuben können. Lasst uns gehen, Jungs.«

0110110001**19**1100110010

Schmerz schießt durch meine angewinkelten Beine, verkrampft mir den Magen und landet zielsicher in meinem Herzen. Kühle Finger fassen meine Arme und ziehen mich auf die Füße, um mich auf das Bett zu bugsieren, wo das Laken immer noch nach Jonas riecht. Ein Lichtstrahl sticht mir in die Augen und lässt mein Gehirn in Millionen Sternenfunken explodieren.

Irgendwie schaffe ich es, Isis zu erklären, dass wir ins Rückschauzentrum müssen, und dann sind wir auch schon da. Den Fahrtweg nehme ich nur verschwommen wahr. Bisher dachte ich immer, es sei eine übertriebene Redewendung, wenn sich angeblich der ganze Raum vor Schwindel dreht – aber genau so fühle ich mich: Nichts in meinem Blickfeld will stillhalten.

Wahrscheinlich sind sie jetzt schon in der Regierungszentrale. Jonas. Omega. Wraith. Ein Geist in Zitrusgelb: Haare, Augen, Fingernägel.

Glücklicherweise musste ich Anthems Gesicht nicht sehen, als Isis ihm von Wraith erzählt hat. Ich war zu sehr damit beschäftigt, mir Sorgen um Jonas zu machen. Aber die Sache mit Omega ist ein noch schwererer Schlag für Anthem, und in der weihevollen Stille des ZFR kommt es mir so vor, als würde sich sein Licht ein wenig verdunkeln. »Er hat eine Pistole auf mich gerichtet«, sage ich und schnappe immer noch nach Luft. Isis Arme schlingen sich um meine Taille, bereit, mich aufzufangen, falls mein Körper genauso in sich zusammensackt wie meine ganzen tollen Pläne.

»Das ist doch verrückt.« Haven verbirgt den Kopf zwischen den Händen. »Omega.« Sie sollte ungläubig klingen, doch die Wahrheit ist wie ein perfekter Akkord, den man erkennt, wenn man ihn in der Luft schwingen hört.

Der Raum dreht sich noch ein bisschen schneller. »Wraith hat gesagt, die Wirkung hätte bei uns beiden gleich sein sollen. Bei mir und Omega.«

Anthems schimmernde Linien verzerren sich und formen sich neu, Havens Augenbrauen aus Chrome kräuseln sich schockiert und verwirrt. Der alte Kon hat damals an etwas geforscht und war kurz vor dem Ziel … Es gab ein Verfahren, sämtliche Bürger einer Gehirnwäsche zu unterziehen. Und beim ersten Hauch der Gefahr, dass der Konzern seine Macht verlieren könnte, wurden Omega und ich von Ell entführt und zum Streamen gezwungen.

Klick, klick, klick. Wild herumwirbelnde Gedanken rasten endlich am passenden Platz ein. »Die Neuprogrammierung hätte eigentlich bei uns beiden funktionieren sollen. Durch die Flashbacks.« Ich hatte das Web dafür verantwortlich gemacht, dass sie schlimmer wurden, und geglaubt, das Verlangen sei nur deshalb schwerer zu bekämpfen, weil jetzt überall Versuchungen lauerten.

»Ell hat … was genau? Euch eine Art Countdown eingepflanzt?«

»Der ablief, sobald du gestorben bist«, sage ich und schaue Anthem an.

»Aber das bin ich ja gar nicht. Außerdem war *Omega* froh über ...«, Lichtstrahlen wabern hinter seinen Händen her, als er auf sich selbst deutet, »das hier.«

Natürlich, denn nun ist Anthem ein zusätzliches Sicherheitsnetz für den Kon. Wraith dürfte diese Überraschung sehr gefallen haben. Theoretisch könnte Haven den Hauptrechner lahmlegen, indem sie die Sichtgeräte in der unteren Etage ausschaltet und den Aufsichtsrat inklusive ihrer Mutter vom System trennt. Dann würde das ganze Web in Dunkelheit und Chaos versinken.

Doch vor mir steht der lebende, sprechende, elektrisch glühende Grund dafür, dass sie diese Maßnahme nie in Betracht ziehen wird.

»Okay, nehmen wir mal an, dass alles so passiert ist«, sagt Haven, und ihr Blick huscht zwischen mir und Isis hin und her. »Wieso hat die Methode bei Alpha versagt? Wieso ist sie nicht ...«

»Weil die beiden nur Zwillinge sind, keine Klone«, antwortet Isis.

»Uns beide auf einmal mit dem Stream zu behandeln hat die Chancen erhöht, dass es wenigstens bei einem klappen würde.« Ich klinge überzeugter, als ich bin. ... *wie alle anderen Bürger, die gerade unsere neue Version zu hören bekommen ...*, hallt es durch meinen Kopf.

Die ganze Drogenmusik, mit der sich die Leute seit meiner Rückkehr beschallen und die vermutlich schon eine Weile im Umlauf ist, hat ausgerechnet die Codierung, nach der ich gesucht habe. Zumindest dürften sie dem Stream sehr nahekommen, den Ell uns verabreicht hat. Ich hätte nichts weiter tun müssen, als mir die neuesten Hits in den Konsolencentern näher anzuschauen.

Wenn das stimmt, könnte ich jederzeit die Kontrolle verlieren, genau wie Omega. Keine Ahnung. Vielleicht hat sich mein Zwilling dem Druck allmählich immer weiter gebeugt, bis der unvermeidliche Moment kam, als er daran zerbrochen ist. Oder die Veränderung kam ganz plötzlich, als würde einfach ein Schalter umgelegt. Jedenfalls hat niemand etwas gemerkt. Nicht einmal ich, obwohl ich vermutlich als Einzige eine echte Chance hatte. Wenn wir uns noch so nah gestanden hätten wie früher … wenn ich überhaupt hier gewesen wäre, um die Veränderungen zu sehen … Aber ich war zu sehr damit beschäftigt, mich selbst vor den Folgen des Streams zu retten.

»Ich brauche frische Luft«, sage ich. Eigentlich brauche ich etwas ganz anderes, aber ich muss mich wohl mit einem Nachschub an Sauerstoff begnügen. Ich gehe nicht weit. Die Straßen rund um das ZFR sind dunkel und brodeln vor Erwartung. Ich bilde mir ein, dass ich den von Ell eingepflanzten Fremdkörper wie einen lose sitzenden Zahn spüre.

Er kann jederzeit aus meinem Kopf rausbrechen.

Um mich herum siedet das Leben, doch die Atmosphäre im Web ist anders als noch vor ein paar Tagen oder Wochen. Viel mehr Gesichter – fast alle, die mir begegnen – sind von den Spuren gezeichnet. Wer weiß schon, ob die Leute freiwillig mit dem Streamen angefangen haben, vielleicht um dem Zwang des Kon zuvorzukommen, oder ob sie Opfer der Radiosendungen und anderer geheimer Maßnahmen geworden sind, die Wraith sich ausgedacht hat.

Zusammen mit meinem Zwilling.

In chaotischen Bahnen springen meine Gedanken immer wieder zum Anfang zurück. Repeat, repeat, repeat. Anthem hat immer noch das Coda-Symbol auf seiner Hand, aber ich besitze nichts Ähnliches. Keine hoffnungsvollen Symbole, keine Ideen. Doch selbst wenn ich welche hätte, wüsste ich nicht, was ich damit anfangen sollte.

Der Kon tötet niemanden, den er stattdessen brechen kann. Jonas.

Ich trete gegen den Bordstein, und die Stahlkappen meiner Stiefel lassen Zement wegsplittern. Es wäre so einfach, jemand anderem die Schuld zuzuschieben: Omega, Wraith, egal wem. Niemand kennt Omega so gut wie ich, zumindest war das früher so. Ich versuche durch den Nebel aus Trauer, Verzweiflung und Wut zurückzublicken, der mich seit der Nacht am Strand die ganze Zeit eingehüllt hat. Wann haben sich seine Pläne geändert?

Ich erinnere mich an seine Fragen nach meinen Flashbacks, die ich damals für Versuche hielt, mit seinen eigenen fertigzuwerden. Oder an die Bereitwilligkeit, mit der er das Freizeitprogramm für Jonas übernahm, während ich um Anthem trauerte, mich mit Haven stritt und Hinweise für die Rückkehr des Kon zusammentrug.

Erstaunlich, dass er es geschafft hat, mir nicht ins Gesicht zu lachen.

Ich drehe allem den Rücken zu, den Lichtern, dem Cyclon, dem Kon, und kehre zurück ins Rückschauzentrum. Als ich die Treppe hochkomme, liegt vor mir eine tiefere Dunkelheit, als ich erwartet hatte. Eine Bürolampe auf Havens Computertisch ist die einzige Lichtquelle. Haven beobachtet mich und meine Reaktion, als ich das leere Podest sehe.

»Du hast doch nicht …«

Sie muss die Augen zusammenkneifen, um meine Lippen erkennen zu können, versteht mich aber trotzdem. »Nein. Anthem ist immer noch da, nur kurz ausgeschaltet.«

Wenn das bedeutet, dass man nicht zu denken oder zu fühlen braucht, dann melde ich mich hiermit freiwillig. »Das geht?«

Anstelle einer Antwort lässt sie sich im Schneidersitz auf den Boden sinken und klopft einladend auf den Platz neben sich. »Es ist schon lange her, dass wir uns unterhalten haben, nur wir beide.«

»Und du findest, jetzt ist der richtige Zeitpunkt?«, frage ich, hocke mich aber trotzdem neben sie, sodass sich unsere Knie berühren. Wir haben so viele Nächte auf diese Art verbracht, meine Mutter-Schwester-Freundin und ich, meine Verbündete gegen den Männerüberschuss, mit dem ich aufgewachsen bin. Sie war immer die Erste, zu der ich ging, wenn ich Hilfe brauchte oder mich ausweinen musste.

»Wo ist denn Isis?« Die einfachste Frage zuerst.

»Bei Pixel, um ihm alles zu erzählen.«

Ah.

»Ich kann mir nicht vorstellen, dass er noch einmal kämpfen will.« Schon die Enthüllungen über Scopes Tod dürften genügen, ihn zu brechen. Isis hat ihm so viele kostbare Minuten der Unwissenheit gegönnt, wie sie konnte. Das ist wohl Liebe. Keine Ahnung. Eine Weile dachte ich schließlich, dass ich Jonas genauso schützen könnte.

»Wer will schon kämpfen? Eigentlich doch niemand von uns.«

Ein paar Häuserblocks von hier entfernt gibt es einen Skyclub. Ich wette, inzwischen findet man im ganzen Web keinen

Ort mehr, wo die Musik uncodiert ist. Meine Kapitulation ist nur einige Gehminuten entfernt, weniger als ich für einen Song auf der Bühne in Los Angeles gebraucht hätte. Havens Augen werden schmal und dunkel, ihr Mund ist ein dünner Strich, als sie über meine Schulter ins Nichts starrt.

»Ich kann das nicht, verstehst du?« Der Kloß in meinem Hals wird immer dicker, und ihr Blick kehrt schlagartig zu mir zurück. »Nein, natürlich verstehst du es nicht«, sage ich. »Hier geht es um meinen Bruder. Mein verdammter Zwillingsbruder arbeitet für alles, was ich am meisten hasse. Für alles, was *du* bekämpft hast, und dann hat er mir auch noch Jonas weggenommen, damit er ihm dabei hilft.«

»Ich soll das nicht verstehen?« Ihr Ton ist milde, doch mit einem Beiklang von stahlharter Kälte. »Ausgerechnet ich? Denkst du mal an die Etage unter uns?«

Mein Gesicht läuft vor Scham rot an, als hätte mir dieses Gefühl zu meiner Sammlung noch gefehlt. Ich weiß kaum, ob ich erleichtert sein soll, dass ich überhaupt etwas spüre … oder enttäuscht, weil die Abgestumpftheit von vorhin nicht lange angehalten hat.

»Genau«, sagt sie und liest die Gedanken problemlos von meiner Miene ab, als sei ich eines der altertümlichen Bücher, die sie so liebt. »Ich kenne mich ein bisschen damit aus.«

»Tut mir leid.«

Sie berührt ganz leicht mein Gesicht. Mit einer einzigen Fingerkuppe bricht sie den Damm, hinter dem meine Tränen angestaut waren, sodass sie prickelnd heiß aus mir herausströmen. »Du musst dich nicht entschuldigen, Al. Ich habe ja auch keine Ahnung, was wir tun sollen. Letztes Mal …« Sie schluckt und schaut zu dem leeren Sichtgerät hinüber, als würde sie Anthem dort erwarten. »Er wusste immer, was nötig war. Ich habe nur geholfen.«

»Jetzt untertreibst du aber.«

»Kann schon sein. Andererseits waren wir damals noch jung. Na ja, zumindest ich«, sagt sie. Innerlich muss ich zugeben, dass mir dieser Gedanke auch schon gekommen ist. »Du kannst dir wohl vorstellen, wie sich Anthem jetzt fühlt.«

Geschlagen auf ganzer Linie. Schlimmer noch ... als hätte es nie einen Sieg gegeben. Havens Gefühle waren immer auch seine und umgekehrt. Ich öffne den Mund, um zu widersprechen, klappe ihn jedoch gleich wieder zu.

»Ich sage dir jetzt das Gleiche wie vorhin deinem Bruder«, fährt sie fort. »Das ist nicht Omega, Al. Nur noch sein Körper und seine Stimme, sonst nichts. Damit kenne ich mich auch ein bisschen aus.« Ihre Fingernägel klopfen hart auf den Fußboden, und wieder bricht eine Staumauer in mir zusammen, aus der diesmal pure Wut hervorbrodelt.

»Er hätte sich dagegen wehren müssen!«, zische ich. »So wie ich. Jeden verdammten Tag. Ich spüre es die ganze Zeit, kämpfe dagegen an, habe euch alle verlassen, nur um davon wegzukommen. Wieso hat er nicht das Gleiche getan?«

Ich habe Haven selten sprachlos gesehen, aber trotz meiner brennenden Wut fühle ich keinerlei Befriedigung darüber. Viel lieber wäre mir, wenn sie die Antworten hätte, die ich brauche. Ich will von ihr hören, dass irgendwann alles gut wird.

»Ich bin nicht wie du«, lasse ich sie wissen. »Scheiße, ich wollte dir immer ähneln, aber das hat wohl nicht geklappt. Gegen meine eigene Familie kann ich einfach nicht kämpfen.«

»Nicht einmal, um ihn zu retten, wenn es irgendwie möglich ist?«

»Wenn es möglich ist. Na klar.« Vor Zynismus ist meine Stimme so metallisch wie Omegas Pistole im grellen Krankenhauslicht. In der Luft liegt bleiern das ganze Gewicht der letzten Wochen und drückt auf meine Schultern. Zu viel Schreckliches ist passiert, und ich bin einfach nicht die Person, die Haven in mir sehen will. Vor Problemen renne ich doch immer nur davon. »Nein.« Ich glaube, ich war in meinem ganzen Leben noch nie so erschöpft. »Nein. Ich gebe auf. Soll der Kon doch zurückkommen.«

■

Ich sehe das Web meiner Kindheit wiederauferstehen.

Die Neonreklamen wirken greller, blendender, und überstrahlen sogar das Blaulicht der Patrouillen-Shuttles, die durch die Straßen schwärmen. Wachleute sprechen mich mit *Stadtbürgerin* an, und ich bewege mich mit hastigen Schritten und gesenktem Blick, damit sie mich übersehen und nirgends melden.

Garantiert wird es nicht mehr lange dauern, bis die alten Gesetze wieder in Kraft treten und an uns Abweichlern vollstreckt werden. Im Moment sind Wraith, Omega und Jonas noch zu sehr damit beschäftigt, ihren Sieg zu genießen, hoch oben im Glaskörper der Spinne zu thronen und über uns zu lachen, während ihre Blicke schon weit über das Web hinaus bis zur anderen Küste schweifen.

Phönix tickert mindestens einmal pro Stunde und beantwortet alle meine Fragen, außer wenn sie Wraith betreffen. Pixel weigert sich ebenfalls, über dieses Thema zu reden.

Haven hat meinen Bruder nicht wieder angeschaltet. Ihre

Hände schweben über den Tasten, ballen sich zusammen und sinken nutzlos herab.

Liebe.

Das Web ohne den Konzern war wie ein ruhiger, entspannter Song, doch nun vibriert es im gleichen schnellen, brutalen Rhythmus wie früher. Alle Bürger kennen ihren Platz … außer mir wahrscheinlich. Ich habe keine Ahnung, wo ich bin oder hingehöre. Alles ist aus den Angeln gehoben: Zeit und Raum und die Menschen, die mich im Leben verankert haben. Die Gebäude um mich herum kommen mir viel riesiger vor, weil ich sie mit den Augen einer Neunjährigen sehe.

Hier wird es immer schlimmer._

Die neueste Nachricht von Phönix blinkt auf meinem Bildschirm, und ich werfe das verdammte Ding beiseite, sodass es über den Boden rutscht und gegen eine Spindreihe prallt. Kann ja doch nichts tun. Ist mir egal.

Ich höre Schritte bei den hinteren Spinden, die wahrscheinlich von Haven stammen, vielleicht auch von Pixel oder Isis. Wer auch immer dort ist, ignoriert meine Anwesenheit, und ich halte es umgekehrt genauso. Angst ist eigentlich unnötig. Omega lässt uns in Ruhe, und ich kann gar nicht sagen, was schmerzhafter ist: dass er uns nicht als Bedrohung betrachtet oder dass wir ihm egal sind.

Mein Tablet blinkt wieder. Mit genervter Miene krabbele ich hinüber und spüre unter den Fingern einen Sprung im Gehäuse. Na toll.

Es gibt immer mehr Widerstand, aber ich sehe keine Chance. Die wissen einfach zu viel darüber, wie L. A. tickt._

Klar, weil Jonas ihnen hilft, und er hat die Stadt im Blut. Ihre Straßen sind seine Lebensadern, er kennt ihre Schwächen,

Stärken und strategischen Punkte. Wraith und Omega brauchen sich nur bei seinem Wissen zu bedienen, um ihre wachsende Armee von Anhängern am besten einzusetzen.

Und da dachten seine Eltern, *ich* sei von uns beiden der schlechte Einfluss und könnte ihren Stammhalter beflecken.

Wraith hatte acht Jahre Zeit, um alles in die Wege zu leiten – vielleicht länger. Im Fernsehen leiern Nachrichtensprecher mit eingefrorenem Lächeln ihre Texte herunter, und ihre Finger zucken vor Verlangen nach dem nächsten Trip, während gehirntote Zombies mit Waffen im Hintergrund stehen.

Soldaten. Wachleute. Bald werden ihre Stiefel auch meinen Strand aufwühlen.

Pass auf dich auf, Al._ Dasselbe habe ich Sabine gesagt, als sie sich auf den Rückweg nach L. A. machte.

Ich tue mein Bestes._ Bisher haben Phönix und Mage nicht wieder damit angefangen, aber wie lange können sie sich wohl dagegen wehren zu streamen – sei es freiwillig oder unfreiwillig? Als sie damals ihren Club als eine Festung aus Glas, Stahl und Spiegeln entworfen haben, waren sie bestimmt nicht davon ausgegangen, dass sie sich eines Tages wirklich dort verschanzen müssten. Aber das versperrte Tor ist nur ein symbolisches Zeichen des Widerstands. Die Wachleute werden anrücken und die beiden holen.

Das gilt garantiert für uns alle. Haven hat das Rückschauzentrum ebenfalls versperrt. Die Scanner an den Türen sind so umprogrammiert, dass sie nur auf einige ausgewählte Chips reagieren. Aber damit wollte sie sich wohl vor allem beschäftigt halten.

»Alpha?«

Mein Name echot durch den Flur, hallt von den Spinden

und dem Boden wider und verzerrt die Stimme, sodass ich einen Moment brauche, bis ich sie einordnen kann. »Hier drüben«, rufe ich und warte, bis Spektrum mich gefunden hat.

»Dein Bruder ist ein Arschloch.«

Ich zucke zusammen. Mir ist klar, welchen der beiden er meint, und er hat ja recht. Nur war ich bisher immer die Einzige, die Omega ungestraft beleidigen durfte. Neuerdings hat jeder Bürger, der noch frei denken kann, geradezu die Pflicht, meinen Zwilling zu hassen. Immerhin habe ich selbst eine solche Wut auf ihn, dass mich wohl niemand toppen kann. Jonas Gesicht flackert kurz vor meinen Augen auf und ersetzt Spektrum, bis ich mich konzentriere und die Illusion sich auflöst.

»Und?« Ist mir doch egal. Ich kann sowie nichts machen.

Vielleicht gibt es einen Stream, der dafür sorgen könnte, dass ich mich wieder für etwas interessiere. Meine ganze Kleidung liegt in dem Shuttle, das vorm Eingang parkt, und es wäre so einfach, mich für Jonas schick zu machen, ihn in einen Club zu schleifen und zu tanzen. Dann würde ich wieder dazugehören. Zu ihm.

»Sag ihm, er soll aufhören, die Leute in Quadrant 2 zu terrorisieren.«

»Ich kann ihm gar nichts sagen«, fauche ich, und damit ist meine ganze Energie auch schon wieder verpufft. »Was hat er gemacht?« Eigentlich will ich es nicht wissen.

»Allein in dieser Woche gab es drei neue Exsonics, fast ohne Grund, nur bescheuerter Kleinkram. Wenn du mich fragst, versucht dein Bruder mit Gewalt zu vergessen, wo er herkommt.«

Der Kon tötet niemanden, den er stattdessen brechen kann.

»Was meinst du, wie lange seine Gehirnwäsche anhält? Oder glaubst du, sie hört nie wieder auf und mit einem einzi-

gen Stream ist alles vorbei? Für immer?«, frage ich Spektrum.
Er zuckt mit den Schultern. Bei mir haben die Flashbacks
selbst Jahre später nicht nachgelassen, und Wraith hatte genug
Zeit, die Technik weiter auszufeilen.

Genug Zeit in seinem Versteck, um Pläne zu schmieden
und Fäden zu ziehen.

»Wo ist Luchs?«

Spektrum verzieht den Mund. »In der Bar mit echt mieser
Laune. Plötzlicher Entzug bekommt ihm nicht. Tja, aber was
soll man machen …«

Das Streamen ist nicht länger sicher. Man kann ja nie wissen, was man zu hören bekommt, bis es vielleicht zu spät ist.
Die beiden haben zwar illegale Kontakte und Konsolen vom
Schwarzmarkt, aber denen würde ich nicht unbedingt trauen,
und das sehen die beiden anscheinend genauso.

»Tut mir leid.«

Er hockt sich neben mich und nimmt meine Hand. »Ist ja
nicht deine Schuld. Das weißt du doch, oder?«

»Ja, klar«, sage ich und starre auf die endlosen Reihen leerer Spinde. Ich habe meine Eltern nicht besucht, seit alles angefangen hat, und jetzt ist es zu spät. Ich kann ihnen einfach
nicht erzählen, was aus Omega geworden ist und was er tut.

»Du konntest nichts dagegen machen. Jetzt erst recht nicht.
Keine Chance.« Kurz flammt Ärger in mir auf. Am liebsten
würde ich fragen, ob er sich erinnert, wer mein anderer Bruder
ist. Immerhin bin ich die Erbin einer Gruppe von Revolutio-
nären, die das Web schon einmal gerettet hat.

Nur haben sie es ja nicht wirklich gerettet. Und selbst *wenn*
es ihnen gelungen wäre, bin ich nicht mein Bruder. Ich bin ich.

»Du brauchst dringend frische Luft«, entscheidet Spektrum, und ich werfe ihm einen bösen Blick zu, den er komplett ignoriert. Er steht auf und zieht mich auf die Füße.

»Ich will nicht nach draußen.«

»Hast du vor, dich für immer hier einzuschließen? Sollen die Leute dir Wasser und Brot reinreichen, bis du das auch irgendwann satthast? Früher wusstest du noch, wie man Spaß hat.«

Ich reiße die Augen so ungläubig auf, dass sie mir fast herausfallen. »Was?!«

»Die Lage ist nun einmal, wie sie ist«, sagt er, zieht mich die Treppe hinunter und nach draußen in das schmerzhaft gleißende Sonnenlicht. »Wenn alles stimmt, was du zu Haven gesagt hast, dann ist der Kon schon eine Weile zurück. Also kannst du mit deinem Leben weitermachen, oder nicht?«

Was denn für ein Leben, verdammt noch mal?

Er liest mir die Frage vom Gesicht ab, schiebt sich eine Sonnenbrille auf die Nase und lächelt mich an. »Erklär mir mal, warum du alles so schlimm findest, was gerade läuft.«

Ich glaube, er will mich wirklich dazu bringen, dass ich ihm eine runterhaue. Ich beiße die Zähne zusammen und widerstehe der Versuchung. »Findest du das etwas nicht? Die Leute sollten keine freie Wahl haben?« Alles, wofür Anthem gekämpft hat, geht gerade den Bach runter.

»Aber du triffst ja keine Wahl. Stattdessen verkriechst du dich. Wieso? Omega wird dir garantiert nichts antun, schließlich bist du zu wertvoll.«

Der Cyclon zieht uns in seinen Lichterwirbel voller Menschen, deren grellbunt umrahmte Augen und Lippen die leichenfahle Haut fast verschwinden lassen. Sie gehen in verschiedene Richtungen, nach Hause, zur Zentrale und in eines der Lebensmittel-Depots. Mir fällt eine Weile gar nichts auf, bis ich den Zwang spüre, mich ihren Schritten anzupassen.

Alle gehen im Gleichmarsch. Ohne zu denken. Wie Roboter. Spektrum neben mir bewegt sich nun ebenfalls im selben Rhythmus wie ich. Überall stehen bewaffnete Wachen vor ihren Shuttles und beobachten die Menge, doch ihre Blicke gleiten über uns beide hinweg. Bloß unauffällig bleiben. Wir überqueren die Straße in Richtung des ruhigeren Quadranten 3, der sich bis zum Wasser erstreckt.

»Was sollte das alles?«

Spektrum drückt meine Hand, doch sein Gesicht ist unter der Schminke maskenhaft und schwer zu lesen. »Ich dachte, du könntest mal einen Tapetenwechsel vertragen.«

»Na, vielen Dank auch.«

Auf der anderen Straßenseite schleppt sich eine Familie schwer beladen mit Taschen ab. Kleine Kinder, die mir kaum bis zur Hüfte reichen, marschieren in so perfektem Gleichschritt mit ihren Eltern, dass ich aus dem Takt ihrer winzigen Stiefel auf dem Pflaster ein Musikstück machen könnte.

Ich schaue weg.

Nicht mein Problem. Ist mir egal.

0000011100 20 0001100001

Meine Gitarre liegt immer noch in dem vollgepackten Shuttle, genauer gesagt in einem Schalenkoffer unter Kleidung und Bettzeug vergraben.

Wir waren so kurz davor, dem Web zu entkommen. Jetzt bleiben die Türen um mich herum und der Koffer verschlossen, weil sie mir Angst machen. Musik macht mir Angst.

Der Kon tötet niemanden, den er stattdessen …

Wie sich herausstellt, mussten sie die Gehirnwäsche bei mir gar nicht zu Ende bringen, um mein Ich auszulöschen. In Wirklichkeit hatte ich seit Jahren keines mehr. Fast fühlt es sich an, als hätte ich nie eine eigene Persönlichkeit besessen.

Der erste Herbststurm fällt mitten in der Nacht über das Web her und peitscht Regen um die Wolkenkratzer und Ruinen. Für Sekunden flammt er blau, rot, grün, gelb auf, bevor er den Boden erreicht. Den ganzen Tag lang prasseln Schauer auf das ZFR ein, die ich in den fensterlosen Räumen nicht sehen, aber hören kann, als würde weißes Rauschen mich überschwemmen und mein Gehirn vom Klang winziger, marschierender Füße reinwaschen.

Wünsche ich mir jedenfalls.

Bei der Erinnerung breche ich zum hundertsten Mal in kalten Schweiß aus. Bestimmt hatten Omega und Jonas nichts damit zu tun. So etwas würden sie sich niemals ausdenken. Ich sehe Wraith vor mir, wie er als das neongelbe personifizierte Böse hinter seinem Schreibtisch in der Zentrale hockt und über Plänen brütet, mit denen er seine Vorgänger noch übertreffen kann, nachdem sie ihm die Herrschaft überlassen haben.

Währenddessen sind wir in einer Warteschleife gefangen, und wenn wir irgendwann aufgeben, braucht man uns nicht einmal aus dem ZFR zu holen. Der Kon kann uns die Chips gleich hier herausnehmen und in ein Sichtgerät packen. Zumindest gilt das für Haven, denn eine andere Form der Kapitulation kommt für sie nicht infrage. Bei mir liegt der Fall ein bisschen anders. Die Konsolencenter und Skyclubs blinken verführerisch auf einer Straßenkarte in meinem Kopf, die wahrscheinlich Wraiths Stadtplänen von L.A. und Seattle ähnelt.

Es gibt immer schwache Punkte.

Heute bringt Isis uns das Abendessen. Ich rühre es nicht an, obwohl mir der Duft vom anderen Tischende aufreizend in die Nase steigt. Sie betrachtet mich mit verengten Augen und forschendem Blick. Wieder einmal. So schaut sie mich seit Tagen jedes Mal an, wenn wir uns über den Weg laufen.

»Wie kommt er damit klar?«, fragt Haven.

Isis kaut länger als nötig an ihrem Bissen herum. »Schritt für Schritt. Indem er nur ans Hier und Jetzt denkt.«

Phönix weigert sich immer noch, über Wraith zu reden. Mage ignoriert meine Tickernachrichten vollständig. Fabel bemüht sich für mich, die beiden weiter zu bearbeiten, aber bisher hatte er genauso wenig Erfolg.

Eigentlich spielt es keine Rolle. Ich kann mir denken, was bei ihnen los ist. Aber ich will es trotzdem von ihnen persönlich hören, damit ich Haven, Isis und Pixel etwas Handfestes zu erzählen habe. Und Anthem, falls wir meinen Bruder jemals wieder anstellen.

Meine Schultern zucken, und sofort richten Isis und Haven ihre Blicke auf mich.

»Alles okay«, murmele ich, doch ihre Augen mustern mich noch mehrere Sekunden, während sie mit dem Essen fortfahren, und meine Haut fühlt sich plötzlich zu eng an, als würde sie sich falsch über die Knochen spannen und mich immer weiter einschnüren.

Der Druck ist zum Zerreißen stark, und erste Risse breiten sich durch meinen Geist aus: Ich will meine Brüder zurück, und zwar beide. Ich will mein Meer in L.A., Phönix und Mage, Jonas, Sabines schlechte Witze, meinen Kindheitsfreund Fabel, auf dessen Loyalität und aufmunterndes Lächeln ich mich immer verlassen konnte.

Ein Flashback drängt sich nach vorne und presst gegen meine Schädeldecke, als würde sich eine Klammer enger ziehen. Der Raum ist dunkel, *aber ich sehe nur weiße Zähne, während die Musik in meinen Ohren an- und abschwillt. Meine Muskeln zucken wild und wollen tanzen, aber ich werde festgehalten, sodass ich mich nicht rühren kann. Der Konzern ist ewig, ewig, ewig ... Ja, ich will immer für ihn kämpfen, damit die Musik weitergeht, Ja, ich werde ihm ewiges Leben verschaffen, weil ich dann nie mehr darauf verzichten muss. Dröhnende Gitarren und ein Rhythmus wie der einzige Herzschlag, der jemals von Bedeutung war. Perfektion, Klang, Schönheit, Licht lässt mein Gehirn in tausend Farben flammen, von deren Existenz ich bisher nichts geahnt habe. Trommeln stampfen los, und gleichzeitig packen mich andere Hände, zäh und stark wie die Saiten von Anthems Instrument, das ich nicht anfassen darf. Ich schleiche manchmal in sein Zimmer (nicht petzen!), nur um zu gucken. Und dann ist die Musik weg, dafür ist er da. Am liebsten würde ich schreien, doch kein Laut kommt aus meiner Kehle. Gib es mir zurück, gib es zurück. Ich hasse ihn. Er hat es mir weggenommen. Ich werde mir die Musik wiederholen, selbst wenn ich warten muss, bis er fort ist und mich nicht mehr aufhalten kann. Selbst wenn ich ihn eigenhändig töten muss.*

Meine Schreie hallen durch das Rückschauzentrum wie Querschläger, und Splitter meiner Panik setzen sich bis in alle Ewigkeit in den leeren Spinden fest.

»Sie ist zurück«, sagt Isis. »Holt ihr ein Flasche Wasser. Verdammt, Alpha. Al?«

»Schon gut, ich bin okay.«

»War der Flashback schlimmer als sonst? Damit muss endlich Schluss sein!«

Natürlich denkt sie sofort über eine Lösung nach, das ist typisch Isis. Dabei ist es längst zu spät. Wraith könnte mir ein Heilmittel verschaffen, falls er die Wahrheit gesagt hat. Als Gegenleistung müsste ich nur kooperieren.

Aber das tue ich doch längst, oder? Immerhin versuche ich nicht, ihn aufzuhalten. Also sollte ich ihn vielleicht daran erinnern, seinen Teil der Abmachung einzuhalten.

»Nein, war nicht schlimmer als sonst«, schwindele ich. *Selbst wenn ich ihn eigenhändig töten muss …*

In einem Zug trinke ich die Flasche leer, die Haven mir reicht. Irgendwie bin ich in der Zwischenzeit auf dem Fußboden gelandet. Meine Knochen fühlen sich wund und spröde an, als könnten sie jeden Moment splittern, während ich

256

mich zurück auf den Stuhl hieve. Die anderen haben aufgehört zu reden und wollen mir wohl Gelegenheit geben, wieder zu Atem zu kommen. Die Stille ist lang und drückend, wie vom Gewittersturm aufgeladen. Niemand weiß so recht, was er sagen soll.

»Ich muss zurück zu Pixel. Aber gib mir unbedingt Bescheid, wenn du dich irgendwie … merkwürdig fühlst«, sagt Isis schließlich. Als sei der Anfall eben nicht merkwürdig genug gewesen, selbst für mich, obwohl ich die Flashbacks gewohnt bin.

»Ja, klar. Da sag ich dann mal eben Bescheid. Kein Problem …«, gebe ich sarkastisch zurück. Wenn man aus Wut statt aus Traurigkeit weint, brennen die Tränen mehr, stelle ich fest. »Glaubst du echt, dass es so einfach ist? Glaubst du, Omega hat gemerkt, was mit ihm passiert, und einfach nichts gesagt? Nicht einmal *mir*?«

Flecken tanzen vor meinen Augen, und als ich sie endlich weggeblinzelt habe, ist Isis fort.

»Geht es dir wirklich gut?«

»Fang du nicht auch noch an«, fauche ich Haven an. »Ich laufe jetzt eine Runde um den Block.«

»Bei diesem Wetter?« Natürlich ist der Regen nicht das eigentliche Problem, aber davon abgesehen, wird sie nicht versuchen, mich aufzuhalten. Ich kann schlecht erklären, warum ich das Bedürfnis habe, draußen mitten im Unwetter zu sein. Nadelscharfe Tropfen durchnässen mich bis auf die Haut, noch bevor ich beim Stadtpark ankomme. Vielleicht ist der Regen meine letzte Verbindung zum Meer, als sei jeder Tropfen extra von L.A. hierhergeschickt worden. Ich erinnere mich, wie ich am Strand die Zehenspitzen beinah ins Wasser gesteckt habe, aber immer sichergegangen bin, dass die Wellen mich nicht berührten.

Im Web gibt es kein Ausweichen, keine vorsichtige Distanz. Man kann nur an seinem Fleck stehen bleiben, während der Lärm, die Lichter, die erdrückende Klaustrophobie über alles hinwegspülen und man hoffentlich nicht umgeworfen wird.

Blitze zucken blendend weiß über den Himmel. Ich gehe schneller, immer tiefer hinein in das vielstimmige Klanggewitter des Regens, der auf Blätter, Gräser und den Pfad vor mir niederprasselt. Die Stahlkappen an meinen Schuhen blitzen.

Hier bin ich, streng dich ruhig an. Aber das Gewitter bleibt gerade genug auf Abstand, um keine wirkliche Gefahr zu sein. Trotzdem ist es so laut, dass ich kaum denken kann. Genau das wollte ich, nur noch Donnerdröhnen um mich herum und endlich so viele Dezibel, dass meine Gedanken übertönt werden. Bis jetzt hatte ich Zweifel, ob das überhaupt möglich ist, aber dann überschwemmt mich der Moment und ist pure Seligkeit – wie ein atemloser Kuss, wie ein Geschwindigkeitsrausch oder der Adrenalinkick, wenn die Menge deinen Namen schreit.

Eine Idee fängt an, in meinem leer gefegten Kopf hartnäckig Wurzeln zu schlagen. Ich will sie wie Unkraut herausziehen und auf dieselbe Müllhalde werfen, wo auch meine Flashbacks immer landen.

Doch sie klammert sich fest. Regen prasselt auf meinen Schädel und rinnt meine Haarsträhnen hinunter. Lärm, nichts als Lärm. So fühlt sich eine Überdosis-Behandlung an, zumindest habe ich mir das erzählen lassen.

Lauter. Dreh den Regler hoch.

Die Wolken reißen in der Mitte auf und schütten einen Sturzbach auf mich herab, eine wahre Flut, die nicht mehr aus einzelnen Tropfen besteht, sondern deren Wasserwände mich in einem Raum aus flüssigem Glas einschließen und all meine schmerzhaften Gedanken und Gefühle draußen lassen.

Irgendwann mache ich kehrt und der Zauber verfliegt. Verdammt, ich bin völlig durchgeweicht. Bei jedem Schritt zurück zum ZFR machen meine Füße in den Stiefeln schwappende Geräusche. Mir ist kalt und klamm, allerdings stört mich das in diesem Moment wenig. Ich habe die Straßen fast für mich alleine, abgesehen von ein paar Patrouillen-Shuttles, deren Insassen wohl mehr Gedanken an das Mistwetter verschwenden als an eine einzelne Stadtbürgerin, die mitten hindurchtrabt. Als ich die Tür auf der zweiten Etage öffne, gehe ich davon aus, dass Haven und Anthem mich bemerken, aber sie sehen und hören mich nicht.

»Das kannst du nicht von mir verlangen!«, schreit Haven. Dabei schreit sie nie. Schon vor Jahren hat sie sich beigebracht, ihre Stimme zu kontrollieren und immer in normaler Zimmerlautstärke zu sprechen. Ich schätze, ein Kreischanfall ist nur befriedigend, wenn man sich selbst hören kann. Vorsichtig trete ich zurück ins Treppenhaus und halte die Tür einen Spalt weit auf.

»Ich habe auch nicht verlangt, dass du *das hier* mit mir anstellst. Wie lange soll ich denn brav und tapfer alles schlucken, als ob es mir nichts ausmacht? Ich helfe dir, und ich liebe dich wie immer, aber wenn das hier vorbei ist, dann musst du mich gehen lassen, Haven. Der Kon will, dass ich tatenlos zuschauen muss, und das habe ich lange genug getan. Ist dir nicht klar, was wir Alpha mit der Sache zumuten? Sieh doch mal richtig hin …«

Ich taumele zurück. Mist. Er hat ja recht, aber ich dachte nicht, dass man es mir so deutlich anmerkt.

»Ich bin fertig mit allem, okay? Ist ja schön, dass ich helfen konnte … auch wenn es sich im Nachhinein nicht so anfühlt. Wie auch immer. Jedenfalls reicht es mir jetzt, Haven. Ich will nicht einmal in ein normales Rückschauzentrum. Nimm meinen Chip und schmeiß ihn in den Fluss. Lösch jede Spur von mir aus dem System. Lass mich einfach gehen.«

Ich kehre zur Tür zurück und presse mein Ohr dagegen.

»… was ich für die beste Entscheidung hielt«, sagt Haven.

»Das weiß ich doch, aber ich bin so müde. Ich bin bereit für den Abschied. Bitte.«

»Du klingst, als sei ich ein jämmerliches Girlie, das bloß nicht loslassen kann.«

Anthem lacht. »*Jämmerlich* ist wohl das letzte Wort, das mir bei dir einfällt. Absolut niemand würde dich so nennen. Ich weiß doch, warum du es getan hast. Du hast bewiesen, dass du dazu fähig bist, und vielleicht hast du vorausgesehen, was dem Web bevorsteht. Aber die Zukunft ist mir egal. Ich habe geholfen, so gut ich konnte, und jetzt ist es vorbei.«

Sie schweigt einen langen Moment. »Weißt du, ich bin froh, dass ich Scope damals über den Weg gelaufen bin und er mich in Pixels Club geschleift hat.«

Ich lehne mich gegen die Wand. Mir kommt es vor, als sei ihre erste Begegnung viel länger her als ein Jahrzehnt. Wie mag es sich erst für sie selbst anfühlen? So viel ist in der Zwischenzeit passiert, als hätte man ein ganzes Menschenleben in eine Handvoll Jahre gequetscht.

»Ich war total verrückt nach dir.«

»Du *warst*?«, neckt Haven ihn. Anthem lacht, und das erscheint mir als ein sicherer Augenblick, um die beiden zu unterbrechen. Haven darf ihm nicht den Stecker ziehen, nicht ausgerechnet jetzt.

»Haven?« Ich gehe hinein und berühre ihre Schulter. Bei meinem Anblick hebt sie die Augenbrauen, zwei silberne Bögen. Wasser strömt an mir herunter und sammelt sich rund um meine Füße zu Pfützen, in denen blaue Haarfarbe wabert.

»Wir haben keinen Zugang zu den Stream-Dateien, oder?«

»Nein, nicht mehr.« In ihrem Blick mischen sich dumpfe Wut und widerwilliger Respekt. Omega ist smart und hat Sicherheitsvorkehrungen getroffen. Immerhin hat Haven ihm alles beigebracht, was sie wusste, und sein Talent ist fast so groß wie ihres. Aber darum geht es nicht, sondern um die vielen Abstufungen von Verrat, die sich wie eine unheilvolle Melodie durch unserer Leben ziehen. »Wieso fragst du? Hast du eine Idee?«

Ich schaue zwischen ihr und Anthem hin und her. »Vielleicht. Ich bin noch nicht sicher.«

■

Ein Tag vergeht, bis wir herausgefunden haben, was wir genau brauchen, und ein weiterer, bis Luchs und Spektrum unauffällig alles besorgt haben. Außer Sichtweite von Haven tippe ich eine Nachricht an Phönix, Sabine und Fabel.

Könnt ihr aus der Stadt raus?_

Mein Tablet strahlt auf wie ein Regenbogen, als ihre Antworten erscheinen. Jede Farbe steht für einen meiner Freunde.

Ja._

Vielleicht._

261

Wieso?_

Wir treffen uns an der Mittelstation_, tippe ich kurz zurück. Sabine und Fabel sind gerade erst in L.A. angelangt, und ich könnte glatt ein schlechtes Gewissen bekommen, wenn ich nicht wüsste, wie gerne sie am Steuer sitzt. Für den Fahrweg zur Mittelstation werden sie länger brauchen als ich, also habe ich bis dahin genug Zeit, die anderen einzuweihen. Oder auch nicht. Sie vor vollendete Tatsachen zu stellen klingt hart, aber mir fällt keine bessere Lösung ein, damit mich alle unterstützen. Meinen Plan ohne ihre gemeinsame Hilfe anzugehen kommt mir fast unmöglich vor. Ich bin nicht einmal sicher, ob ich es überhaupt schaffe. Versuchen muss ich es trotzdem.

Wenn wir Anthem am Ende wieder anschalten – falls alles funktioniert –, muss ich ihn fragen, ob er sich damals im Probenkeller genauso gefühlt hat. Gab es einen Moment, als ihm klar wurde, dass er die passende Waffe gegen den Kon besitzt und deshalb einfach zurückschlagen muss? Natürlich kann man die Situation trotzdem nicht vergleichen.

Anthem musste nicht gegen seinen eigenen Bruder kämpfen. Gegen seinen Zwilling. Ich erlaube mir einen schwachen Moment, einen einzigen, und schließe die Augen. Nur für die Dauer eines Herzschlags oder Schlagzeug-Beats. Okay.

Das ist nicht mehr Omega. Bloß noch sein Körper.

Obwohl ich mir das einrede, setze ich gleichzeitig meine ganze Hoffnung darauf, dass ich unrecht habe. Falls Omega immer noch vorhanden ist, nur in seinem eigenen Kopf eingesperrt, kann ich ihn vielleicht herausholen. Damit würde ich uns alle retten.

Wir stopfen noch mehr Essen und andere Vorräte in das bereits vollgeladene Shuttle. Es steht inzwischen hinter dem ZFR geparkt, damit die Patrouillen es nicht bemerken. Eigentlich eine unnötige Vorsichtmaßnahme, denn die Wachleute ignorieren uns sowieso. Das gehört zu Wraiths kleinen Racheakten: Wir sind es nicht wert, dass man sich um uns kümmert. Zu unwichtig, um uns seine Aufmerksamkeit zu widmen.

»Kann's losgehen?«, fragt Luchs und reicht mir eine mattschwarze Box mit Kabeln an einem Ende, die schwerer ist, als sie aussieht. Mit etwas Glück weiß Haven, was man damit anstellt.

»Ich glaube schon.«

»Dann auf ins Abenteuer!« Nun grinst auch Spektrum mich kurz an. Ich kann mich gar nicht erinnern, wann ich das letzte Mal jemanden von uns habe lächeln sehen. »Wird bestimmt spaßig.«

»Ihr beide habt einander echt verdient«, sage ich, denn als *Spaß* würde ich nichts von dem Ganzen bezeichnen. Meine Bemerkung ist trotzdem ehrlich gemeint. – Die beiden sind ein perfektes Team.

»Jetzt mal im Ernst«, seine Stimme wird sanfter, »bist du sicher, dass du weißt, was du tust?«

»Kein bisschen.« Aber ich weiß, dass Spektrum vor ein paar Tagen recht hatte. Ich musste überhaupt erst einmal eine Wahl treffen: Entweder werde ich aktiv, oder ich lasse es bleiben. Seit der Sturmnacht hat sich fast unmerklich ein Plan in meine Gedanken geschlichen. Je mehr ich darüber nachdenke, desto deutlicher wird er, wie die bruchstückhafte Musik eines Traums, die man zum Komponieren nutzt und Note für Note aufbaut, bis eine vollständige Melodie entsteht.

Haven hat mit Sorge reagiert, Isis mit Zweifeln, Pixel mit Gleichgültigkeit. Deshalb brauche ich die anderen. Phönix hat

Feuer und Kampfgeist. Mage lässt sich nie von Hindernissen aufhalten, wenn er etwas erreichen will. Fabel ist in der Band unser verlässlicher Taktgeber. Sabine hat ihren E-Bass und jede Menge Grips in einem Gehirn, das nicht aus dem Web stammt.

Mit einem letzten Blick auf die Box schiebe ich sie im Shuttle zwischen die Wasserkästen. Ich habe tatsächlich keinen Schimmer, wie alles laufen soll, wenn wir aus der Stadt raus sind. Noch fragwürdiger ist die Aktion, die ich als Nächstes geplant habe.

»Sag Haven, ich bin in einer Stunde zurück.« Der Himmel ist schon fast dunkel, und mit etwas Glück bleibe ich wirklich nicht länger weg. Ich muss bescheuert sein, denke ich, während meine Füße ganz von selbst und unaufhaltsam den Weg zur Glasspinne einschlagen.

Zur Kon-Zentrale.

Der ganze Marmor lässt jeden Schritt und jedes Hüsteln doppelt so laut erscheinen. Klickend huschen die Finger der Angestellten am Empfang über die Tasten. Ich halte Ausschau nach verräterischen Zeichen und finde sie auch, denn die Bewegungen sind ein bisschen zu mechanisch, zu steif und kontrolliert. Am liebsten würde ich ihnen ins Gesicht schreien, um sie aus dem Nebel zu wecken, mit dem die Streams sie einhüllen und ihre Gedanken ertränken. Aber mit meiner Stimme werde ich wenig ausrichten. Dazu braucht man schwerere Geschütze.

Falls es denn überhaupt machbar ist.

Ich strecke den Rücken durch und schenke einem der Wachleute im Vorbeigehen ein strahlendes Lächeln. Seine geweiteten Pupillen ziehen sich kurz zusammen, sein Daumen fährt über das glatte Metall der Waffe an seinem Gürtel. Ich steige in den Aufzug und fahre nach oben. Versuche nicht daran zu denken, was beim letzten Mal passiert ist.

Versuche noch weniger daran zu denken, was bei diesem Mal passieren könnte.

Wenigstens liege ich mit meiner Vermutung richtig. Wraith hat das Büro des Bürgermeisters übernommen und das Namensschild geändert. Garantiert wird er sich bald einen hochtrabenden Titel zulegen. Im Moment sind alle im Web zu high oder betäubt, um solche Feinheiten zu verstehen. Die Tür ist verschlossen, und ich habe nicht vor zu testen, ob der Scanner mich einlässt. Wie ich sehe, ist das Büro gleich daneben offen. Ich muss mich zwingen, nicht auf dem Absatz kehrtzumachen und wegzulaufen. Jetzt bin ich schon so weit gekommen. Da muss ich es auch zu Ende bringen.

»Alpha.«

»Hi.« Ich spreche seinen Namen nicht aus. Das ist nicht Omega, nur noch sein Körper. Falls es ihm überhaupt auffällt, reagiert er jedenfalls nicht darauf. Er lässt seinen Blick aus dem Fenster über das Web schweifen. Mein Herz klopft heftiger. Als wir noch klein waren und von Anthem alles über Musik gelernt haben, hat Omega immer als Erster frustriert aufgegeben. Er fand sich nicht perfekt genug, und unser Bruder hielt das für Desinteresse.

Nun steht er aufrecht und stolz da, die Schultern gestrafft. So habe ich ihn noch nie vorher gesehen.

»Du hast also nicht wieder mit dem Streamen angefangen«, stellt er fest.

»Nein.«

»Hast du es irgendwann vor?«

Ich wende den Blick ab.

»Na gut.« Er wedelt beiläufig mit der Hand. »Du wirst schon noch einknicken. Genial, oder? Alles ist wieder wie früher, und die anderen Städte sind auf dem besten Weg, sich anzuschließen. Der Konzern ist zurück. Es hat wirklich geklappt«, sagt er, als könne er sein Glück kaum fassen. Ich kann nicht glauben, dass ein Mensch so redet, den ich mein ganzes Leben lang gekannt und geliebt habe.

»Ich muss wissen, wie«, flüstere ich. »Und warum. Von dir persönlich.« Bisher konnten wir nur Vermutungen anstellen und uns auf die Indizien stützen, die Anthem gefunden hat. Das ist nicht genug. Ich muss meinen verräterischen Zwilling dazu bringen, dass er mir den Rest erzählt.

Das ist nicht wirklich Omega, nur noch sein Körper. Echo, Echo. Ich schiebe die innere Stimme weg, weil es keine Rolle mehr spielt. Dafür ist es zu spät.

»Du weißt das meiste doch schon. Schließlich habt ihr im Web als Erste angefangen, euch alles zusammenzureimen. Ich muss zugeben, das hat uns ein bisschen überrascht. Wir waren davon ausgegangen, dass wir mehr Zeit haben würden, vor allem nach Havens Aktion. Da hättet ihr doch eigentlich zu sehr mit Anthem beschäftigt sein müssen, um euch um die Außenwelt zu kümmern. Stimmte ja auch irgendwie, aber teilweise lag ich leider doch daneben. Und dann musstest du ja unbedingt losrennen und deine beiden Freakfreunde in die Sache mit reinziehen. Da wurde uns klar, dass wir nicht mehr viel Zeit hatten.«

»Was haben die beiden dir denn bitte getan?«

Omega verzieht das Gesicht. »Sie sind Wraith und mir über den Weg gelaufen, als wir mitten in der Nacht von der Regierungszentrale kamen. Natürlich wussten sie nicht, wer er war, aber sie hätten herumschnüffeln und es rausfinden können. Also habe ich ihnen gesagt, sie sollten unser Zusammentreffen besser vergessen, oder ich würde Riegel erzählen, in welchen illegalen Mist sie verwickelt sind. Ich schätze, sie haben geglaubt, dass wir auch bloß unterwegs sind, um Technik zu stehlen. Aber ich wollte lieber kein Risiko eingehen.«

Tja, das erklärte jedenfalls, wieso er beim Anblick von Luchs und Spektrum so ausgeflippt war und versucht hatte, sich nichts davon anmerken zu lassen. Natürlich konnte er mir nicht sagen, was das wirkliche Problem war.

»Wieso lief eigentlich das Radio gerade im falschen Moment?«, frage ich als Nächstes. Zwar gibt es keinen Punkt in der Vergangenheit, auf den ich tippen und sagen könnte: Da, genau da hat sich alles geändert. Aber die Stream-Sendung aus dem Radio kommt solch einem Wendepunkt wohl am nächsten. Omegas Mund verzieht sich zu einer Grimasse, die vage daran erinnert, wie er früher Gesichter geschnitten hat, um mich zum Lachen zu bringen.

»Jonas hat das Ding damals laufen lassen. Seinetwegen wären wir fast aufgeflogen, aber er wusste ja nicht Bescheid. Ein dummer Zufall, sonst nichts. Außerdem hat er diesen Schnitzer inzwischen mehr als ausgebügelt. Danke, dass du ihn mir geliefert hast. Er ist uns eine enorme Hilfe gewesen.«

Nur mit größter Beherrschung kann ich mich davon abhalten, Omega anzuspringen und ihm mit bloßen Händen die Kehle herauszureißen, Zwilling oder nicht. »Was habe ich dir jemals getan?«, zische ich, während meine Wut die letzten Reste von Trauer niederbrennt. Dem Omega von früher nachzuweinen ist eine verdammte Zeitverschwendung. Jetzt ist er nun einmal, wer er ist. Ich könnte ihm seine Taten niemals verzeihen, selbst wenn ich ansonsten einfach aufgeben und den Kon zurückkehren lassen würde, wie ich Haven vorgeschlagen habe.

Obwohl Jonas sich irgendwo im selben Gebäude befindet, ist er für mich unerreichbar. Man hat ihn mir für immer gestohlen.

»Was du mir getan hast?« Omega schüttelt den Kopf. »Nichts, Alpha. Aber der Konzern ist ewig, und du wolltest dich uns nicht anschließen. Was sollte ich deiner Meinung nach tun?«

Darauf fehlt mir die Antwort.

»Lass uns in Ruhe!«, warne ich ihn stattdessen mit einer Stimme, die kampfeslustiger wirkt, als ich beabsichtigt hatte. Ich wusste gar nicht, dass ich so klingen kann. »Der Kon hat uns schon genug wehgetan. *Du* hast uns genug wehgetan, Omega.« Zwischen beidem gibt es jetzt keinen Unterschied mehr.

Endlich wendet er sich mir ganz zu, und mein Bruder – tatsächlich mein Bruder – erscheint als ein kurzes Aufflackern in seinen Augen. »Verschwinde aus dem Web«, sagt er. Seine Stimme ist emotionslos, und ich kann nicht unterscheiden, ob er mich warnt oder mir droht. Trotzdem ist die Verbindung zwischen uns einen Moment lang so stark, dass sie mir den Atem raubt. Er liest meine Gedanken wie früher. »Du kannst uns nicht besiegen. Geh einfach. Wenn du freiwillig verschwindest, lassen wir dich und die anderen in Frieden.«

Mit offenem Mund starre ich Haven an. »Was soll das heißen, du kommst nicht mit?«

Ich wusste, dass ihr der Transport von Anthem Kopfschmerzen bereitet. Aber sie hat versichert, dass es technisch möglich sei, und ich habe ihr geglaubt. Um uns herum im Rückschauzentrum wird es ganz still, weil für mich alle anderen in den Hintergrund treten und zu Schatten werden.

»Jemand muss hier die Stellung halten«, sagt Haven. Ihr Blick huscht in Richtung Fußboden und dann wieder hoch zu meinen Lippen. »Wer weiß, was Omega und Wraith sonst anstellen. Mit … denen da unten.«

Ich fühle Panik in mir hochblubbern. Wie soll ich ohne sie klarkommen? Und ohne Anthem? »Klar, dafür bist du natürlich die beste Kandidatin. Weil du sie schon von Weitem kommen hörst.« Jemand zieht scharf die Luft ein – Isis, glaube ich. Haven zuckt zurück, als hätte ich ihr ins Gesicht geschlagen, was der Wahrheit ziemlich nahekommt. Leider ist der Fußboden zu solide, um darin vor Scham zu versinken. »Tut mir leid. Das habe ich nicht so gemeint.«

»Doch, hast du.« Sie zuckt mit den Schultern und blinzelt heftig. »Kann ich dir nicht verdenken. Schließlich stimmt es ja.«

»Also, was passiert, wenn sie tatsächlich auftauchen?«

»Sie sind nicht an uns interessiert, Al«, sagt Pixel und tritt einen Schritt vor. »Eine Exsonic, eine Krankenschwester und ein Ex-Junkie … wir sind keine Gefahr für sie, und das wissen sie auch. Aber selbst wenn es anders wäre, würden die Kon-Typen sich keine Mühe geben, weil sie dafür zu arrogant sind.«

»Das heißt, du bleibst auch hier«, stelle ich fest. Die Entscheidung steht ihm ins Gesicht geschrieben. Ich frage mich, zu wie viel Prozent er diesen Entschluss gefasst hat, weil er Mage und Phönix nicht begegnen will, nachdem sie ihn jahrelang angelogen haben. Das Gleiche gilt für Haven.

»Du bist mit allem ausgerüstet, was du brauchst«, sagt Isis. »Für dich ist es wichtig, ein sicheres Versteck zu finden, nicht für uns. Du bist nicht allein, und falls du zusätzliche Hilfe brauchst, reicht eine Tickernachricht mit den abgeschirmten Tablets. Wir sehen uns wieder, wenn alles vorbei ist.«

Ich schaue die drei der Reihe nach an, während meine Finger sich abwechselnd zu Fäusten verkrampfen und wieder öffnen. Alles in mir sperrt sich gegen den Gedanken, dass Haven recht hat … und dass mir von Anfang an klar war, wie ihre Entscheidung lauten würde.

Wir sind die neue Generation. Diesmal müssen wir den Kon aufhalten.

Als mir dieser Gedanke zum ersten Mal durch den Kopf geschossen ist, dachte ich allerdings noch, ich hätte Omega an meiner Seite.

■

Es ist merkwürdig, hier im Shuttle zu sitzen und die Reaktion von Luchs und Spektrum zu beobachten. Als ich das Web zum ersten Mal hinter mir gelassen habe, war ich zu sehr mit meinen eigenen Gefühlen beschäftigt, um auf andere Leute zu achten. Mir dämmerte, was ich alles zurückließ, und vor allem, wen. Gleichzeitig schaute ich überwältigt vor Staunen auf die Welt, die um uns herum und vor uns lag. Ein endloses Nichts, ein leerer Himmel ohne Skyline, und doch fühlte es sich nicht leblos an.

Jetzt halte ich den Blick erst auf Luchs, dann auf Spektrum gerichtet, dessen Hände das Steuerrad umklammern. Noch immer verbinden unsichtbare Fäden uns mit dem Web, die sich hinter dem Shuttle jedoch immer dünner dehnen wie Gummibänder kurz vorm Zerrreißen. Die beiden grinsen sich an, aber ihre Mundwinkel sind angespannt. Im Gegensatz zu mir sind sie nicht gerade begeistert, alles hinter sich zu lassen. Im Web nach der Revolution haben sie sich schnell eine perfekte Nische geschaffen, wo sie sich zu Hause fühlen konnten. Ohne mich und meine Pläne würden sie auch diesmal klarkommen und sich anpassen.

Ich weiß nicht einmal mehr, was *zu Hause* bedeutet. Die beiden zu beobachten ist leichter, als über alles nachzudenken, was ich diesmal auf der Insel zurücklasse.

Die Strecke bis zur Mittelstation fühlt sich kürzer an als auf der Hinfahrt mit Fabel, Sabine und Jonas. Kaum zu glauben, dass unsere Reise erst Wochen her ist und nicht Jahre. Als die Station auftaucht, bin ich regelrecht überrascht, dass mich weder zerfallene, vergessene Ruinen noch frisch aufpolierte Gebäude erwarten. Alles ist ganz genau wie vorher.

Nur stiller.

Unsere Reifen sprühen spitze Kiesel in alle Richtungen, als wir auf dem leeren Parkplatz anhalten. Um uns herum liegt totes Ödland, dessen drückende Stille herankriecht und jedes Geräusch zu verschlucken scheint. »Wartet hier«, sagt Spektrum und steigt aus. Dunkles Metall glänzt in seiner Hand. Luchs und ich tauschen einen Blick, während Spektrum sich langsam der Gebäudegruppe nähert und sie in Augenschein nimmt.

»Alles leer«, sagt Spektrum, als er zurückkommt. »Niemand mehr hier. Trotzdem sollten wir wohl besser dahinten parken.« Er zeigt auf den Kubus, der am weitesten von der Straße entfernt steht. »Nur um sicherzugehen.«

Ich kann bloß hoffen, dass der Kon weiterhin glaubt, meinen Willen gebrochen zu haben, sodass ich keinen Kampf wünsche oder wage. Und dass Omega seine Abschiedsworte ehrlich gemeint hat.

Ich schließe kurz die Augen und muss mich einmal wieder daran erinnern, dass Omega und Jonas mit Haut und Haaren aufgezehrt wurden. Assimiliert. Opfer einer feindlichen Übernahme. Ihre Körper sind leere Hüllen, die für den Kon marschieren. In ihren Köpfen haben andere die Kontrolle. Die beiden sind nicht mehr die Menschen, die ich liebe. Nicht länger mein Bruder und Lebenspartner.

»Hey.« Spektrum berührt meinen Arm. »Alles okay mit dir?«

»Ja, schon gut.«

Wir schlagen unser Lager in einem komplett leeren Gebäude auf, das nur aus Wänden und kahlem Fußboden besteht. Immerhin gibt es elektrischen Strom. Ich kann kaum glauben, wie schnell es Luchs gelingt, das ganze technische Equipment aufzubauen, das Haven mit den beiden zusammengestellt hat.

In kürzester Zeit haben wir Computerpower und alles andere, was wir brauchen.

Falls Omega seine Meinung ändert, wird er nicht lange brauchen, um uns hier aufzuspüren, aber ich habe noch einen anderen Grund, ständig auf die Uhr meines Tablets zu schauen. Nach einer Weile lasse ich Spektrum allein, der inmitten seines Kabelchaos auf dem Boden hockt, und gehe nach draußen.

Ich gehöre nicht dem Kon. Niemals. Ganz egal, was sie mit mir anstellen wollten. Doch in der Tiefe meines Gehirns knistern eingebildete Funken. *Wir sind hier. Wir warten bloß darauf zu explodieren. Wir könnten jederzeit losgehen.*

Nein, weg mit den inneren Stimmen.

Ich schaue nach Osten. Vom Web ist nicht einmal ein Schimmer zu sehen, auch wenn ich die Augen zusammenkneife. Natürlich hat das nichts zu sagen. Ich bin der lebende Beweis dafür, dass es ganz egal ist, wie weit man fortläuft. Flucht ist unmöglich, also bleibt nur Kapitulation. Und dennoch: Wer am Ende auf der Verliererseite ist, muss sich erst noch zeigen.

Als ich wieder hineingehe, ist Luchs mit den Feineinstellungen auch schon fast fertig. Spektrum hat währenddessen ein paar Möbel herbeigeschafft: harte Plastikstühle und ein abgenutztes Sofa mit kaputtem Bezug. Auf einem Tisch ist unser Essensvorrat aufgetürmt. Der Raum wirkt seltsam gemütlich. Home sweet home. Meine Gitarre lehnt an einer Wand, daneben eine von Streams gesäuberte Konsole.

Ein Computerbildschirm flackert auf. »Womit fangen wir an?«, fragt Luchs.

Beide blicken in meine Richtung, und ich wünschte, ich hätte meine regenbogenbunten Haare zurück. Das Neonblau kommt mir plötzlich verlogen vor. Ich kann nicht das Gleiche schaffen, was Anthem damals getan hat.

Aber ich werde erst recht nicht in Omegas Fußstapfen treten. Eines Tages, wenn alles vorbei ist – wie auch immer das Ende aussehen mag –, werde ich Haven fragen, ob sie eine Alternative gesehen hätte, wenn uns Omegas Verrat früher klar geworden wäre. Ich halte mich immer noch an dem Gedanken fest, dass mein Zwilling selbst nicht Bescheid wusste. Bestimmt wurden seine Gedanken so langsam unterwandert, dass er bis zum Ende nicht gemerkt hat, was passierte, bevor die Überraschung perfekt war. Ich stelle mir vor, wie er ganz still und kampflos aufgegeben hat. Das ist immer noch besser, als zu glauben, dass er schon ewig Informationen gesammelt und Haven ausspioniert hat, um ihre geheimsten Tricks zu lernen.

Dann denke ich an meine Flashbacks. Bei mir war der Versuch, meinen Geist zu übernehmen, alles andere als unauffällig. Warum hat er nicht härter dagegen angekämpft?

Egal, inzwischen habe ich jedenfalls selbst ein paar Tricks gelernt. »Okay, mach mal Platz«, sage ich und knuffe Luchs vom Stuhl.

Mit einem dramatisch gequälten Lächeln lässt er mir den Vortritt am Computer und stellt sich daneben. Aus dem Augenwinkel sehe ich, dass Spektrum sich zu ihm gesellt und sich wie von selbst ihre Finger verschränken.

Ich erinnere mich, wie Jonas meine Hand hielt. An seine Stärke, die für mich immer beruhigend war, nie eine Bedrohung.

Die Verbindung zum System ist hier schwächer als gewohnt. Nur zögernd fließen die Daten durch ein Kabelnetz, das sich dünn wie Spinnenfäden vom Web bis zur anderen Küste spannt. »Hey«, sagt Spektrum, als ich der Hardware einen ungeduldigen Tritt gebe. »Du weißt hoffentlich, dass Gewalt nicht hilft.«

»Aber ich fühle mich gleich besser.« Ich tippe weiter und navigiere mich langsam durch die Datei-Ebenen. Dabei folge ich demselben Weg wie Anthem und Haven, denen ich in den letzten Tagen oft genug zugesehen habe.

»Glaubst du wirklich, dass du reinkommst?«

Gefunden. Vor mir liegt die Datei mit den Streams. Haven hat versucht, sie zu knacken. Anthem ebenfalls. Allerdings hatten sie nicht den Vorteil, Omega als Zwilling zu haben.

»Und ob«, sage ich.

Aber nichts funktioniert. Nicht unser Geburtsdatum. Nicht der Tag, als unsere MemoryChips implantiert wurden, oder unser erster Schultag oder die Todesdaten unserer Eltern.

Nicht einmal der Tag im weißen Raum.

»Verdammt«, murmele ich. Der Bildschirm blinkt und springt zurück auf die Eingabe, als wolle er mich verhöhnen. Ich kenne Omega doch. Besser als jeder andere Mensch.

»Vielleicht hat Wraith das Passwort bestimmt«, schlägt Luchs vor. »Wir können versuchen, auf weniger direktem Weg reinzukommen.«

Ich schüttle den Kopf. Denke einen Moment lang nach. Beim nächsten Versuch läuft mir ein heißes, fiebriges Gefühl durch die Adern und drückt mir fast das Herz ab. Ich halte krampfhaft den Atem an, bis das Passwort akzeptiert wird und endlose Reihen von Codezeilen sich vor mir entfalten.

»Was war denn das für ein Datum?«, fragt Spektrum.

Luchs schüttelt den Kopf, sodass seine violetten Spikes beben. »Der Tag, als Alpha nach Los Angeles abgefahren ist.«

»Mann, das ist echt kaltblütig.«

Eine Gänsehaut überzieht meine Arme. »Luchs, ich brauche sämtliche Informationen, die du aus der Frühzeit des Web finden kannst. Wie alles angefangen hat. Die ersten Versuche der Ärzte und was sie herausgefunden haben. Nicht nur den Mist, den wir in der Schule gelernt haben.«

»Wird gemacht.«

Der Kon in seinem Spinnennetz hat im Laufe der Zeit sicher Gewohnheiten entwickelt wie jedes andere Geschöpf, das lebt und atmet. Besonders, wenn es um die dunklen Seiten geht, um Geheimnisse, Begierden und das Vergnügen, anderen Schmerzen zuzufügen. Als Bürger des Web sind wir damit nur allzu vertraut, aber jetzt muss ich jedes Detail kennen.

Langsam wird der Himmel dunkler. Ich schaue alle fünf Minuten auf dem Tablet nach neuen Nachrichten oder der Uhrzeit. Angestrengt lausche ich auf das Geräusch von Shuttle-Reifen, entweder aus der einen oder anderen Richtung. Aber wir sind zu weit von der Schotterpiste entfernt, die hier als Straße durchgeht, um etwas zu hören. Ich trommele nervöse Rhythmen auf meine Knie und tigere auf und ab.

Dann öffnet sich die Tür, und die Umrisse von Sabine erscheinen im fahlen Licht eines Scheinwerfers. Sofort bin ich auf den Füßen und stürze quer durch den Raum, um sie so fest zu drücken, dass ihr die Luft wegbleibt und sie nur ein gekeuchtes »Hallo« herausbringt. Ein zweites Paar Arme legt sich um meinen Rücken. Fabel. Tränen durchnässen Sabines Schulter.

Mir ist klar, was als Nächstes kommt, sobald wir uns loslassen. Ich kann Mage und Phönix nicht einfach begrüßen, als sei nichts passiert.

»Erklär mir, warum«, sage ich zu Phönix. Das bin ich Anthem, Pixel und den anderen schuldig. Sonst könnte ich ihnen nicht in die Augen schauen, wenn wir uns wiedersehen (und ich muss daran glauben, dass es ein Wiedersehen gibt und die hastige Verabschiedung im ZFR nicht unser letzter gemeinsamer Moment war). Also stelle ich als Erstes diese Frage, auch wenn es schmerzt.

»Weil wir Wraith nicht finden konnten … und es wichtig war, dass alle mit ihrem Leben weitermachen konnten«, gibt Phönix zur Antwort. Ich habe ihre Stimme noch nie so leise und schwach gehört. Die tiefen Ringe um ihre Augen zeigen, was es sie gekostet hat, jahrelang dieses Geheimnis mit sich herumzutragen. »Alle hätten sich daran festgeklammert, statt loszulassen. Wir waren erschöpft, verwundet, ausgebrannt. Du und Omega, ihr wart noch Kinder, und Anthem war halb tot. Nach seiner Genesung musste er sich um euch kümmern, statt einem Typen nachzujagen, der sich vielleicht nur irgendwo verkrochen hatte, um zu sterben.«

»Und falls der Scheißkerl doch noch am Leben war«, fügt Mage hinzu, »dann hatte er vermutlich ein volles Kreditkonto, freien Zugang zum System und gut geplante Verstecke. Schau dir doch an, was gerade passiert … glaubst du wirklich, er war nicht auf den Notfall vorbereitet?«

»Habt ihr deshalb das Web verlassen?«, frage ich.

Phönix nickt. Das Scheinwerferlicht lässt ihre Haarmähne flammen wie ein Lagerfeuer an meinem Strand. »Es wurde schwerer, den anderen ins Gesicht zu sehen und gleichzeitig so ein Geheimnis zu haben, weißt du?«

Ja, darüber weiß ich tatsächlich ein bisschen Bescheid.

»Es tut uns leid, Kleines«, sagt Mage. »Echt verdammt leid. Wenn wir geahnt hätten …«

Aber wie sollten sie? Niemand hat das alles voraussehen können. »Okay.« Ich seufze. »Okay, gehen wir an die Arbeit.«

■

Sie haben alles mitgebracht, um das ich sie gebeten habe. Ich bin überrascht, dass im Shuttle noch genug Platz für die beiden war, ganz zu schweigen von Fabel und Sabine. Himmel, bin ich froh, meine Freunde zu sehen. Mage und Phönix stehen außerhalb des Lichtscheins und unterhalten sich mit leisen Stimmen. Ich werfe die Tür des Shuttles zu, das nun neben unserem Fahrzeug verborgen hinter dem Hauptgebäude steht, und lehne mich dagegen.

So viel Vergangenheit. Mehr Geschichten und Geheimnisse, als in acht Jahre hineinpassen sollten, und trotzdem nicht genug, um die ganze Story des Web zu erzählen. Wir brauchen weitere Informationen. Codezeilen scrollen über ein Dutzend Monitore und versuchen, den vollständigen Geschichtsablauf zusammenzusetzen.

»Und was machen wir jetzt?«, fragt Sabine. Ihr Blick schweift über den Fleck auf der Landkarte, der sich hochtrabend Mittelstation nennt. »Sind wir hier sicher?«

»Nicht mal annähernd.« Aber ich habe leider keine bessere Idee. »Mit etwas Glück brauchen wir nicht lange. Wie läuft es denn … drüben?«

Sie verzieht das Gesicht. »Überall tauchen diese – wie habt ihr sie genannt? – diese Konsolencenter auf. Als wir die Stadt verlassen haben, waren gerade die Clubs an der Reihe. Bestimmt wäre der von Mage und Phönix als Nächstes auf Linie gebracht worden. So etwas habe ich noch nie erlebt.« Nein, natürlich hatte sie das nicht. In Los Angeles kannte sie nur Frieden und Wärme, und jetzt marschierten bewaffnete Uniformierte mit Kopfhörern durch die Straßen, in denen immer noch der Duft des Ozeans hing.

Am liebsten würde ich gar keine Pause bei meiner Arbeit machen, aber wenn wir vor Erschöpfung halb tot umfallen, nützt das niemandem. Zusammen mit Sabine koche ich ein halbwegs gelungenes Essen und muss aufpassen, nicht schlafend auf meinen Teller zu kippen. Die Bettlaken sind kratzig, die Decken zu dünn, und dennoch war ich noch nie so froh, genüsslich die Augen schließen zu können.

Wie leicht es ist aufzugeben. Die Versuchung ist immer noch da.

■

Am Morgen lässt sich die Sonne blicken, zur gleichen Zeit wie meine Freunde. Sie taumeln aus ihren Betten, spritzen sich Waschwasser ins Gesicht, und dann treffen wir uns in unserem seltsamen kleinen Kommandozentrum. Ich drehe einen Becher mit Pfefferminztee zwischen den Händen – allein für dieses Mitbringsel hat Phönix verdient, dass ich ihr verzeihe – und bemühe mich, unter den ganzen Blicken nicht in mich zusammenzuschrumpfen.

»Okay.« Wieder lasse ich den Becher kreiseln. Zwar ist es mit der Zeit leichter geworden, die Geschichte meiner Flashbacks zu erzählen, aber diesmal gibt es die zusätzliche Hürde, dass einer meiner Zuhörer schon Bescheid weiß. Ich kann keine Einzelheiten beschönigen oder auslassen, weil Fabel mir sonst ins Wort fallen dürfte wie damals bei Jonas.

Jonas.

Konzentrier dich. Das hier ist wichtig.

Zum ersten Mal, während ich alles beichte, zielt meine Geschichte nicht auf einen klaren Endpunkt ab, sondern beschreibt eher den Weg, der uns hierhergebracht hat.

»Ell ist am letzten Tag der Revolution aufgetaucht, um Omega und mich zu holen. Sie hat uns in die Kon-Zentrale gebracht und streamen lassen. Aber das wisst ihr beide schon, schließlich habt ihr geholfen, uns zu retten. Einige Songs waren von Anthem, und Ell hat sie speziell codieren lassen, um uns damit … ich kann die Wirkung kaum beschreiben. Die Streams sollten in unseren Köpfen hängen bleiben und unsere Sucht allmählich immer stärker werden. So wären wir im richtigen Moment ganz besessen von dem Gedanken, den Kon zurückzubringen. Die Musik, die Ell uns vorgespielt hat, war eine frühe Version der Programmierung, mit der Wraith und Omega heute die Bürger gleichschalten«, erkläre ich.«Wraith hat etwas zu mir gesagt, direkt bevor er Jonas und Omega mitgenommen hat: Eigentlich hätte die Musik bei mir die gleiche durchschlagende Wirkung haben sollen wie bei den anderen im Web. Und wisst ihr, was …« Ich atme tief durch. »Er hatte echt keine Ahnung, wie knapp die Streams schon davor waren, mich zu übernehmen.«

Sind sie immer noch. Eine tickende Zeitbombe in meinem Gehirn.

»Er weiß Bescheid über meine Flashbacks und dass ich ein Gegengift suche, schließlich hat Omega ihm alles erzählt. Aber was dabei in unseren Köpfen passiert, konnten wir einander nie so richtig beschreiben. Als würden uns dafür die Worte fehlen, obwohl wir sonst über alles gesprochen haben.«

»Verstehe ich gut«, sagt Spektrum mit einem Blick zu Luchs.

»Drogentrips zu erklären ist nicht gerade leicht«, bestätigt Mage mit einem Nicken. »Selbst wenn man sonst auf einer Wellenlänge ist.«

»Genau«, sage ich, als hätte ich genauso viel Erfahrung damit wie die anderen. Schon früher war es für mich eine kleine, egoistische Erleichterung, dass Omega und ich nicht als die Einzigen mit diesem Problem zu kämpfen hatten – auch wenn unser Kampf anders aussah als bei den meisten –, und im Moment kann ich jeden noch so winzigen Trost gebrauchen. »Tja, und dann hat Wraith angedeutet, dass das Gegengift im System versteckt ist oder zumindest die Anweisung, wie man eines programmieren kann. Ich war nicht sehr überrascht, denn genau das habe ich eigentlich immer erwartet.« Nun ja, erhofft. Einfach vorausgesetzt. »Natürlich würde ich mir keinen medizinischen Stream anhören, den Wraith mir gibt. Aber ich durchforste seitdem das System danach. Keine Ahnung, was sich dort finden lässt.«

»Und was tun wir mit dem Gegengift-Code, falls wir ihn tatsächlich finden oder herstellen können?«, fragt Sabine.

»Ich bin ziemlich sicher, dass wir den Stream selbst herstellen müssen. Und wenn er nach einigen Tests bei mir funktioniert, dann sollte die Programmierung auch bei Omega wirken. Das heißt, wir können die Gehirnwäsche umkehren, die man ihm verpasst hat.« Ich mustere die Gesichter der anderen, zögere mit den nächsten Worten und drücke mir die Daumen, dass jemand die Pause füllt.

»Aber was ist mit Jonas?«, fragt Fabel. »Die Leute von der Westküste haben keine Chips. Bei ihnen wirken sich die Streams anders aus.«

Das war der Einwurf, auf den ich gewartet habe. Mein Blick schwenkt zu Sabine. Ich sehe geradezu, wie die schicksalsschweren Worte, die ich nicht auszusprechen wagte, in ihr Gehirn einsickern ... in ihr unverdorbenes, chiploses Gehirn. Fabel springt auf, und seine Augen suchen in der Runde panisch nach Unterstützung. »Nein, Alpha.«

»Ja, Alpha«, sagt Sabine. »Was denn, Fabel? Bin ich etwa hergekommen, um jetzt *nicht* zu helfen? Mit allem, was ich zu bieten habe? Ich kenne Jonas schon länger als jeder von euch. Wenn hier überhaupt jemand Anspruch auf ihn hat, dann ich. Ich muss also diesen Drogenscheiß hören und das Versuchskaninchen spielen, um meinen Beitrag zu leisten? Okay, dann tue ich das eben. Ich bin erwachsen und kann einiges aushalten. Legen wir los.«

»Danke«, sage ich fast unhörbar, weil die Gefühle zu laut in meiner Brust rumoren. Ich war darauf vorbereitet, dass sie ablehnen würde ... stattdessen hat sie so schnell zugesagt, dass mir jetzt nichts anderes übrig bleibt, als meinen Teil ebenfalls durchzuziehen. Ich kann unmöglich noch länger zögern.

»Was ist mit den übrigen Leuten im Web?«, fragt Phönix leise. »Wir haben nicht vor, bloß Omega und Jonas zu retten, oder doch?«

Die Versuchung ist groß, uns darauf zu beschränken. Eine kurze Befreiungsaktion und dann Flucht. Kann mir doch egal sein, welche finsteren Pläne Wraith für das Web hat. Vielleicht würde ich das tatsächlich tun, wenn es noch einen Ort gäbe, wohin ich fliehen könnte, aber er hat mir alles gestohlen: meine Sonne, meinen Ozean.

»Dafür sind unsere beiden Experten zuständig«, sage ich mit einer Geste in Richtung von Luchs und Spektrum. Bei diesem

Teil des Plans werden sie garantiert helfen wollen. »Ich habe es geschafft, die Dateien mit den aktuellen Streams zu öffnen. Darin sollten sich die Codierungen finden lassen, mit denen Wraith die Leute ruhigstellt.« Nur Wraith, sonst niemand vom alten Kon. Er ist der Drahtzieher hinter allem und hat die totale Kontrolle schon so weit überspannt wie die kreischenden Saiten einer E-Gitarre. Bestimmt würde er mir ins Gesicht lügen, wenn nötig, aber in diesem Punkt hat er die Wahrheit gesagt. Er hat ganz allein die Fäden in der Hand, da bin ich mir sicher. »Natürlich suchen wir auch nach einem Heilmittel für die anderen.«

Der Raum ist plötzlich zu eng, überfüllt mit Leuten und großen Worten. Ich gehe raus und schnappe nach frischer Luft. Der Morgen ist schon etwas wärmer geworden, aber ein schneidender Wind lässt meine Zähne klappern. Unter Fabels Stiefeln knirscht der Kies. Ich brauche nicht hochzuschauen, um seine Schritte zu erkennen, und er muss auch nichts sagen. Mir ist klar, was er von mir wissen will.

Ja, ich bin sicher, dass ich das Richtige tue. Weil ich es eben tun muss. Obwohl ich mich sonst immer aus gutem Grund gegen das Streamen gesträubt habe. Die Wahrscheinlichkeit, dass wir die Programmierung beim ersten Anlauf richtig hinbekommen, ist gleich null, und Streams können selbst unter idealen Bedingungen ein Gehirn vermasseln. Ich berühre die Stelle an meiner Kehle, wo die Würgemale frisch verheilt sind.

Die Bedingungen sind alles andere als ideal. Aber ich bin trotzdem bereit.

0111011011 **22** 1101110010

In der Küche steht ein alter Fernseher, den die Besitzer hinter abgenutzten Kochgerätschaften und Säcken voller Reis verstaut haben. Ich kann mir kaum vorstellen, wie langweilig das Leben hier gewesen sein muss. Endlose Tage und Nächte, in denen man nur darauf wartet, dass jemand für ein paar Stunden oder vielleicht eine Tagesspanne auftaucht, um dann gleich wieder abzufahren.

Vielleicht hat es ihnen gefallen. Vielleicht hatte die totale Stille ihren Reiz, gerade nach der ständigen Beschallung im Web und der zwangsverordneten Musik.

Aber jeder hat seine Grenzen. Sich ganz und gar vom Rest der Welt abzuschneiden ist ungesund und riskant.

Ich klicke durch die Kanäle und bleibe bei flimmernden Bildern aus Los Angeles hängen. Jeder Teil meines Körpers wird schwer wie Blei und scheint mich in den harten Fliesenboden zu ziehen. Dort ist die Straße, wo der Club steht. Ich verzichte darauf, Mage und Phönix zu rufen. Und da ist die Straße, auf der wir immer zum Strand gefahren sind. Sie ist abgeriegelt und schwer bewacht, als könnten die letzten Widerständler versuchen, in die Freiheit zu schwimmen.

Es gibt keinen Ort, an den man fliehen kann.

Ich wechsle wieder den Sender, sehe andere allzu bekannte Gebäude, deren Dächer den Himmel durchschneiden. Die gezackten Konturen der Skyline sind mir so vertraut wie die Linien auf meinen Handflächen. In meinem Kopf prallen die aktuellen Bilder des Web mit Erinnerungen aus meiner Kindheit zusammen. Alles ist genau wie früher. Patrouillen-Shuttles, Uniformen, Waffen. Die Kamera schwenkt über den Cyclonen und ich schaue in Tausende von Drogen vernebelte, tote Augenpaare.

Einen Unterschied gibt es allerdings. Der aalglatt gestylte Nachrichtensprecher versucht nicht, uns einzureden, dass der Konzern unser Freund und Helfer ist. Er hat nicht einmal ein künstliches Lächeln aufgesetzt. Vermutlich wurde mit einer Stream-Dosis nachgeholfen, bevor die Kameras losfilmten.

Freundschaft zu heucheln ist unnötig geworden. Jetzt zählt nur noch die grausame Realität.

Ein Klopfen an der Tür lässt mich zusammenzucken; ein Stapel Essgeschirr aus Metall klirrt zu Boden. Als das blecherne Geräusch aufhört, entspanne ich mich ein bisschen, aber nicht völlig.

»Hi, Bean. Wie kommt ihr voran?«

»Die anderen sind schon mit dem Aufbau der Instrumente beschäftigt.«

Gut.

»Willst du darüber reden?«, fragt Sabine.

Meine übliche Antwort lautet *Nein*. Sabine hockt sich neben meinen Füßen auf den Boden, faltet ihre schmalen Arme und Beine zusammen und sieht so locker und gelöst aus wie immer.

»Ich habe das alles verdient«, sage ich.

Ein scharfer Klaps lässt mein Knie brennen. »Fang gefälligst nicht an, dir so was einzureden.«

»Ich habe ihn links liegen gelassen, ihm alles Mögliche verheimlicht.«

»Du musstest dich ja wohl um genug anderen Mist kümmern. Jonas hat frei entschieden, ins Web mitzukommen, genau wie wir alle. Dein Zwillingsbruder hat ihn in die Sache hineingezogen, nicht du.«

»Ja klar, als wenn das so viel besser wäre.« Mir fehlen die Worte, um zu erklären, wie sehr ich für alles verantwortlich bin. Ich hätte die Gefahr voraussehen müssen. Ich hätte merken müssen, dass mit Omega etwas nicht stimmte. Aber ich habe nicht hingeschaut, weil ich es gar nicht wissen wollte und fest entschlossen war, nicht länger als nötig im Web zu bleiben. Die ganze Zeit habe ich nur an mich selbst gedacht, an meinen Strand und daran, zurückzukehren und wieder die Zehen – und den Kopf – in den Sand zu stecken.

Sabine legt sanft die Hand auf die Stelle, wo vorher ihr Klaps gelandet ist, und lässt sie dort ruhen. Im Fernseher kündigt ein anderer Sprecher an, dass neue Streams herausgekommen sind, ganz frisch und mit noch stärkerer Wirkung. Dazu zeigt der Sender eine Aufnahme von Wraith und bezeichnet ihn als den neuen Herrscher des Web. Sabine stößt ein Keuchen aus, als sie die Szene sieht. Ich schaue weg und lasse meine Augen überallhin wandern, bloß nicht zum Bildschirm. Als ob das helfen würde. Mich verstört nicht so sehr der Anblick von Wraith, denn er ist ein altbekannter Feind, und ich weiß, was er getan hat und wozu er fähig ist. Seine Haltung sagt, dass ihn nichts und niemand aufhalten kann. Neongelbe Fingernägel glänzen an seinen gefalteten Händen.

Omega steht hinter seiner linken Schulter, Jonas hinter seiner rechten. Kon-Anzüge sind ihnen knochenscharf auf den Leib geschneidert. Jonas trägt dunkelrote Schminkfarbe auf Lippen und Augenlidern und sieht so gut aus, dass ich kaum noch atmen oder denken kann.

»Haben sie die Sache nur eingefädelt, um dich zu verletzen?«, fragt Sabine leise.

Falls das der Plan war, hat es verdammt gut funktioniert. Also habe ich das zuerst auch vermutet.

»Nein«, sage ich und starre auf die Wand über dem Fernseher. »Jedenfalls bloß zu einem kleinen Teil. Omega wusste, dass von mir keine Hilfe zu erwarten war, selbst wenn ich aufgegeben und einfach zugesehen hätte, wie im Web alles den Bach runtergeht … das tut es jetzt natürlich trotzdem. Er brauchte von Anfang an jemand anderen, der ihm sagen konnte, was er wissen musste. Mich leiden zu sehen war nur ein zusätzlicher Pluspunkt.«

»Was zum Kuckuck konnte Jonas ihm denn Wichtiges erzählen?«

Mein Blick huscht zurück zum Bildschirm. »Alles über Los Angeles. Omega war schließlich nie dort. Wraith schon, aber wir wissen ja nicht, wie lange.«

Eine Vase voller Kirschblüten steht in meinem Umkleideraum. Schlimm genug, genau zu wissen, *wo* er damals war. Alles an diesem Abend hat sich kristallscharf in mein Gedächtnis geschnitten. Die Tickernachricht von Haven, die mich zu Anthems Totenbett rief … davor die Stunden am Strand … davor das Konzert im Club und der Filmriss, den ich auf der Bühne hatte. Ich habe zwar nie exakt feststellen können, wodurch die Flashbacks hervorgerufen werden, abgesehen von Müdigkeit und Erschöpfung, aber es gibt immer einen Auslöser. An diesem Abend war es die Tatsache, dass eine Personenbeschreibung vor meinen Augen lebendige Gestalt angenommen hatte. Ein bestimmtes Neongelb, das ich Haven und Anthem zuliebe nie trug. Die Farbe löste in Anthem offenbar den Drang aus, mit den Fäusten auf die nächste Wand einzuschlagen.

Jonas hat sein ganzes Leben in L. A. verbracht und kennt die Stadt besser als sonst jemand. Sein Wissen hat dabei geholfen, mir meine zweite Heimat zu stehlen.

Vielleicht kann ich sie zurückstehlen, aber sicher bin ich mir nicht.

Sabine und ich gehen zu dem Gebäudewürfel, in dem sich die anderen drängen. Inzwischen wirkt der Raum wie eine bizarre Mischung aus Tanzclub, Aufnahmestudio und fremdem Wohnzimmer. Instrumente, Verstärker und Mikrofone stehen rundum an den Wänden. Monitore füllen sich mit Text. Luchs und Mage tippen so schnell, dass man ihre Finger kaum erkennen kann.

Sind wir bereit? Nein, werden wir nie wirklich sein. Aber das bedeutet wohl, dass wir genauso gut jederzeit anfangen können.

Das Web ist aus einem Krieg entstanden. Um genau zu sein, ist es ein bisschen später emporgewuchert wie ein hartnäckiges Unkraut, das sich durch einen Riss im Beton schiebt und nach Sonnenlicht sucht.

Licht hat es nie gefunden. Stattdessen ist es ihm gelungen, sich von der Dunkelheit und Verzweiflung zu nähren, die auf der Insel herrschte.

Menschen sehnen sich nach Führern. Ich muss daran denken, wie schnell Wraith und Omega nach der Ermordung des Bürgermeisters die Stadt im Griff hatten. Man hat es ihnen leicht gemacht. Wie viel bequemer und sicherer fühlt es sich doch an, jemandem die Entscheidungen zu überlassen, selbst wenn seine Befehle grausam, brutal und gnadenlos sind.

Nach dem ursprünglichen Krieg vor über hundert Jahren wollten die Leute auch eine starke Führung. Dann begannen die Befehlshaber, sich gegenseitig zu bekämpfen, und aus diesem darwinistischen Fressen und Gefressenwerden wurde der Kon geboren: eine Gruppe machthungriger Männer und Frauen, die in den nächsten Jahrzehnten alle Hände voll zu tun hatten, ihre Stadt zu unterwerfen und durchzufüttern. Mehr als ein Dutzend Menschen ist für so etwas nicht nötig, wenn sie entschlossen, motiviert, stark und bösartig genug sind. Ob sie ihre Nachfolger heranzüchten wie im Fall von Wraith oder per Gehirnwäsche umpolen wie Omega und Jonas, ist letztendlich nicht wichtig. Die Geschichte wiederholt sich, weil die Vergangenheit vertraut ist und wir alles Vertraute beruhigend finden.

War es das, was Omega wollte? Ruhe? Hat er sich bloß gewünscht, dass das ständige Zerren der Flashbacks für eine Minute aufhört? Hatte er überhaupt eine Wahl?

Ich habe zu viele Fragen und zu wenig Antworten. Noch.

Der ursprüngliche Krieg gehörte schon immer zum Lernstoff in der Schule. Nach Anthems Revolution hat man ihn allerdings nicht länger als heroische Geburtsstunde des Web betrachtet, sondern als warnendes Beispiel. Jedenfalls kennen wir alle die historischen Hintergründe, nur eben nicht die entscheidenden Details, die ich jetzt brauche.

Auf einem der Bildschirme erscheint ein Foto. Keiner von uns kennt den Mann, der dort abgebildet ist. Er ist schon lange vor unserer Geburt gestorben. Sein weißer Kittel hängt schlaff und zerknittert von schmalen Schultern, dünne Augenbrauen heben sich, vom Blitzlicht verwirrt, über stumpfen Augen und einem schwachen Kinn.

Es wäre einfach, ihn zu hassen. Einfach, aber sinnlos.

Mit diesem Mann hat alles angefangen. Er war der erste Arzt, der einen Stream benutzt hat, um seinen Patienten zu helfen. Und ich gehe davon aus, dass er wirklich helfen wollte und keine Ahnung hatte, was andere mit der Droge anstellen würden, die er erfunden hatte.

»Hier gibt es ganze Studienberichte darüber«, sagt Phönix, gleichzeitig fasziniert und abgeschreckt, als hätte sie die Bauanleitung für eine tödliche Bombe vor sich – was ja in gewisser Weise stimmt. »Den Ärzten sind die Medikamente ausgegangen, und damals konnte niemand für Nachschub sorgen. Die Geräte waren zerstört, und fast jeder mit dem nötigen Wissen war tot. Chemische Mittel zu entwickeln ist kompliziert, aber die Patienten haben gut auf etwas anderes reagiert ...« Sie lässt den Satz verklingen.

Auf Musik. Also hat der Arzt getan, was er konnte, um das Leiden, die Wunden und Krankheiten zu behandeln, die unvermeidlich sind, wenn sich eine Gemeinschaft selbst zerfleischt, bis nur noch kahle Betonknochen aus einem verkohlten Leichnam ragen. Von diesem Moment an entwickelte sich alles wie von selbst. Experimente, Testpersonen, Computerprogramme und Musikinstrumente ergänzten sich in perfekter Harmonie.

Als Anthem den Konzern scheinbar besiegte, konnte ihm das nur gelingen, weil die nötige Waffe bereits entwickelt worden war. Mage hat sie gestohlen, praktisch unter der Nase eines Kon-Technikers. Wir haben diesmal etwas Ähnliches zur Verfügung, aber mit einem entscheidenden Unterschied: Anthem musste die Waffe nicht erst gegen sich selbst richten oder gegen Menschen, die er liebte. Er konnte sich darauf verlassen, dass der gestohlene Code funktionieren würde, weil der Kon sich keine Fehler erlaubte, wenn es ums Töten ging.

Ich kann mich auf überhaupt nichts verlassen. Keine Ahnung, ob die Dateien tatsächlich etwas hergeben, das Omega, mich und Jonas retten kann.

Mein Kopf schmerzt. Der letzte Flashback ist eine Stunde her, doch er hat meinen Nacken immer noch fest im Griff. Hier in der Mittelstation gibt es keinen Ort, an dem ich mich verkriechen kann, um den Blicken meiner Freunde zu entgehen, die mich lieben, mir vertrauen und darauf warten, dass ich sie attackiere. Wenn ich ehrlich bin, warte ich im Grunde selbst darauf.

Sie bilden sich wahrscheinlich ein, dass man ihnen nichts anmerkt. Fabel hat aufgehört, mich alle fünf Minuten zu fragen, wie es mir geht.

Guter Versuch, aber nicht gut genug. Blicke folgen mir überallhin und sind so spürbar wie Finger auf meiner Haut.

Ich wende mich von den Monitoren ab, durchquere den Raum und ziehe den Gitarrenriemen über meinen schmerzenden Nacken. Sabine greift nach ihrem E-Bass, Fabel nach den Trommelschlägeln. Spektrum steht an der Sound-Technik, wo eigentlich Jonas hingehört. Luchs lässt seinen Blick selbstbewusst und entschlossen über den ganzen Elektronikkram auf seinem Tisch wandern.

In Los Angeles konnte ich jeden Freitagabend darauf zählen, dass die Musik mich fortreißen und gleichzeitig mein Ich zusammenhalten würde. Mit der Hand über den Saiten erinnere ich mich daran, wie Anthem mir von seinem ersten Auftritt in Pixels Club erzählt hat, vom eigentlichen Anfang der Revolution, als seine Gitarre regelrecht mit ihm zu sprechen schien.

Meine bleibt stumm, stattdessen rede ich innerlich auf sie ein.

Du musst mich retten. Du musst uns alle retten.

◼

Musik. Ich habe seit Wochen nicht mehr richtig gespielt, abgesehen von ein paar Akkorden an Anthems Bett oder für mich allein im Park.

Alles klingt verkehrt, der Rhythmus ist daneben. Früher habe ich manchmal zum Spaß mit Spektrum gespielt. Wir haben jede Wasserbar mit Bühne gestürmt, die uns nehmen wollte. Aber wenn ich jetzt kurz von den Saiten hochschaue, erwarte ich unwillkürlich, jemand anderen zu sehen.

Ich frage mich, was Jonas wohl gerade macht.

Nein, tue ich nicht. Darüber kann ich jetzt nicht nachdenken.

Nach den vielen Auftritten in L.A. sollte ich an Publikum gewöhnt sein und mich nicht von jeder Bewegung im Raum ablenken lassen, sodass mir die Finger von den Saiten rutschen.

Phönix' Fuß klopft den Rhythmus und eine schräge Note schrillt aus meiner E-Gitarre.

Jonas Stiefelsohlen dürften das Web inzwischen gut kennen. Die Straßen gehören nun ihm, so wie früher mir.

Er hatte schon immer ein Talent dafür, überall zu Hause zu sein.

Eine Saite reißt.

»Du solltest eine Pause einlegen, Al«, fordert Luchs mich auf.

»Ich bin okay. Könnt ihr anderen bloß … eine Weile rausgehen und was essen oder so?«

Kurz darauf bin ich allein und mein Gitarrenspiel wird flüssiger. Jedenfalls besser als in der ganzen letzten Stunde, als ich krampfhaft versucht habe, meine Gedanken zu überspielen. Klare, geschmeidige Töne füllen die Luft um mich herum. Diesen Song habe ich noch in Los Angeles geschrieben, aber bisher hat ihn niemand gehört. Ich fühle mich fast wie früher, als Anthem mir alles beigebracht hatte, was er konnte, und mir danach die Freiheit ließ, den Rest für mich allein zu entdecken.

Allerdings werden mich meine jetzigen Versuche mehr kosten als Schwielen an den Fingern.

Die Proben ziehen sich tagelang hin. Der Raum füllt sich mit unserem verbrauchten Atem, mit Frustration, Ungeduld und wachsender Anspannung. Uns läuft die Zeit davon. Im Fernsehen zeigen die Kameraschwenks über Los Angeles, Seattle und das Web immer größere Areale, die von Uniformierten bewacht werden. Mage klickt sich in die Stream-Konten der Bürger, die natürlich wieder penibel geführt werden, und der Verbrauch steigt weiter, weiter, weiter, bis die weißen Zahlenreihen den pechschwarzen Bildschirm zu sprengen scheinen.

Strophe, Refrain, alles wieder von vorn.

Ich schlafe kaum und kann mich nur mit Mühe zwingen, etwas Essen hinunterzuwürgen. Meine Kehle ist ständig wie zugeschnürt, was ich den anderen gegenüber auf das viele Singen nach der langen Auftrittspause schiebe. Eine durchsichtige Lüge.

Sabine leiht mir ein paar Oberteile mit kürzeren Ärmeln, damit sich meine Finger beim Spielen weniger oft verheddern.

Die ganze Zeit beobachten sie mich. Ich kann mir denken, was in ihren Köpfen vorgeht. Sie fragen sich, ob ich unbewusst unsere Versuche sabotiere, weil ich bei den Proben ständig Mist baue, aber so ist es nicht.

Das Problem ist, dass sich ohne Jonas alles falsch anhört.

»Okay, das war's«, sage ich am Ende des nächsten Nachmittags und stelle meine Gitarre weg. Schweiß überzieht mein Gesicht, meine Fingerkuppen brennen. »Wir haben, was wir brauchen.« Ich warte nicht auf die Reaktionen der anderen, sondern marschiere nach draußen zu dem Gebäude, in dem sich die Betten und Duschen befinden. In einem gesplitterten Spiegel fahre ich die dünnen blauen Linien nach, die meine Haarfarbe auf der Stirn hinterlassen hat. Sie sehen aus wie zusätzliche Adern voller Blut, das ich märtyrerhaft vergießen kann, falls alles in einer Katastrophe endet.

Omega hat behauptet, dass er uns nicht verfolgen lassen würde, und bisher hat er sein Wort gehalten. Aber wenn wir zurückkehren und einen Angriff wagen, lässt sich nicht voraussagen, wie das Spiel ausgeht. Besonders, falls Omega zu früh durchschaut, welche Geheimwaffe wir benutzen wollen. Bisher hatte er den Überraschungseffekt immer auf seiner Seite – zuerst die Radios, dann die plötzlich geänderten Streams auf den Konsolen. Diesmal müssen wir es schaffen, ihn zu überrumpeln. Wissen horten und den Kon damit schlagen. Das ist der einzige Weg.

Die Dusche ist heiß und ihr Rauschen ein Echo des Gewitterschauers im Park. Ich stehe bestimmt eine Stunde unter dem Strahl. Sauberer kann ich kaum werden, aber ich bin nicht bereit für die Wirklichkeit, bis mir vom Dampf ganz schwindelig wird und ich aus der Kabine taumele. Das Handtuch, mit dem ich mich abtrockne, ist ungefähr so weich und saugfähig wie Sandpapier.

Als ich zu den anderen zurückkehre, haben sich neue Aufnahmegeräte zu den alten gesellt, kleben an Keyboards und dem Schlagzeug. Luchs gibt Kommandos, obwohl Mage und Phönix bestens wissen, was zu tun ist. Die beiden haben mehr Zeit in Tonstudios verbracht als jeder sonst hier, vielleicht abgesehen von mir.

Aus meinen Haaren fallen Tropfen auf die Gitarre, *pling, pling, pling*. Zu jeder anderen Gelegenheit hätte ich gedacht, wie cool das klingt. Jetzt schüttle ich mir nur die Strähnen aus den Augen. Sabine wischt sie mir ganz aus der Stirn und bindet sie zu einem Knoten an meinem Hinterkopf zusammen.

»Danke«, sage ich. Sie gibt mir einen Kuss auf die Wange und kehrt an ihren Platz zurück, von dem aus sie Fabel im Auge behält.

Eins, zwei, eins, zwei, drei, vier …

Als es zwischen uns klick macht, kann ich es fast hören – wie eine weitere Klangschicht, die sich unter die Instrumente mischt. Energie sammelt sich in meinen Fußsohlen, und während sie hochsteigt, schmilzt meine ganze Anspannung weg, bis nur die Musik übrig bleibt. Endlich kann ich mich in meiner Haut wieder richtig bewegen, frei atmen, mich im Auf und Ab der Melodie verlieren und finden. Nichts anderes ist mehr wichtig. Wir schweben, sind gleichzeitig überall und nirgends, unsere einzige Aufgabe ist es, den nächsten Akkord anzuschlagen. Fabels Arm wirbelt herab und lässt hinter mir die Trommeln dröhnen.

Magie. Alchemie.

»Noch mal«, sage ich, bevor die Gitarrensaiten ganz aufgehört haben, von den letzten Noten der Coda zu vibrieren. »Diesmal kriegen wir es richtig hin.«

»Perfektionistin«, murmelt Luchs. Ich zeige ihm den Mittelfinger. Die Welt außerhalb dieses Raumes ist verschwunden.

»Okay, ihr habt sie gehört«, sagt Luchs zu den anderen.

Strophe, Refrain, Coda, wieder von vorn.

Ich merke sofort, wann alles stimmt. Bei unserem sechsten Versuch verschwimmen die Minuten zu einem Rausch aus Klang und Instinkt. Mir wird erst klar, dass der Song vorbei ist, als wir uns atemlos und schockiert anstarren. Anthems Geist schwebt im Raum wie eine spürbare Präsenz, weil er mir alles beigebracht hat, was ich weiß. Falls ich überhaupt eine Chance habe, dann nur wegen ihm. *Hey, gut gemacht*, hat er mich früher manchmal gelobt. Ich bin sicher, dass er das jetzt auch sagen würde. Stolz sprudelt in mir hoch, wenn auch gedämpft, weil ich weiß, was als Nächstes kommt. Aber darüber will ich jetzt nicht nachdenken. Für Minuten oder Stunden ist mir alles aus den Händen genommen, denn noch ist die Aufnahme nur eine Masse gewellter Linien auf einem Monitor. Luchs und Mage setzen sich davor und gehen ans Werk, während Phönix sich von hinten über ihre Schultern lehnt.

Bei diesem Teil kann ich nicht helfen, und außerdem muss ich mich ausruhen, um meine Kräfte zu schonen. Sabine lässt sich auf die Couch fallen und zieht mich auf den Platz neben sich. Wir könnten fast wieder in unserem Umkleideraum in L.A. sein, voller Adrenalin nach einem Auftritt und nichts anderes im Kopf als die Frage, welche Snacks wir mitnehmen wollen, wenn wir an den Strand fahren.

Ich kann kaum glauben, dass mein Leben früher so einfach war, wenn auch nur für die Dauer eines Wimpernschlags, eines einzigen Takts. Eben noch da und schon vorbei, weil eine kurze Tickernachricht meinen sorgsam geordneten Alltag ins Chaos gestürzt hat.

Alpha, es ist so weit. Komm nach Hause. Und jetzt bin ich weder zu Hause noch an meinem Ozean, sondern in der Mitte einer toten Einöde gestrandet, wo ich nur hoffen und beten kann, dass mein Plan besser funktioniert als Anthems.

Ich dämmere weg, kann vor Erschöpfung kaum die Augen offen halten, und als ich wieder aufwache, bin ich allein auf der Couch. Ein erster Schimmer von Morgenrot füllt den Himmel mit Haven-Pink.

»Anscheinend haben wir es hinbekommen, Kleines«, sagt Mage leise zu mir.

»Anscheinend?« Mein Mund ist trocken. Die Frage soll das Unvermeidliche nur hinausschieben. Sabine öffnet die Tür mit Fabel direkt hinter sich, und die beiden lachen über etwas, während sie Essenstabletts in den Händen balancieren.

»Wir sind uns so sicher wie möglich, jedenfalls ohne …« Mage bricht ab. Ja, schon klar.

»Erst mal brauchst du ein Frühstück.«

»Danke, Bean.« Ich weiß zwar nicht, was das Essen in meinem Magen anstellen wird, aber jede gestohlene Minute ist mir recht.

»Willst du das wirklich machen? Versprich mir, dass du dir ganz sicher bist«, sagt Fabel. Er hat die Stimme gesenkt, und die anderen können so tun, als hätten sie ihn nicht gehört. Wenn hier überhaupt jemand den Job hat nachzuhaken, ob ich trotz des Risikos den nächsten Schritt gehen will, dann mein bester und ältester Freund.

Ich zögere, meine Gabel knapp vor dem Mund, und schaue zu ihm hoch. Bin ich sicher? Ja und nein. Ich weiß, dass die Programmierung, mit der sich der medizinische Stream in meinem Gehirn verankern soll, genauso gut Hackfleisch daraus machen kann. Aber wir haben niemanden sonst, der meinen Part übernehmen kann, und ich wusste schließlich schon immer, dass ich eines Tages vor dieser Entscheidung stehen würde. An meinem größten Traum hat sich seitdem nichts geändert. Ich suche immer noch nach einer Möglichkeit, uns zu retten – mich genauso wie meinen Bruder und alle anderen. Mein Gehirn ist mit dem von Omega zwar nicht identisch, aber wir denken auf die gleiche Weise … zumindest, solange wir nicht high sind. Wir hatten immer die gleiche Sicht auf die Dinge, sind auf die gleiche Art aufgewachsen, bis unsere Wege sich trennten, weil meiner mich quer über den Kontinent führte.

»Ja, ich bin mir sicher«, sage ich zu Fabel. Er nickt kurz und wendet den Blick ab. Luchs entfernt die Mini-Konsole von seinem Computer und bringt sie mir. Nur ein kleiner schwarzer Kasten, aber bedrohlich wie eine Waffe. Ich reiche meinen halb leer gegessenen Teller an Sabine zurück und lege mich ausgestreckt auf die Couch. In gewisser Weise hilft mir der Gedanke, dass ich dieses Experiment nicht mehr hauptsächlich für mich selbst durchziehe. Die zersplitterten Teile meines Ichs haben nun ein größeres Ganzes, ein höheres Ziel, hinter dem sie sich verstecken können.

»Okay, ich bin bereit.«

0110010000 **23** 1110100010

Rot. Diesmal ist der Raum rot wie Blut und Hass. Schmerz brennt heiß durch meine Adern, und über die Musik hinweg höre ich meine eigenen Schreie. Hände versuchen, mir die Musik zu entreißen. Nein, nein, ich brauche sie, ich töte jeden, der sie mir wegnehmen will. Wer sind diese ganzen Leute? Ich kenne keinen davon, und sie sehen aus, als ob sie Angst vor mir haben. Gut. Sollten sie auch.

Jetzt wollen die Hände mich niederdrücken, doch ich bin stärker als sie. Stärker als jeder auf der Welt. Der Rhythmus vibriert durch meine Knochen wie der Puls, der mich am Leben hält. So lebendig war ich noch nie. Glas zerklirrt, laut, und das Geräusch sollte disharmonisch klingen, aber es fügt sich perfekt in die Keyboardnoten ein, scharf und schmerzhaft schön.

Frische Luft füllt meine Lungen. Ich umklammere das Kästchen in meiner Hand, weil es die Musik weiterlaufen lässt, genau wie mich. Meine Füße hämmern im Takt auf den Boden. Ich habe ein Ziel. Eine Insel aus Stahl und Farben. Mein Zuhause. Ich verstehe nicht, warum ich stattdessen hier bin. Gitarrensaiten schwirren in meinem Kopf wie die Sendekabel, die sich quer durch den Himmel erstrecken und mich zurückführen. Ich muss zurück. Es gibt Dinge, die nur ich weiß. Mich durchströmen Gefühle, die nur ich kenne. Der Konzern braucht mich, denn ich werde ihn zur früheren Macht und Größe führen und den kleinen Ausrutscher beseitigen, den jemand ... jemand ...

Neonblau flackert durch mein Bewusstsein, und ich spüre einen Schmerz in der Brust. Schritte hämmern so laut hinter mir her, dass ich sie sogar über die Musik höre, die noch immer spielt und die ich niemals hergeben werde. Ihnen davonzulaufen ist wie Tanzen, getragen von Marionettenfäden aus Melodie und Euphorie, die meine Glieder bewegen. Aber die Stimme passt nicht dazu. Sie ruft immer wieder ein Wort, das mir seltsam vertraut vorkommt.

»Alpha! Alpha!«

Ich schaue mich nicht um. Ich bin Stadtbürgerin W2750 und das Web ruft mich, singt mir entgegen. Am lautesten klingt die Stimme von W2751. Omega.

Alpha!

Spitze Steine bohren sich durch meine Sohlen. Scharfkantiges Metall reißt an meinen Kleidern wie Klauenfinger, die aus der Erde ragen. Sie sind die einzigen Überreste der Gebäude, die früher hier standen, und ihrer Erbauer ... dumm und faul, ohne den Kon, der die Bürger beschützt, umsorgt und ihnen sagt, was sie tun und lassen sollen.

Nie wieder. Denn der Konzern ist ewig.

Alpha!

Ich kann nicht atmen. Arme winden sich um meinen Oberkörper und drücken mir die Luft ab. Rot wäscht wieder über mein Sichtfeld. Verschwinde, halt dich von mir fern. Du kannst mich nicht aufhalten. Ich schlage, trete und kratze mit spitzen Fingernägeln. Die Schreie sind fast wie Musik, aber er lässt nicht los. Er soll loslassen!

Er. Soll. Los. Lassen.

Ich beiße die Zähne zusammen und stoße ihn mit aller Kraft, sodass er nach hinten stolpert. Was dann passiert, nehme ich wie in

Zeitlupe wahr. Nicht länger im Takt der Musik, als hätten meine Augen und Ohren ein unterschiedliches Tempo. Ganz langsam stolpert er zurück. Sein Stiefel verhakt sich an einem Zementbrocken. Er fällt gegen einen alten Zaun, der nur darauf wartet, ihn aufzufangen. Alles geschieht unendlich langsam. Der rostige Pfeiler bohrt sich zwischen seine Schulterblätter, als sein Gewicht dagegensinkt, dann rammt die Spitze durch seinen Körper und tritt vorne unter dem Kehlkopf wieder aus.

Warme Flüssigkeit sprüht auf mein Gesicht.

Rot.

0000011011 **24** 1101101110

Wir begraben Fabel in der trockenen, toten Erde ein paar Hundert Meter hinter der Mittelstation. Nicht wir, um genau zu sein, sondern nur die anderen. Sie geben ihm die Art von Begräbnis, die im Web nicht üblich ist. Vor Kurzem habe ich noch mit Jonas über den kulturellen Unterschied gesprochen. Trotz der Fesseln um Hände und Füße kann ich mich weit genug rühren, um aus dem Fenster zu schauen, doch meine Tränen verwandeln die Gestalten in verschwommene Flecken. Der Atem gefriert in meinen Lungen, bis ich keuche, huste, schreie.

Niemand schaut in meine Richtung.

Sie haben mir alle nacheinander versichert, dass es nur ein Unfall war. So kann man es natürlich sehen, wenn man großzügig ist. Aber ich weiß es besser. Wir haben uns bewusst dafür entschieden, den Stream herzustellen. Niemand hat mich gezwungen, ihn zu hören.

Ich bin nur deshalb bereit, ihre Version der Geschehnisse hinzunehmen, weil das bedeutet, dass sie mir verzeihen können. Mir selbst zu vergeben wird länger dauern. Ich kannte Fabel seit über siebzehn Jahren, und genauso viel Zeit wird es sicherlich brauchen, bis ich nicht mehr das Gefühl habe, dass sein Blut an meinen Händen klebt.

Vielleicht gelingt es mir auch nie.

Vielleicht werde ich das alles sowieso nicht überleben.

Wir können ihn nicht auf die gleiche Weise zurückholen, wie Haven es bei Anthem gemacht hat. Uns fehlt die Technik, das nötige Know-how, und außerdem ist er zu schnell gestorben. Immerhin habe ich dafür gesorgt, dass Mage seinen MemoryChip herausgeschnitten hat. Eine leere Geste. Weil es im Web so üblich ist. Fabel hat keine Familie mehr, die ihn im ZFR besuchen könnte. Stattdessen hatte er mich, Phönix und Mage, Sabine.

Sabine. Ich kann sie nur anschauen, wenn sie mir den Rücken zudreht. Sie war die Erste, die mir versichert hat, dass es ein Unfall war, doch ihre Stimme klang mechanisch, und ihre Lippen bewegten sich kaum. Nun ist sie die Erste, die sich von dem Grab abwendet und mit langsamen, entschlossenen Schritten zu den Wohncontainern zurückkehrt.

Die anderen folgen ihr und schwenken zu dem Gebäude ab, in dem wir die letzten Tage mehr oder weniger gelebt haben. Hätte ich einen von ihnen … *ermordet* … dann wäre nun Fabel bei mir aufgetaucht, um nach mir zu schauen. Er hätte keine Angst gezeigt. Stattdessen trennt sich Phönix von der Gruppe und verschwindet kurz aus meinem Blickfeld, bevor das Schloss meiner Tür aufschnappt.

»Wie fühlst du dich?«

Früher ist mir diese Frage auf die Nerven gegangen, aber jetzt ist sie mehr als berechtigt. »Okay«, sage ich. Nicht *besser*, denn schließlich liegt mein ältester Freund da draußen, und sein kalter Körper beginnt schon zu verrotten. Aber die Gewissensqualen und unerträgliche Traurigkeit, die mich fast ersticken, sind ein gutes Zeichen. Ich bin wieder ich selbst. Glaube ich jedenfalls. Hätte der Stream mich immer noch im Griff, würde ich nicht trauern.

»Gut. Al, es war bloß …«

»Ein Unfall.«

Sie nickt und tritt näher. »Da drüben versuchen sie schon, an der Programmierung zu feilen. Ich habe Isis angetickert und soll dich untersuchen. Außerdem musst du uns sagen, ob du aufhören willst.«

Natürlich *will* ich. »Mir bleibt doch nichts übrig, als weiterzumachen. Isis hat mit dir gesprochen? Heißt das, sie hat dir verziehen?«

»Das Thema haben wir ausgeklammert.«

Ich bewege mich bewusst langsam, als sie mich nach Isis Vorgaben zu untersuchen beginnt. Die Hände halte ich steif wie eine Statue an meinen Seiten. Natürlich ist der Medizinkram vor allem Show. Ob mein Puls normal ist oder nicht, sagt wenig darüber, was in meinem Gehirn abläuft. Aber ich mache gerne alles mit, wenn die anderen sich dadurch besser fühlen und mich nicht länger für gefährlich halten.

Trotz unserer Zwillingsgene waren Omega und ich uns äußerlich nie sehr ähnlich. Inzwischen sind wir sogar zu regelrechten Gegenpolen geworden – orange und blau –, aber manchmal haben wir die gleichen Gesichtsausdrücke. Die gleiche Art zu lachen oder die Stirn zu kräuseln … Ich erinnere mich daran, wie mich im Krankenzimmer mit Jonas, Omega und Wraith pure, schreckliche Angst überkam. Durch dieses Erlebnis weiß ich genau, wie Fabel mich in den letzten Sekunden seines Lebens gesehen hat.

Phönix springt gerade noch rechtzeitig weg, als ich mich über den Bettrand krümme. Finger kämmen durch mein Haar und halten es mir aus dem Gesicht, bis ich nicht länger würge. Meine Augen tränen und Gänsehaut überzieht meine Arme. Als ich mich wieder aufrichte, will Phönix gerade rausgehen, um einen Wischmopp zu holen.

»Lass mich das machen«, sage ich.

»Bist du sicher?«

»Ja.«

Sie versucht, die Nervosität in ihrem Blick zu verbergen, während sie meine Hände losbindet. Aber mit mir ist alles okay. Ich bin innerlich ruhig.

Wie betäubt.

An der »Programmierung zu feilen« dauert Stunden. Mein Raum wird dämmrig und still, aber ich mache mir nicht die Mühe, das Licht anzuschalten. Wozu auch, wenn ich bloß mit geschlossenen, verweinten Augen auf dem Fußboden hocke und mich in Gedanken und Erinnerungen vergrabe. Fabels Mutter war mit meiner befreundet, und in gewisser Weise kannte ich sie besser als meine eigenen Eltern. Sie hat jeden Tag auf mich und Omega aufgepasst, solange Anthem bei der Arbeit war ... oder im Probenkeller am Südufer, aber das wusste ich damals natürlich nicht. Fabel hat mir als Erstes von der Musik erzählt. Ich kann mich bis heute an den Ausdruck in Anthems Gesicht erinnern, als wir ihn gefragt haben, was Drogen sind.

Jahre später hatte ich ihm kaum von meinen Umzugsplänen berichtet, da packte Fabel auch schon seine Sachen. Als sei es selbstverständlich, dass er mitkommen würde. Wir haben zusammen das Shuttle nach L.A. bestiegen, und als ich irgendwann nicht länger die Augen aufhalten und aus dem Fenster starren konnte, bin ich an seiner Schulter eingeschlafen.

Fabel hat Los Angeles vermutlich noch mehr geliebt als ich.

Schmerz zuckt durch meine Fingerknöchel, und der Fensterrahmen vibriert von meinem Schlag. Ich wünschte, Haven könnte ihn retten, wie sie es mit Anthem getan hat. Dann könnte ich ihm wenigstens sagen, wie leid es mir tut.

Es ist spätabends, als Mage und Spektrum mich holen kommen. Sie halten mich an beiden Armen fest, und ich wehre mich nicht. Meinetwegen dürfen sie mich auch gefesselt lassen, ist mir egal. In dem anderen Gebäude winkt mir Luchs von seinem Platz am Computer zu, und Phönix grüßt von der Couch. Beide werfen mir mitfühlende, traurige Blicke zu.

Sabine wendet sich ab.

»Fertig?«, fragt Spektrum und streicht mir über die Wange. Ich atme tief ein.

»Ja, lasst uns anfangen.« Ich schaue nicht hin, als er die Kopfhörer über meine Ohren stülpt und mich ein paar Sekunden lang in totale Stille hüllt. Im Kontrast dazu wirken die ersten Noten zu Beginn des Songs unerträglich laut.

Gitarren, ein Keyboard, dumpfe Trommeln. Wie verblendet diese Leute sind. Sie wollen mich aufhalten, aber sie haben keine Chance. Nichts kann uns aufhalten. Der Konzern ist auferstanden, besser und mächtiger als zuvor. Städte auf dem ganzen Kontinent teilen nun unseren Ruhm. Wir bringen ihnen Frieden in Form von Rhythmus und Musik.

Ewig, ewig, ewig.

Dort ist der Gefährlichste von ihnen – gleichzeitig hier und endlos fern, Augen wie Himmelfenster, körperloser Geist –, denn er hat schon früher versucht, uns zu bekämpfen.

Ich lache, und das Geräusch kräuselt sich wie Rauch, bis es in einem heiseren Fauchen endet.

Er hat es versucht.

Versager, sie alle. Wir sind der Kon.

»Lasst mich frei«, befehle ich. Wie können sie es wagen, mich zu ignorieren? Meine gefesselten Hände schnellen nach vorne und verfehlen nur knapp das nächste Gesicht. »Lasst mich frei«, wiederhole ich. Der Konzern braucht mich; das Web braucht mich; mein Zwilling und der Mann, den ich liebe, brauchen meine Hilfe. Gemeinsam werden wir uns zu nie gekannten Höhen aufschwingen. Ich trete mit den Beinen, krümme den Rücken durch und erwische einen der Verräter. Der Kupfergeruch von Blut erfüllt die Luft. Gut. Gut. Ihr sollt für den Konzern bluten. Wie Opfer auf einem Altar.

Krachend fliegt ein Stuhl, von meiner Stiefelspitze getroffen, mitten durch das geisterhafte Hologramm vor meinen Augen und gegen die Wand. Das Bild zersplittert, und ein Freudenfunken pulst in mir auf, doch die Zerstörung ist nur kurz. Gleich darauf ist er wieder ganz, völlig unbeschädigt.

Die Musik verändert sich, entfernt sich von der harschen Schönheit meines Zorns und wird zu Wasser, Luft, Leichtigkeit. Eine lang gezogene Note ertönt von einem Geigenbogen. Splitter von Gesichtern tauchen vor meinen Augen auf. Haven. Pixel. Mage. Wärme rieselt durch meinen Körper und kollidiert mit eisiger Entschlossenheit. Ich bin Dampf und Nebel, Millionen kristallener Tropfen, meine Gedanken lösen sich auf, verschwinden im Nichts, wunderbar friedliches Nichts ...

Schwärze. Entfernte Melodien, die ich nur vage auffange. Ich will meine Arme heben und kann nicht. Sie sind zu schwer. Mir ist alles zu viel, zu viel Dunkelheit, und ich fühle mich hier so viel wohler. Ich muss an nichts denken. Ich kann einfach die Augen geschlossen lassen und mich auflösen ...

Eine Hand klatscht gegen meine Wange, nicht sehr hart, doch das plötzliche Brennen lässt meine Lider aufflattern. Phönix starrt mich fragend an, während ich gefesselt und verkrümmt auf dem Fußboden liege. »Na, bist du wieder bei uns?«

Bin ich das?

»Ich glaube schon.« Autsch. Sie reicht mir eine Wasserflasche, um die Rasierklingen aus meiner Kehle zu spülen, doch stattdessen schneiden sie nur meinen Magen in Fetzen, als ich in die Gesichter um mich herum schaue. Alle starren mich an, und ich würde am liebsten unter den Tisch kriechen, doch ich kann mich nicht rühren. Die anderen warten. Als wüssten sie nicht selbst, wie schwer es ist, Stream-Erfahrungen in Worte zu verpacken. Schwarz-weiße Silben taugen nicht für Gefühle in Technicolor. »Die Version war besser? Vielleicht?«, sage ich. Immerhin habe ich diesmal niemanden getötet. Wahnsinniger kann der Tag nicht mehr werden, wenn das mein neuer Erfolgsstandard ist.

Aber wahnsinnige Tage sind inzwischen ja normal. Wann war es zum letzten Mal anders? Damals hatte ich Sand zwischen den Zehen und pure, unverfälschte Musik in den Ohren, vermischt mit Sabines Gelächter und Jonas sanfter Stimme. Absolut nichts davon gehört noch zu meiner Realität.

»Du scheinst dich schneller zu erholen.« Spektrum versucht, mehr Infos aus mir herauszubekommen.

Ich nicke. »Aber zum Schluss ...« Die Schwärze. Das war echt nicht gut.

»Okay.« Luchs und Mage gehen wieder an die Arbeit. Ich versichere ihnen, dass ich heute noch ein oder zwei Streams aushalte.

Die Musik ist alles, was ich will. Meine Daumen fahren den Rand der Kopfhörer entlang. Unter den Fesseln fühlt sich meine aufgeschürfte Haut an, als würde sie endlich zu meinen Knochen passen.

Los, lasst mich wieder anfangen.

■

Es wird jedes Mal einfacher. Ganz allein in meinem Zimmer (oder meiner Zelle) denke ich stundenlang an nichts anderes. Die Sonne zieht ihre Bahn über den Himmel, und wenn sie versinkt, wird das Verlangen stärker. Meine Haut kribbelt und zieht sich zusammen, bis ich die Kopfhörer aufsetze. Wieder und wieder. Gebt mir mehr. Bitte, nur noch einmal.

Wir tasten uns langsam heran. In endloser Folge dröhnen mir Kon-Streams in den Ohren, nur um von einer unserer Kompositionen wieder ausradiert zu werden. Jedes Mal ist mein Denken hinterher ein bisschen klarer und meine Sucht, damit weiterzumachen, ein bisschen stärker.

Inzwischen sehe ich genau wie all diese Leute aus, denen ich auf den Straßen des Web immer ausgewichen bin. Oder wie Anthem früher. Der Fernsehbildschirm ist voller explodierender Gebäude und tödlicher Schüsse.

Wir müssen damit Schluss machen. *Ich* muss damit Schluss machen.

Wieder einmal tauchen Mage und Spektrum auf, um mich zu holen. Ganz ehrlich, eigentlich brauche ich die Fesseln nicht mehr, aber inzwischen fühlen sie sich an, als würde sie mich zusammenhalten. Im Nachbargebäude sind alle mit ihren Aufgaben beschäftigt. Jeder hat seinen speziellen Job, und das hier ist meiner, ich Glückskind. Allerdings bin ich diesmal nicht als Einzige an der Reihe.

Die anderen geben uns so viel Privatsphäre, wie sie können, kehren Sabine und mir den Rücken zu und beschäftigen sich irgendwie.

»Es tut mir leid«, sage ich wieder. Sie nickt steif und akzeptiert meine Entschuldigung, weil sie keine Wahl hat. »Willst du das wirklich machen?« Ihre Augen werden groß und ich verfluche meine Wortwahl. Verdammt. Ich hätte wenigstens eine Formulierung benutzen können, die nicht haargenau Fabels letzte Frage wiederholt.

»Muss ich ja wohl.«

Stimmt. Falls die Gehirnwäsche bei Leuten ohne Memory-Chip anders wirkt – wie Isis vermutet hat, als Jonas mit Überdosis eingeliefert wurde –, dann können wir der Bevölkerung von Los Angeles und Seattle nur helfen, indem wir unser Gegenmittel vorher testen.

Auch Jonas können wir nur so retten.

Sabine kommt als Erste an die Reihe. Ich beiße die Zähne zusammen und konzentriere mich auf sie statt auf das kribbelnde, eifersüchtige Verlangen nach den Kopfhörern. Schließlich bekomme ich bald meine eigene Dosis.

Bloß nicht bald genug. Trotzdem warte ich, schaue zu und sehe wie in einem seltsam verzerrten Spiegel, wie ich selbst beim Streamen wirken muss. Genau das gleiche Bild gebe ich wahrscheinlich für die anderen ab, seit wir mit unseren Experimenten angefangen haben. Blanke Wut dringt ihr wie Fieberschweiß aus allen Poren, während sie um sich schlägt, die Zähne bleckt und schreit. Gleich darauf wischt der nächste Stream alles wieder fort, und Sabine bekommt Stück für Stück ihre normalen Gesichtszüge aufgepinselt. Phönix nimmt ihr die Kopfhörer ab und stellt eine Million Fragen, die Sabine mit schwerer, ungelenker Zunge beantwortet. Sofort beginnt Luchs, an dem Programm zu feilen, noch bevor Sabine ihren Bericht ganz zu Ende gebracht hat.

Ich weiß inzwischen, was mich erwartet, trotzdem ist es jedes Mal eine Überraschung, wenn mich der erste Stream zu blindem Zorn hochpeitscht und der zweite den Sturm genauso schnell wieder besänftigt, sodass nur ein schmerzhaft blauer Himmel zurückbleibt. *Du warst wie ein Regenbogen.* Mein Puls schlägt im Rhythmus der Musik, und meine Füße versuchen sich zu rühren – diesmal um zu tanzen, statt nach Menschen zu treten. Oh, könnte ich jetzt in einem der Sky Clubs sein, auf einer wirbelnden Tanzfläche, wo das Web sich wie ein funkelndes Spinnennetz hinter den Fensterscheiben ausbreitet.

Mage hilft mir auf die Füße und löst die Fesseln von meinen Händen, ohne mich oder die anderen um Erlaubnis zu fragen. »Sie ist okay«, sagt er. Keiner widerspricht und er befreit auch Sabine.

Kaum ist sie ihre Fesseln los, durchquert sie den Raum und verschwindet nach draußen. Phönix folgt ihr und behält sie im Auge, nur um ganz sicherzugehen. Aber ich glaube, Sabine ist ebenfalls okay … ein bisschen benommen, aber ansonsten in Ordnung.

Das erste Mal ist wie ein Gratisangebot, das zum Kauf verführen soll. Von Omega abgesehen ist Sabine die einzige Person, deren erste Stream-Erfahrung meiner ähnelt: Das Ganze ist unter Zwang geschehen, als gefährliches Experiment zum Wohle der Allgemeinheit. Trotzdem liegt zwischen uns ein unüberwindlicher Abstand, der immer größer wird und meine Brust zerreißt. Ich möchte ihr gerne sagen, dass alles gut wird, auch wenn das vermutlich eine Lüge ist. Mit etwas Glück können wir die Gehirnwäsche rückgängig machen, sowohl bei uns selbst als auch bei den anderen, aber die Sucht wird uns immer verfolgen. Mich hat sie jedenfalls nie in Frieden gelassen, war mir stets dicht auf den Fersen und bereit, beim ersten Zeichen von Schwäche zuzuschlagen.

»Lasst ihr uns einen Moment allein, Leute?«, fragt Luchs.

Es versetzt mir immer noch einen kleinen Stich, wie eilig es alle haben, aus meiner Reichweite zu verschwinden. Freundschaft kämpft gegen Furcht, weil sie nicht wissen, was ich als Nächstes tun werde. Trotz ihres Misstrauens hat Mage recht. Mir geht es gut. Wir haben es geschafft, glaube ich, oder sind zumindest nah am Ziel.

Gut. Fabels Gesichtsausdruck direkt vor dem tödlichen Sturz ist für immer in mein Gehirn gebrannt. Nichts wird jemals wieder gut werden.

Aber wichtig ist nur die Gegenwart. Sosehr es mir widerstrebt, dem Kon zuzustimmen, könnten sie in einem Punkt recht haben: Statt vergeblich zu versuchen, die Vergangenheit zu ändern, kann man sie ausradieren.

»Du musst mir versprechen, dass du wieder aufhörst.«

»Das kommt ausgerechnet von *dir*?«

Luchs' Finger spielen mit seinen purpurnen Haarstacheln. »Und ob, Schätzchen. Weil das hier nicht zu dir passt. So wolltest du nie werden, ganz im Gegenteil.«

Ich sinke auf die Couch und schweige. Ihn anzulügen würde nichts bringen, und außerdem will ich es auch nicht. Genug ist genug.

»Ich verstehe dich doch«, murmelt er so leise, dass ich mich anstrengen muss, ihn zu hören. »Ich weiß selbst, wie leicht es ist, sich einfach nur zuzudröhnen. Du hast Dinge gesehen, die du lieber vergessen willst, und wenn dir etwas dabei hilft, egal was …«

Ja, damit trifft er es genau. Ich rede mir ein, dass jeder weitere Stream unsere Ergebnisse verfeinert und dringend notwendig ist. Schließlich wollen wir wenigstens eine kleine Erfolgschance haben, wenn wir unsere Musik auf die Leute loslassen.

»Hattest du jemals den Wunsch aufzuhören?« Die Frage habe ich ihm noch nie gestellt.

»Ja.«

Ich warte.

»Manchmal habe ich mich gefragt, wie unser Leben wäre … oder hätte sein können … wenn Spektrum und ich zu den braven Jungs gehören würden, sauber und anständig, statt dauernd die Regeln zu brechen.« Er zuckt mit den Schultern. »Aber so sind wir nun mal nicht, Alpha. Wir mochten unser Leben immer, wie es war – zumindest bevor dein Bruder total abgedreht ist –, und hatten nie Lust, uns für etwas abzukämpfen.«

»Tut ihr jetzt aber.«

Ein flüchtiges Lächeln. »Ja, für dich. Ich glaube, dir ist gar nicht klar, dass du megacool bist und die Leute magnetisch anziehst.«

Mir fallen Dutzende von Gründen ein, warum das Unsinn ist. Ich bin nicht »cool«. Außerdem war ich die letzten acht Jahre nicht mal *ich*. »Das liegt nur an Anthem«, sage ich stattdessen.

Luchs lacht. »Nein, Süße. Jedenfalls nicht so, wie du denkst. Den Leuten, die dir wichtig sind, geht es nicht darum, wer dein Bruder ist. Oder war. Aber du ähnelst ihm sehr, und schließlich gibt es einen Grund, warum ihm damals so viele geholfen haben. Sei einfach du selbst, Al. Aber dafür musst du mit dem Mist aufhören. Tu es wegen Fabel und der Sache, die mit ihm passiert ist.« Wow, tolle Umschreibung. »Damit es wenigstens einen Sinn hatte.«

Aber ich fühle mich, als würde meine Haut mir endlich passen. So komme ich der Person etwas näher, die ich sein sollte … der Machthaberin an Omegas Seite, mit der zusammen er den Konzern wieder aufbaut, diesmal für immer und ewig. Jedes Mal, wenn die Kopfhörer meine Ohren bedecken, erlauben sie mir ein paar Minuten lang, dieses andere Ich zu sein, dessen Präsenz so überwältigend ist, dass Vergangenheit und Zukunft davon völlig ausgelöscht werden.

Am gegenüberliegenden Ende des Raums blinkt mein Tablet. Ich ignoriere es. Wahrscheinlich fragt einer von den anderen, ob sie wieder reinkommen können. Seit sie mir ins Niemandsland nachjagen mussten, habe ich erst richtig verstanden, wie schutzlos wir in diesem Außenposten sind, den meilenweit tote Leere umgibt. Als Gruppe zusammenzuhocken hat in dieser Situation etwas Beruhigendes.

Selbst wenn die Gruppe auch mich enthält.

»Ich höre auf«, verspreche ich Luchs. Sonst hätte ich mir die ganze Quälerei wirklich umsonst angetan. Dann wäre es fast besser gewesen, schon vor Wochen aufzugeben, nie aus dem Web fortzugehen oder gleich wieder nach L.A. zurückzukehren. Mich in Streams zu verlieren, bis mir alles egal wird. Oder mit Omega und Wraith die Macht an mich reißen. Und mit Jonas.

»Braves Mädchen. Tja, dann ist wohl der Rest von uns an der Reihe, sich den Kopf freizublasen.«

»Das wird anders als in den Clubs, die du so toll findest.«

»Hab ich mir gedacht. Ich hole die anderen rein.«

Ich verdiene die nervösen, scharfen Blicke, aber sie lassen den Raum schrumpfen, bis ich kaum noch Luft bekomme. Dabei ist das Atmen schon schwer genug, seit Fabel damit aufgehört hat.

»Lass ihnen Zeit.«

Meinetwegen gerne, so viel sie brauchen. Nur fürchte ich, dass uns die Zeit davonläuft. Ich bin nicht so blauäugig zu glauben, dass alles reibungslos klappen wird, bevor wir es in der Praxis gesehen haben. Und nach den letzten Wochen zu urteilen, ist nicht einmal das eine Erfolgsgarantie.

Okay, dann also los.

Ich stelle mich in eine Ecke und beobachte Luchs und Spektrum, die auf der Couch liegen. Sie scheinen mit der Musik besser klarzukommen. Vielleicht weil sie das Streamen gar nicht erst aufgegeben haben, oder die Wirkung ist weniger brutal, weil wir die Codierung stückweise verbessert haben.

Mein Tablet meldet sich wieder. Diesmal greife ich danach und reiße meinen Blick von Mage und Phönix los, die angefangen haben, Luchs und Spektrum mit Fragen zu löchern. Sie begleiten die beiden ins Nachbargebäude, wo sie sich kurz frisch machen und etwas essen können.

Währenddessen lese ich die alten und neuen Tickernachrichten. Ich hatte recht: Vorhin wollte Mage tatsächlich bloß wissen, ob er mit den anderen wieder hereinkommen kann. Aber der neue Text ist von Isis, und bevor ich ihn ganz durchhabe, taucht schon der nächste auf, dann der nächste und nächste.

Man hat sie mitgenommen._

Wir haben geschlafen. Sie war wach._
Natürlich hat Haven die Wachen nicht kommen gehört. Ich kann nicht … kann nicht …
ALPHA?_
Sind untergetaucht. MELDE DICH._
Der Kon weiß, wo du bist und was du tust._
Meine Hände zittern, und die Buchstaben verschwimmen. Das kann alles nicht wahr sein.

Aber es ist wahr. Stimmen dringen durch die Wand, laute Schreie, die ich bis hierher hören kann. Etwas zersplittert und Metall verformt sich kreischend.

»Alpha?« Sabine klingt so panisch, wie ich mich fühle. Ich erstarre und habe keine Ahnung, was ich tun oder wohin ich fliehen soll. Einen flüchtigen Moment lang herrscht völlige Stille, bis sie unter der brutalen Gewalt von Pistolenschüssen zerbricht.

Als ich zu der Waffe greife, zieht kalter Stahl jegliche Wärme aus meiner Hand. Die Pistole, die Luchs für mich besorgt und geladen hat, fühlt sich schwer und unbehaglich an. Sabine ist aufgesprungen, aber sie steht wie erstarrt und mit angehaltenem Atem da.

»Wieso …?« Die Welt, in der sie aufgewachsen ist, war friedlich und nett. Natürlich versteht sie nicht, was los ist.

»Bleib hier«, sage ich.

»Vergiss es.«

»Bitte.« *Wie viel schmerzhafter wäre es wohl, nicht mehr rechtzeitig sagen zu können, dass es dir leidtut?*

Diesmal habe ich es gleich gesagt, aber ich brauche mehr Zeit, damit Sabine mir wirklich glaubt. Ein weiterer Schuss hallt durch die Nacht.

Die Tür ist in Schatten gehüllt. Ich schleiche nach draußen, wo mich willkommene Schwärze umgibt. Die Flutlichter des Hauptgebäudes beleuchten ein Patrouillen-Shuttle, das eigentlich auf die Straßen des Web gehört und die Fahrt schlecht überstanden hat. Die Seiten sind verbeult, ein Reifen ist zur Hälfte platt. Hinter der Windschutzscheibe ist niemand zu sehen.

Vergeblich halte ich nach den anderen Ausschau, aber trotz meiner Furcht kann ich es nicht riskieren, nach ihnen zu rufen. Meine Hand krampft sich um die Waffe, sodass der raue Griff gegen meinen Daumen drückt. Ich packe noch härter zu, damit es real wird. Die Pistole ist ein fester Halt in einer unwirklichen Landschaft.

Aus dem Augenwinkel sehe ich, wie sich ungefähr fünfzehn Meter entfernt etwas in der Schwärze regt. Schotter knirscht unter den harten Sohlen von Kon-Stiefeln.

Ich kann nicht fassen, dass sie uns ein paar verdammte Wachmänner auf den Hals gehetzt haben. Wer auch immer *sie* in diesem Fall sind.

Doch, kann ich eigentlich schon.

Die Luft zerbirst mit einem Knall, eine Kugel prallt von Metall ab und schwirrt zur Seite. Mein Herz hämmert so laut, dass ich fast glaube, die Wachleute könnten mich dadurch anpeilen. Plötzlich hasten Schritte ganz nah auf mich zu, und bevor ich schreien kann, erstickt eine breite Hand meine Stimme.

»Ich bin's nur«, flüstert Mage. Er berührt meinen Oberarm leicht mit seiner Pistolenmündung, damit ich weiß, dass er bewaffnet ist.

»Wo sind die anderen?«

»Phönix bei der Dusche, Luchs und Spektrum haben sich in der Küche verschanzt.«

Ich entspanne mich ein kleines bisschen. Also sind sie noch am Leben oder waren es zumindest vor einigen Sekunden. »Wie viele?«

»Hab drei gezählt.«

Wir sind in der Überzahl, was leider noch nichts heißen

muss. Zumindest kennen wir uns in der Mittelstation besser aus als unsere Gegner.

»Weißt du, wie man damit umgeht?«, fragt Mage, und sein Blick huscht zu meiner Waffe.

Mehr Schotter knirscht, ein Stück näher als zuvor.

»Nicht wirklich.«

»Bleib in Deckung und versuch, dir nicht ins Bein zu schießen.«

»Toller Plan. Da wäre ich selbst gar nicht draufgekommen.«

Er bewegt sich lautlos fort. Ich fröstele an der Stelle, wo er eben noch gelehnt hat. Im Nachhinein bekomme ich Gänsehaut bei der Vorstellung, was ich in meinem ersten Stream-Rausch hätte anrichten können, wenn ich klar genug gedacht hätte, um mir die Pistole zu schnappen.

Ein weiterer Schuss und ein dumpfer, grässlicher Aufprall. Mir war nie klar, dass eine Kugel so anders klingt, wenn sie auf Fleisch trifft. Das Blut rauscht in meinen Ohren, und ich beruhige mich gewaltsam, um wieder hören zu können. Jemand wimmert unterdrückt, aber ich kann die Stimme nicht erkennen.

Ich löse mich vorsichtig aus dem Schatten, weiterhin mit dem Rücken zur Wand, und umrunde die Ecke des Gebäudes. In dem helleren Licht muss ich blinzeln und spähe mit schmalen Augen zu dem Körper auf dem Boden. Eine dunkle Pfütze breitet sich unter einer Uniform aus. Scheiße, bin ich erleichtert.

Aber seine Kollegen sind noch irgendwo hier.

Ein ohrenbetäubendes Stakkato von Schüssen schallt plötzlich von sämtlichen Wänden wider und hallt eine Ewigkeit nach, selbst als das Magazin schon leer ist. »Mage!«, zische ich. Keine Antwort. »Phönix!«

»Na, du Arschloch?«, höre ich Mage sagen. Keine Ahnung, mit wem er da spricht, aber wenigstens ist er noch am Leben. »Das war wohl nichts.« Zwei Gestalten erscheinen im Lichtkegel und dreschen aufeinander ein. Die Faust des Wachmanns erwischt Mage am Kinn, aber eine weitere Gelegenheit zum Angriff bekommt er nicht. Ich sehe Mages Hände kaum, nur einen Sprühregen aus Blutstropfen im Licht des Scheinwerfers.

Der Mann stürzt zu Boden, und Mage nimmt statt der Fäuste seine Füße zu Hilfe. Stahlkappen rammen in zerbrechliche Knochen, hilflose Hände versuchen das Gesicht zu schützen.

Und dann … sinken die Hände einfach zu Boden.

»Hör auf«, schreie ich, ohne nachzudenken. »Er ist tot! Genug!«

Mage zögert mitten im nächsten Fußtritt, dann lässt er den Stiefel sinken. Als er zu mir hochschaut, sind seine Augen schwarz und blicklos. Seine Zähne sind rot verfärbt.

»Lass die Waffe fallen.« Die Stimme ist so hart und kalt wie die Pistole in meiner Hand. Ich wirbele herum und fühle mein Herz bis in die Stiefelsohlen sacken. Der Mann ist ein Fremder, aber Phönix' feurige Haarmähne erkenne ich sofort. Er hat den Arm im Würgegriff um ihren Hals gelegt. »Sofort!«

Ich kann mich nicht rühren, nicht atmen, nicht denken. Seine Augen sind klein und gemein. Er starrt mich herausfordernd an und wartet darauf, was ich tue. Kaum merklich schüttelt Phönix den Kopf.

»Eine zweite Warnung bekommst du nicht«, schnarrt der Wachmann und zieht den Arm mit einem Ruck enger. Phönix keucht. Wie von selbst beginnt die Pistole aus meiner Hand zu gleiten. Meine Finger sind zu klamm, um überhaupt etwas zu halten, während die Welt um mich herum wie verrückt rotiert, völlig außer Kontrolle.

»Phönix«, sagt Mage. Nur ihren Namen, aber für ihn bedeutet er alles.

»Sei. Still.« Der Wachmann spuckt aus, und der eklige Schleimklumpen verfehlt Phönix' Schulter bloß um Haaresbreite. »Wir kriegen euch alle, schön in Reih und Glied, und wenn wir mit euch fertig sind, können euch die Fliegen fressen. Niemand wird euch jemals finden. Weil ihr nichts als Dreck seid.« Er lacht wild und manisch. Sein Blick über Phönix' Scheitel zuckt hin und her.

So sehen Leute einfach nicht aus … so unmenschlich.

»Also lässt du jetzt besser die Waffe fallen«, fährt er fort und starrt mich an. »Oder eure Freundin kommt als Erste dran.«

Mage gibt einen Laut von sich, der wund und flehend klingt.

»Okay!«, sage ich. »Okay.« Der Mann ist größer als Phönix. Das ist mein letzter Gedanke, bevor ich das Denken total einstelle, die Pistole hochreiße und auf den Abzug drücke. Schmerz schießt durch meinen Arm und meinen Hals hinauf, schüttelt mein Gehirn im Schädel durch.

Ich kann nicht hinsehen. Etwas Schweres fällt zu Boden.

Genau wie ich.

Neinneinneinnein.

Sanfte Finger greifen nach meinen Armen und ziehen mich auf die Füße. Wärme hüllt mich ein, doch mein Körper hört nicht auf zu zittern. »Alles ist gut.«

Ich erkenne die Stimme, auch wenn gerade sämtliche Luft aus ihr herausgequetscht wurde. Phönix hält mich fest und Mage gesellt sich zu ihr.

»Hey, toller Schuss«, bringt er als Einziges hervor. Ich weiß selbst nicht, woher der plötzliche Lachreiz kommt, aber er füllt jede meiner Zellen, platzt hysterisch und laut aus mir heraus. Ich lache auch dann noch weiter, als sie mir nach drinnen helfen, Anthem per Computer benachrichtigen, was passiert ist, und die anderen zurück in den Probenraum holen. Irgendwann beruhige ich mich, weil alle mich anstarren. Fast alle. Sabine lehnt mit dem Rücken an der Wand und wendet den Blick ab.

»Besser?«, fragt sie schließlich.

»Ja. Nein. Doch. Ich bin okay.« Vielleicht stimmt das sogar, wenn ich es mir nur fest genug wünsche. »Danke, dass du drinnen geblieben bist.«

»Soll das ein Witz sein?«, fragt Spektrum. »Wir mussten uns extra hier rüberschleichen und sie festhalten, als Phönix von diesem Mistkerl bedroht wurde.«

Sabine grinst. Wir stehen alle unter Schock und sind gleichzeitig mit Adrenalin vollgetankt, aufgeputscht und schwindelig vor Erleichterung. Phönix kramt einen medizinischen Notfallkasten hervor, und ihr Blick bringt Mage dazu, stillzuhalten, während sie seine blutigen Knöchel bandagiert. Fläschchen voller kleiner weißer Pillen liegen zwischen Spritzen und Phiolen.

»Muss ich mich darum auch kümmern?«, fragt Phönix und berührt Mage am Kinn, das von der Lippe abwärts mit Blut verkrustet ist.

»Nö.«

»Da du immer noch reden kannst, ist es wohl nicht so schlimm. Schade eigentlich«, stichelt sie. Dann gibt sie ihm einen Kuss auf den Scheitel und wirft mir einen Blick zu. Wir tauschen kein *Dankeschön* und *Bitte sehr*, schließlich habe ich ihr keinen harmlosen Gefallen getan. Ich habe aus reinem Instinkt abgedrückt.

Wie durch ein Wunder ist niemandem von uns etwas passiert, aber jetzt können wir nicht länger hierbleiben. Schon bald werden Wraith und Omega – oder Jonas – erfahren, dass ihr Überraschungsangriff fehlgeschlagen ist, und dann werden sie uns eine größere Menge Wachleute auf den Hals hetzen. Da dürften uns ziemlich schnell die Kugeln ausgehen.

Ich gebe eine Runde Schokolade aus, die ich mitgeschmuggelt habe. Haven hatte früher immer welche dabei, als wir Kinder waren. Sie wusste, wann wir einen kleinen Lichtblick am nötigsten hatten, und dann brachte sie uns Süßigkeiten mit. Eigentlich unglaublich, wie beruhigend der Zucker auch jetzt wirkt. Die schmelzende Süße lässt unseren Puls allmählich wieder auf eine halbwegs normale Geschwindigkeit sinken. Ich esse schweigend und denke nach. Fast alle Menschen, die mir je etwas bedeutet haben, sind in diesem Raum versammelt. Die anderen wurden mental vergiftet, gebrochen, in ein Zerrbild ihrer selbst verwandelt, aber das können wir ändern.

»Wir müssen zurück ins Web«, sage ich. Alle Köpfe fahren mitten im Kauen zu mir herum. »Wir sind mit der Codierung fertig oder zumindest so nah dran, wie wir kommen können.«

»Aber wir können die Streams doch von hier senden, Al«, sagt Mage. »An alle Konsolen, Radios und DJ-Computer. Schließlich haben wir den Hauptrechner unterwandert.«

Er hat recht. Zumindest, was die technische Seite betrifft. Ja, er hat recht, aber trotzdem schüttle ich den Kopf.

»Nein.« Wenn mein Schuss auch nur ein kleines bisschen danebengegangen wäre … Meine Hände beginnen wieder zu zittern, und ich schaue Phönix an. Ihr geht es gut, sie atmet noch; sie ist blass, aber am Leben. »Leute, der Kon hat Haven. Habt ihr eine Ahnung, was sie mit ihr anstellen werden? Ich jedenfalls nicht, verdammte Scheiße.« Ich will gar nicht darüber nachdenken, denn selbst Wraith dürfte es schwerfallen, die Verstümmelung durch ihre Eltern zu überbieten. Aber bestimmt fällt ihm etwas ein. »Wir müssen ihr helfen, und … ich will Wraith in die Augen sehen, wenn es so weit ist«, sage ich. Falls unser Stream nicht funktioniert, bin ich entschlossen, ihn persönlich umzubringen – für Fabel, für den toten Wachmann, für mich selbst. »Ich gehe zurück. Ihr könnt mitkommen oder nicht, aber ich fahre ins Web. Schließlich haben sie uns alles Nötige gerade auf dem Silbertablett serviert.«

■

Wir nähern uns der Brücke um Mitternacht. Jetzt sollten die Clubs voll und die Straßen leer sein, abgesehen von den Uniformierten, deren Anblick mich jedes Mal wieder in ein Kind verwandelt, das sich auf dem Schulweg zusammen mit Omega an Patrouillen vorbeidrückt.

Am anderen Ende der Brücke, auf der Seite des Web, steht ein Shuttle, dessen Scheinwerfer uns drohend entgegenleuchten. Sabine drückt aufs Gas und lässt unser eigenes Patrouillen-Fahrzeug vorwärtspreschen. Die Ecke eines ungesicherten Lautsprechers rammt mir in die Schulter, und ein schneidender Schmerz fährt mein Rückgrat entlang. Mage fängt mich auf, bevor ich vom Sitz rutschen kann, und Phönix packt mich am Arm.

Luchs und Spektrum reißen die Hände aus ihren gut gefüllten Taschen. Ich persönlich will am liebsten nie wieder eine Pistole anrühren. Das dumpfe Klicken der Sicherungen ist das einzige Geräusch, während wir alle den Atem anhalten. Näher. Näher.

Und bremsen.

Türen schlagen laut zu, und zwei Wachleute marschieren in unsere Richtung, einer auf jeder Seite. Dann sirren Kugeln durch die Luft, und die Männer liegen auf dem Boden. Ihre geöffneten Münder formen noch immer die Frage, die sie niemals stellen werden. Ihre blicklos starrenden Augen zeigen selbst im Tod klare Anzeichen der Stream-Sucht. Ich schaue weg … Sie haben sich das alles genauso wenig ausgesucht wie wir. Manchmal hat niemand eine Wahl. Mage und Luchs ziehen den Männern ihre Uniformen aus, und Luchs schneidet ihnen die Chips aus den Handgelenken, ohne sich um Schmerzensschreie kümmern zu müssen. Seine Haarspitzen fangen die Lichter des Web ein und leuchten rot wie Blut. Es folgen zwei laute Platscher, als die Körper im Flusswasser landen und versinken.

Spektrum setzt sich auf den Fahrerplatz ihres Shuttles.

Weder unsere Hochhauswohnung noch das ZFR sind ein sicherer Platz. Wie ich Omega kenne (keine Ahnung, ob ich ihn noch kenne, aber trotzdem), lässt er den alten Probenkeller ebenfalls überwachen, nur für alle Fälle. Unsere Shuttle sausen Richtung Süden, bis wir Quadrant 2 erreicht haben und nebeneinander bei Pixels altem Club parken. Zu meiner Erleichterung klickt die Tür auf, als ich meinen Chip gegen den Scanner halte.

»Euch ist nichts passiert!«, ruft Isis, kaum dass wir drinnen sind, und stürzt so schnell auf uns zu, dass ich gar nichts anderes mehr mitbekomme. Ich erwidere ihre Umarmung und bin genauso froh, dass sie es hierher geschafft hat wie umgekehrt.

»Mehr oder weniger«, flüstere ich.

Sie tritt einen Schritt zurück. Luchs und Spektrum stehen hinter mir, gefolgt von Mage, Phönix und Sabine. Niemand von uns sagt etwas, aber wir hören leise Stimmen und schauen hoch zur Empore.

»Von da oben kann man sich besser verteidigen«, erklärt Isis, dreht sich um und führt uns hinauf.

»Weiß der Kon, dass ihr hier seid?«

»Schon möglich, aber …«

»Hey, du. Arschloch.« Ein verwischter Eindruck von Farbe, ein plötzlicher kalter Luftzug – Pixel fegt an mir vorbei, kaum dass wir den oberen Treppenabsatz erreicht haben. Er ist schneller, als man bei seinem Alter und Gesundheitszustand erwarten würde. Und stärker. Mage hat gerade genug Zeit, sich seitlich zu wenden, sodass er nur gegen das Geländer geworfen wird, statt die gesamte Treppe hinunterzukollern, als Pixels Faust auf sein Kinn trifft. Man hört Knochen knirschen, und Pixel tritt keuchend zurück, um als Nächstes Phönix in Augenschein zu nehmen. Man sieht ihm an, dass er innerlich debattiert.

»Vergiss es, Mann«, sagt Luchs. Er und Spektrum packen ihn an den Schultern und ziehen ihn weg.

»Tja, das hattest du total verdient«, sagt eine Stimme. Viel zu echt. Haven hat ihn wirklich *viel* zu echt hinbekommen. Zum ersten Mal schaue ich mich auf der Empore richtig um und entdecke Anthem in seinem glitzernden Wasserfall aus glühenden Pixelsträngen. Sein Sichtgerät steht in einer Ecke, angeschlossen an ein langes Kabel, das sich in den Schatten verliert.

»Okay, ich geb's ja zu«, sagt Mage und hält sich das Gesicht, während Blut von seiner Lippe tropft. Von Anthems Erscheinung ist er nicht allzu beeindruckt, dazu hat ihn der Fausthieb zu sehr abgelenkt, und außerdem habe ich ihm und Phönix das Hologramm schon beschrieben, so gut ich konnte. »Wahrscheinlich hätte ich gleich ein Dutzend davon verdient. Aber hör mir zu, okay?« Sein Kiefer lässt ihn zusammenzucken, also übernimmt Phönix die Erklärung für ihn. Im Grunde sagt sie das Gleiche wie schon in der Mittelstation, als sie sich bei mir entschuldigt hat.

»Habt ihr geglaubt, ich würde meinen Bruder so einfach vergessen?«, fragt Pixel mit einer tödlichen Stimme, die viel schlimmer ist, als wenn er vor Wut schreien würde. »Scope war einfach alles für mich.«

»Und Wraith umzubringen hätte ihn auch nicht zurückgebracht«, sagt Mage. »Als wir Scope gefunden haben, waren wir der Meinung, dass …«

»Ihr hattet kein Recht, so etwas zu entscheiden«, sagt Anthem.

Phönix zuckt mit den Schultern, doch sie wirkt dabei nicht annähernd so selbstbewusst wie sonst. »Vielleicht nicht, aber damals haben wir doch alle solche Entscheidungen getroffen. Gerade du.« Anthem gibt keine Antwort.

»Leute, es tut ihnen leid«, sage ich. Manchmal muss man sich damit einfach zufriedengeben. »Wir haben im Moment größere Probleme.«

Anthem ohne Haven zu sehen ist seltsam, sogar als Hologramm. Oder ganz besonders in diesem Zustand, denn sie hat ihn nur die wenigen Male allein gelassen, als ich darum bat. Pixel und Anthem wechseln einen schnellen Blick, dann nicken sie. Luchs lässt Pixel als Erster los, gefolgt von Spektrum. Wir halten den Atem an, als Pixel geradewegs auf Mage zumarschiert, einen Bogen um ihn schlägt und an ihm vorbei die Treppe herunterrennt. Seine Stiefel klacken metallisch auf den Stufen. Einen Moment später rieselt leise, ganz und gar ungefährliche Musik durch die Lautsprecher, und Neonlichter dimmen im passenden Rhythmus langsam an und aus, ein hypnotischer Anblick.

»Hier war zu viel Hall«, murmelt Pixel, als er zurückkehrt, und ich verstehe, was er meint. Eine bestimmte Art von Stille kann einen ganz verrückt machen. Ich sehne mich nach Kopfhörern, nach Musik und Drogenrausch.

»Weiß jemand, wie es ihr geht?«, frage ich. Isis hört kurz auf, Mages Kinn zu untersuchen, und schüttelt den Kopf.

Die Antwort kommt von meinem Bruder. »Nein. Sie sind reinmarschiert und haben gesagt« – Anthems Bild wellt sich unbehaglich; viel zu menschlich –, »sie haben gesagt, wenn Haven nicht mitkommt, löschen sie mich aus dem System. Danach würdest du die Nächste auf der Abschussliste sein. Aber wenn sie keinen Widerstand leistet, könnte ich bleiben, wo ich bin. Außerdem würden sie Pixel und Isis in Ruhe lassen. Mir wäre die erste Alternative recht gewesen, wenn das geholfen hätte, sie aufzuhalten.«

»Bei uns sind sie trotzdem aufgetaucht«, sagt Spektrum. »Alpha, echt, dein Bruder ist ein totales Arschloch. Nicht du«, erklärt er in Anthems Richtung.

Anthem lächelt blass.

»Er ist nicht mein Zwilling, das ist bloß noch sein Körper«, sage ich. Daran muss ich einfach glauben. »Omega würde Haven nie wehtun.«

»Beides gleichzeitig geht aber nicht«, widerspricht Anthem heiser.

Ich schließe die Augen und erinnere mich, wie Omega – der richtige Omega – kurz in seinem Blick aufblitzte. Er hat mich gedrängt, aus dem Web abzuhauen. Also versucht ein Teil von ihm, sich zu wehren, aber ohne meine Hilfe wird er ziemlich kläglich scheitern. »Doch, das geht. Glaub mir.« Die Neonlichter beginnen zu verschwimmen, und in meiner Kehle steigt ein erstickender Geschmack auf, der die gleichen süßlichen Regenbogenfarben hat. »Luchs, erklär ihnen, was …«

Vor lauter Hast stolpere ich regelrecht die Treppe hinunter, quer über die Tanzfläche, den Flur entlang und schaffe es gerade noch rechtzeitig in die Hygienekabine. Mein letzter Stream ist über vierundzwanzig Stunden her. Hier drin ist es warm, und trotzdem zittere ich, während mir Schweißtropfen den Rücken herunterlaufen.

Alles ist pervers bunt. Das Verlangen schlingt sich um mein Gehirn, bis mir ganz übel wird.

Früher gab es in Pixels altem Büro eine Konsole. Ich umklammere das Waschbecken fester und schüttle den Kopf, sodass ein Wasserfall aus verblasstem Blau durch den gesplitterten Spiegel wogt. Nie wieder. Ich habe mein Wort gegeben. Während ich auf dem Boden zusammensinke, schmerzt das Absurde an dieser Situation fast noch mehr als das Fieberbrennen, das bis in meine Fingerkuppen und Zehenspitzen glüht. Zum Aufgeben ist es zu spät. Fabel würde mich umbringen. Tränen tropfen auf mein Shirt. Diese verdammte Scheißstadt, diese irre, bösartige Insel stellt abartige Dinge mit jedem an, der sie jemals betreten hat, sei es freiwillig oder weil er hier geboren ist.

Ich will nichts weiter, als dem Verlangen nachgeben. Über vierundzwanzig Stunden sind es schon seit meinem letzten Stream und noch länger, seit der weiße Raum mich das letzte Mal verschluckt hat.

Mir stockt der Atem. So lange? Das kann nicht sein. So groß waren die Abstände zwischen den Flashbacks bisher nie.

Jemand klopft an die Tür, und ich zucke zusammen. Isis. Ich sage ihr, sie soll mich in Ruhe lassen, und nach einer Minute gibt sie wirklich nach. Das Klicken ihrer Absätze verklingt.

Anscheinend hat der Stream tatsächlich gewirkt. Mit etwas Glück funktioniert er auch bei Omega.

Ohne das Gegenmittel war ich nie ganz ich selbst, aber … ich hatte meinen Daseinszweck darin gefunden, nach dem Gegengift zu forschen. Nun weiß ich erst recht nicht mehr, wer ich bin. Luchs hat gut reden: *Sei einfach du selbst.* Für ihn war das nie ein Problem.

Du bist an einem Strand. An einem Lagerfeuer. Mit einer Gitarre. Mit Jonas. Ich zwirbele eine Haarsträhne zwischen den Fingern, und ihr tiefes Blau erinnert an den Ozean bei Nacht.

Trotz der Schmerzen rappele ich mich auf und schlüpfe zurück in den Discosaal. Die anderen sind noch auf der Empore und reden zu leise, um mehr als ihre Stimmen zu unterscheiden. Bevor ich zu ihnen zurückkehre, werfe ich einen Blick in den Abstellraum. Leere Regale umgeben den Eingang zum Tunnelsystem. Die dicke Staubschicht darauf ist ein sichtbares Zeichen der Jahre, in denen hier alles still und leblos war, der Club nur ein Mausoleum vergilbter Erinnerungen. Irgendjemand (vermutlich Pixel) hat die Falltür mit einer schweren Kette und einem altmodischen Schloss gesichert. Davon wird sich niemand lange aufhalten lassen, der hier eindringen will.

Ein paar Minuten höchstens ... unsere Zeituhr tickt im Minutentakt.

Ich gehe zurück über die Tanzfläche und die Treppe hoch. Die Stimmen verstummen, als die anderen mich kommen hören. »Mir geht es bestens«, sage ich, um Isis zuvorzukommen, die bereits den Mund geöffnet hat.

»Luchs war gerade dabei, uns den Plan zu erklären«, sagt Anthem. Er kennt mich gut genug, um gar nicht erst zu fragen.

»Der Plan hat sich geändert«, verkünde ich und zeige auf Luchs, Spektrum und Sabine. »Euch drei brauche ich, der Rest hält sich raus.«

»Aber, Kleines ...«

»Ich bin *kein* Kind mehr«, unterbreche ich Mage mit zusammengebissenen Zähnen. Dann wende ich mich Anthem zu. »Und du, fang gar nicht erst an. Du hast darum gekämpft, mich zu beschützen, jetzt bin ich an der Reihe.«

Solange man niemandem vertraut, muss man seine Entscheidungen allein treffen und sich selbst durchschlagen ... aber alle in diesem Club haben bewiesen, dass ich ihnen blind mein Leben anvertrauen kann. Ob das Gleiche umgekehrt auch auf mich zutrifft, lässt sich allerdings nicht mehr so eindeutig sagen wie früher. Die Sache mit Phönix, dem Wachmann und der Schießerei hat einiges wiedergutgemacht, trotzdem wird niemand von ihnen vergessen, was vorher passiert ist. Genauso wenig wie ich.

»Alpha ...« Anthem braucht nicht zu Ende zu sprechen, denn ich verstehe ihn auch so.

»Ich bringe Haven zurück. Ehrenwort, ich bringe sie zurück.«

Noch jemanden zu verlieren kommt nicht infrage. Deshalb

will ich die anderen heraushalten, und je weniger Leute ich um Hilfe bitte, desto weniger muss ich erklären. Sie werden erst merken, was ich vorhabe, wenn sie mich nicht mehr stoppen können.

Manchmal sind Geheimnisse notwendig. Manchmal hat man keine Wahl.

»Al. *Alpha*.«

»Was?!« Ich werde aus meinen Gedanken gerissen und blinzele Mage an. »Sorry. Ja, was ist?«

Sabine mustert mich mit hochgezogenen Augenbrauen und erwartet wohl eine Erklärung, warum ich ausgerechnet sie eingeplant habe. »Können wir kurz reden?«, fragt sie.

Nervös führe ich sie nach unten und über die Tanzfläche, die von den Geistern Tausender Stadtbürger erfüllt ist, jeder von ihnen mit leerem Blick und glühend vor Ekstase. Pixels früheres Büro ist leer geräumt und die Wände bröckeln. Ich kann mich nirgends setzen oder vor Sabines forschendem Blick verbergen. Die Konsole ist längst verschwunden, gewaltsam von der Wand gerissen. Verdammt. Gott sei Dank.

»Willst du, dass ich mich noch einmal entschuldige?« Ein Bruchteil meiner hilflosen Wut über Fabels Tod bricht heraus und kehrt sich gegen sie. »Er war immerhin mein ältester Freund, Bean …«

»Nenn mich nicht so.«

Ich hebe abwehrend die Hände. »Klar. Aber wie leid soll es mir denn noch tun? Mehr geht echt nicht, glaub mir.«

»Das versteckst du aber gut.«

»Sorry, dass ich mir nicht vor allen Leuten die Augen aus-heule. Dafür hatte ich jede Menge Zeit, als ich zu eurem Schutz eingesperrt herumsaß.«

»Schön für dich. Das mit dem ›Schutz‹ hat nur leider nicht für uns alle funktioniert. Wie kannst du überhaupt noch mit dir selbst leben?«

Mein Kopf dröhnt und meine Finger zittern. Ich stopfe sie in die Hosentaschen, damit Sabine nicht errät, woher der Tre-mor stammt. »Was soll ich denn sagen? Immerhin habe ich Phönix gerettet, oder?«

»Vielleicht hast du nur schlecht gezielt«, murmelt sie.

»Fick dich doch.«

Ich bereue meine Worte, kaum dass ich sie ausgesprochen habe. Alle möglichen Gefühle verzerren ihr hübsches Gesicht und wechseln so sprunghaft, als könne sie sich nicht für eines entscheiden. Sie rutscht an der Wand nach unten und verbirgt den Kopf zwischen den Knien. Keine Ahnung, ob sie und Fabel eine Zukunft hatten, aber Sabine hätte wenigstens die Gele-genheit haben sollen, es herauszufinden. Ihre Schultern beben krampfhaft, ein unregelmäßiges Zittern überläuft sie in hef-tigen Stößen. Als ich ihr Haar berühre, zuckt sie zusammen, rückt aber wenigstens nicht weg.

Verzeihen kann sie mir später, wenn wir Zeit dafür haben. Nein, falls wir Zeit dafür haben. Vielleicht. Ich sitze neben ihr, und die Worte bleiben mir im Hals stecken, weil es zwischen uns nichts zu sagen gibt. Der DJ-Computer legt ein neues Lied auf; die Melodie kriecht durch die Türritze zu uns herein. Omegas Gesicht blitzt vor meinen Augen auf, und ich denke hastig an etwas anderes. Egal, was. Lebensmittel. Wir müssen zusehen, wo wir welche herkriegen.

»Eine Sache will ich noch loswerden«, sagt Sabine. Sie hebt den Kopf, und das Make-up auf ihren Wangen ist zu dunklen Streifen geronnen.

»Ja?«

»*Falls* das Ganze funktioniert« – sie betont das *falls* –, »dann wird hier jeder wieder ganz normal. Alles wird so wie früher, im Web und überall sonst … zumindest irgendwann. Ist dir klar, was das bedeutet?«

»Na ja, ich will doch hoffen, dass die Leute wieder normal werden.« Allerdings habe ich ihr das Wesentliche noch nicht erzählt. »Worauf willst du hinaus?«

Sabine wirft mir einen langen Blick zu. »Du könntest das Glück haben, Jonas zurückzubekommen. Dann sei dir gefälligst sicher, dass du ihn wirklich willst, egal in welchem Zustand.«

Ich habe in letzter Zeit viel darüber gelernt, wie Vergebung funktioniert. Jonas ist nicht derjenige, der sich Sorgen machen muss, wie es mit uns weitergeht. Ich habe zugelassen, dass er mir ins Web folgt. Ihm hätte überhaupt nichts passieren müssen, wenn ich die Warnzeichen beachtet und mich mehr angestrengt hätte, das Ganze zu stoppen.

Aber jetzt tue ich alles, was in meiner Macht steht.

Meine Haut kribbelt und zieht sich strammer, presst mir die Luft aus den Lungen und lässt meine Zehen absterben. Ich stehe auf und stampfe mit den Füßen, damit das taube Gefühl verschwindet, dann lasse ich Sabine allein. Sie wird schon nachkommen, wenn sie dafür bereit ist. Ich bin die Letzte, die sie drängen würde.

Spektrum sitzt auf einer Couch oben auf der Empore und jongliert einen kleinen schwarzen Chip zwischen den Fingern. Mal ist er da, dann wieder nicht. Bühnenzauber.

»Da ist also eure neue Musik drauf?«, fragt Pixel.

»Jep. Gibt noch mehr davon.«

»Die Dinger funktionieren wirklich?«

»Und ob.« Glauben wir jedenfalls. Außerdem brauchen wir noch einen weiteren Chip, aber das weiß bisher niemand außer mir.

»Ihr beide solltet gehen«, sage ich zu Pixel und Isis. »Falls ihr überwacht werdet, ist es besser, dass ihr für den Kon nicht total von der Bildfläche verschwindet.«

Sie stimmen zu – wenn auch widerwillig. Morgen sehen wir uns wieder, und sie versprechen, Lebensmittel und andere Vorräte mitzubringen. Wir anderen schauen zu, wie sie Kopfhörer aufsetzen und sich Mini-Konsolen in die Taschen stecken. Die Geräte sind der beste Schutz, um die Musik von draußen zu übertönen und abzuhalten. Inzwischen sind die Songs des Kon überall, und es gibt keinerlei Sicherheit mehr.

Der Kon tötet niemanden, den er stattdessen ... Strophe, Refrain, eine schreckliche Endlosschleife.

Sabine taucht aus dem Büro auf und hat sich die Tränen vom verquollenen Gesicht gewischt. Sie wirkt angeschlagen, aber ungebrochen. Ich frage mich, ob sie mit ihren anklagenden Worten recht hatte.

Wäre es humaner, die beiden einfach zu töten, damit sie nicht mit der Erinnerung daran leben müssen, was sie getan haben? Sie haben so viel Zerstörung angerichtet, mit bloßen Händen oder als skrupellose Drahtzieher. Zuerst Wraith, dann Omega und schließlich Jonas ... eine nahtlose Kette, die viel zu weit in die Vergangenheit reicht.

Seit wir in der Mittelstation waren, hat keiner von uns richtig geschlafen, und davor eigentlich auch nicht. Obwohl die alten

Würgemale an meinem Hals verblasst sind, beginnen sie bei der bloßen Erinnerung wieder schmerzhaft zu pulsieren. Das Leben lässt keinen Herzschlag locker. Wir teilen das Essen auf, das wir mitgebracht haben, und verbrauchen damit unsere letzten Vorräte. Sabine schlüpft aus ihren Stiefeln und rollt sich auf dem Sofa zusammen, das am weitesten von mir weg steht. Luchs und Spektrum schaffen es irgendwie, sich zusammen auf die Couch in der dunkelsten Ecke zu quetschen. Mage und ich streiten ein bisschen, wer das letzte Sofa bekommt, das seit unserem Besuch vor einigen Wochen mitten auf der Tanzfläche steht. Am Ende lasse ich ihn gewinnen, und er schnappt sich eine Pistole, um seinen Wachposten zu beziehen. Dabei ruft er über die Schulter, dass ich meinen Glückstreffer schon in der Mittelstation hatte.

Er hat ja recht. Trotzdem strecke ich ihm die Zunge heraus, was er nicht sieht, weil er bereits die Treppe hinunterläuft. Phönix unterdrückt ein Lächeln.

Wenige Meter entfernt schimmert Anthem auf seiner Säule, und es kommt mir vor, als sei es eine Ewigkeit her, dass mich dieser Anblick so unsagbar wütend gemacht hat. Jetzt lastet stattdessen Traurigkeit auf mir, die noch schwerer wiegt als die Erschöpfung. Ohne Haven ist er wie ein ankerloses Boot, das vom Strom mitgerissen wird. So viel hat sich geändert. Ich habe bei allem Möglichen unrecht gehabt. Um ein Haar hätte ich innerhalb weniger Wochen gleich beide Brüder verloren, so wie der Kon es schon seit Jahren geplant hatte.

Ich werde Havens Entscheidungen nie wieder infrage stellen. Und jetzt muss ich dafür sorgen, dass wir Bruder Nr. 2 zurückbekommen.

»Hey.« Anthems Stimme holt mich wieder in die Gegenwart. Er nickt in Richtung der Clubwand bei seinem Sichtgerät, wo eine Reihe von Lautsprechern aufgebaut ist. Ich komme näher, sodass wir reden können, ohne jemanden zu wecken. »Hast du das komponiert?«

»Oh. Ja, schon.« Wir haben kaum Musik, die garantiert sicher ist. Den Song, der gerade läuft, haben wir draußen in der Mittelstation aufgenommen. Keine Codierung, nur Sabine, Luchs, ich … und Fabel. Man hört Fabel heraus, und ich lausche dem Schlagzeug, das er mit der gleichen totalen, verrückten Leidenschaft spielt, wie er alles im Leben angepackt hat – sei es das Flirten mit Mädchen, ein spontaner Trip quer über den Kontinent oder unsere Bühnenauftritte. Ich frage mich, ob er anders gespielt hätte, wenn ihm klar gewesen wäre, dass wir gerade die Waffe produzieren, die ihn umbringen wird.

Oh ja. Er hätte noch härter auf das Schlagzeug eingedroschen.

Die Clubscheinwerfer sind gelöscht, die Musik verklingt, und Anthem ist das einzige Licht im Saal, ein pulsierendes blaues Leuchten. »Bist du okay?«, frage ich.

»Du etwa?«

Er hat recht, das war eine blöde Frage. Zwar bin ich sicher, dass Omega sich nicht an Haven vergreifen wird, aber in Wraith habe ich entschieden weniger Vertrauen. Was wird er mit ihr anstellen, sobald er sie nicht mehr nützlich findet? Nur die Tatsache, dass er ihre Mutter geradezu vergöttert hat, gibt mir ein bisschen Hoffnung. Ich würde Anthem gerne damit trösten, dass er sich an ihre Abwesenheit gewöhnen wird, weil die Sehnsucht mit jeder einsamen Nacht ein Stück nachlässt … aber so ist es ja nicht. Ich hoffe, diese Entdeckung muss er nicht auf die harte Tour machen.

Meine Hand schwebt über dem Knopf, der Anthem zeitweilig abstellt, und ich schaue ihm direkt in die Augen. Er nickt, und totale Dunkelheit umgibt mich gleich nach dem *Klick*. Ich bilde mir ein, jenseits der Wände den rhythmischen elektrischen Puls des Web zu spüren, aber ohne künstliche Beleuchtung komme ich mir eher vor, als sei ich zurück an meinem Strand. Eine Welle von Heimweh überrollt mich, und ich strecke mich auf dem harten, staubigen Sofa aus, dessen Kissenfutter die jahrelange Stille aufgesogen hat. Dann starre ich an die Decke, bis ich endlich einschlafe.

Früh am Morgen wache ich wieder auf. Allerdings kann ich die Zeit nur an der Uhr ablesen. Keine Fenster. Hier drinnen ist immer Nacht. Das war früher der Sinn der Sache. Eine lange, endlose Nacht, sommerheiß sogar im Januar, die Musik fast schmerzhaft laut, und nach ein paar Minuten hat das niemanden mehr gekümmert. Alle waren zu high, zu berauscht, total lebendig und verschwitzt zwischen Sound und glühenden Regenbögen.

Sabine rollt sich auf der Couch herum, und ihre Füße pressen sich gegen die Armlehne. Mage schnarcht auf der Tanzfläche. Er scheint sich hier mehr zu Hause zu fühlen als wir alle, gleichzeitig führen ihn die wispernden Echos der Vergangenheit weniger in Versuchung. Im Web haben die Wände nicht nur Ohren, sondern auch Stimmen. *Wisst ihr noch, was sich hier für Geschichten abgespielt haben? Wie perfekt es hier früher war? Wie glücklich die Leute waren?*

So lautlos ich kann, sammle ich alle nötigen Sachen zusammen, und spitze bei jedem Geräusch die Ohren. Ich trage meine Stiefel die Treppe hinunter, deren Metallstufen unter meinen Strümpfen gefährlich rutschig sind. Nächste Station ist der Vorratsraum, wo ich die Tür hinter mir sorgfältig schließe. Staub färbt meine Finger schwarz, als sie oben auf den Regalbrettern herumtasten und schließlich einen Schlüssel zu fassen bekommen. Die Sicherheitskette rasselt zu laut; der Sprung hinab ins Tunnelsystem staucht mir den Magen bis in den Hals.

Ich krame eine Taschenlampe aus meinem Rucksack und marschiere los, immer dem Lichtstrahl hinterher.

■

Genauso habe ich mir immer den Moment vorgestellt, wenn ich das Heilmittel entdecke.

Nur ein paar Details stimmen nicht: die Zeit, der Ort, und der leere Platz an meiner Seite, wo Fabel sitzen und mir helfen sollte. Das ist noch falscher als der Rest.

Die anderen haben ihre eigenen Gründe zu kämpfen, und ich wusste immer, dass dieser Moment kommen würde, sobald ich genug Wissen angesammelt hatte. Anthem würde es gefallen, dass ich ausgerechnet *hier* starte, wenn er darüber Bescheid wüsste. Wir haben den gleichen Sinn für Ironie. Das gilt übrigens auch für Omega, falls er überhaupt noch fähig ist zu denken.

Wasser tropft von den schleimigen Wänden meines winzigen Verstecks, das ich vorher nur ein einziges Mal gesehen habe, weil ich es als Kind unbedingt wollte.

Ich sitze auf dem Boden und habe zwei Computermonitore vor mir laufen. Auf dem einen verliest eine Kon-Drohne mit glasigem Blick und monotoner Stimme die Nachrichten. Anthem auf seiner Säule wirkt echter und menschlicher als diese Frau, die alle Stadtbürger daran erinnert, dass regelmäßiges

Streamen nun wieder Pflicht ist und jeder sich auf den Weg zur nächsten Konsole oder zu einem Club machen sollte.

Ich hoffe, sie gehorchen. Alle ohne Ausnahme.

Das Bild auf dem Monitor ändert sich. Als ich noch ein Kind war, hat sich Präsidentin Z hinter einem schwarzen Bildschirm versteckt und war nur eine körperlose Stimme. Wraith dagegen kennen die Leute ganz genau, aber das bereitet ihm offenbar keinerlei Sorgen. Warum sollte es auch?

Mein Blick gilt nicht ihm, sondern den anderen.

Feuer. Direkt nebeneinander sehen sie aus wie Feuer: gelb, orange und rot. Sehr passend. Perfekt. Ich will die ganze Stadt brennen sehen, mit derselben weißen Glut, wie die Frau neben Jonas sie ausstrahlt. Sie ist erschreckend schön mit ihrer Platinfrisur und ihren Lippen, Augen und Fingernägeln in der Farbe von Schnee.

Meine blauen Schnürsenkel hängen zerfranst und lose herunter.

Ein Teil von mir flüstert: Bring sie alle um!

Das ist nur sein Körper, nicht wirklich er selbst.

Dieser Ort, diese Stadt ist reines Gift. Betörend schön auf eine Art, die manchmal gerade das Todgeweihte ausstrahlt. Ich ignoriere die Fernsehgeräusche, die von der Außenwelt zu mir dringen. Aber ohne diese Beschallung ist es hier unten zu still und ich will Musik. Stream-Musik. Kalter Schweiß lässt mich frösteln. Als der Flashback – oder der Entzug – mich überrollt, bin ich darauf vorbereitet und lasse mich einfach mitreißen. Weißer Raum, brennend roter Raum, Flammen und glitzerndes Eis.

Der Kon ist ewig. Ja. Ja!

Irgendwann komme ich wieder zu mir, liege ausgestreckt auf

dem Rücken. Meine Muskeln sind komplett verkrampft, meine Zähne zusammengebissen, die Decke starrt vor Schmutz. Viel zu lange weiß ich nicht, wo ich bin oder was ich hier tue. Die Erinnerungen kehren nur langsam und schleppend zurück.

Die Nachrichten laufen immer noch und Kameras schwenken über Seattle und Los Angeles. Ich kann nicht hinschauen. Was ich mit diesen Städten anstellen werde, die zäh genug waren, unzählige Kriege und Bombenhagel zu überleben, tut mir wirklich leid.

Aber nicht leid genug.

Ich beginne auf der Tastatur meines zweiten Computers zu tippen, stockend, mit vielen Pausen. Immer wieder muss ich die Augen schließen, um mich an all das zu erinnern, was ich mir bei Luchs und Mage in der Mittelstation abgeschaut habe.

Codezeilen fügen sich zusammen wie ein Puzzle, das niemals dazu bestimmt war, ein Bild zu ergeben. Vom Starren auf den Monitor bekomme ich Kopfschmerzen, und die Migräne schlägt hinter meinen Augen Funken. Die Kälte der Tunnel vermischt sich mit dem Schmerz, der über meine Haut flammt, als würde sich jede meiner Zellen nach dem nächsten Konsolencenter strecken.

Diesmal kann ich die Codierung nicht vorher testen. Und selbst wenn ich könnte, würde ich es nicht machen. Ein grüner Balken streckt sich über den Bildschirm.

Beinah.

Beinah.

Fertig.

Ich klappe die beiden Computer zu, stopfe alles bis auf die Taschenlampe in meinen Rucksack und renne durch die Tunnel zurück. Mein Tablet meldet sich wenige Minuten bevor ich die Falltür erreicht habe, und ich schicke Luchs eine Antwort. Wenn er schon wach ist, kann ich ihn auch für meine Zwecke einsetzen.

Zuerst sehe ich nur die Spitzen seiner roten Stachelfrisur, dann den Rest seines Kopfes. Er hält mir die Hand entgegen, um mir hochzuhelfen. Ein Großteil der alten Kisten hier unten ist nicht mehr stabil genug, um sicher darauf zu stehen.

»Wo zum Teufel warst du?«, fragt er, als ich die Sicherheitskette wieder an ihrem Platz befestige.

»Willst du das wirklich wissen?«

»Sag mir nur, dass du keinen Besuch im …«

»Habe ich nicht.«

Er schüttelt den Kopf. »Okay, dann lautet die Antwort: Nein.«

»Ist sonst noch jemand wach?«

»Bloß Spektrum. Los, komm.«

Wir hocken zusammen in Pixels Büro, bis die ersten Geräusche aus dem Saal hörbar werden. Phönix öffnet die Tür und hat Sabine hinter sich. Ich schlüpfe durch den Spalt und wende mich zur Balustrade, bleibe jedoch auf der untersten Stufe stehen.

»… du hast mehr getan, als man von einem Menschen verlangen kann, Mann. Na gut, haben wir wohl alle, aber entscheidend warst du, und so was vergisst man nicht einfach.«

»Aber es hat ja keiner verlangt.«

Mage … und Anthem. Ich bin kurz davor, sie allein zu lassen, doch dann ruft Mage meinen Namen, also bleibt mir nichts übrig, als hinaufzugehen. Es sieht nicht so aus, als hätten sie sich ernstlich gestritten, und falls es doch noch das eine oder andere zu diskutieren gibt, sind sie jedenfalls erst mal damit fertig. Wie schon vorher ist Anthem die einzige Lichtquelle im Raum. Mage sitzt auf einem Stuhl bei dem improvisierten Sichtgerät und kommt mir entspannter vor als seit einer Ewigkeit – vermutlich weil er nun kein Geheimnis mehr mit sich herumträgt, das ihm die Schultern verkrampft. Als ich näher trete, gähnt er, steht auf und gibt mir einen Kuss auf die Stirn.

»Ist zwischen euch wieder alles in Ordnung?«, frage ich Anthem, nachdem Mage verschwunden ist.

»Na ja, wir sind auf dem Weg dahin. Wir kennen uns schließlich schon lange und haben genug Feinde. Da überlegt man sich, ob man wirklich die Klingen kreuzen will, schätze ich.«

Schmerz sticht durch meine Brust. Wenn er von »Feinden« spricht, meint er damit unseren Bruder und den Menschen, in den ich mich verliebt habe.

Feinde. Ein hässliches Wort, grausam und scharfkantig.

»Ich hatte keine Ahnung.« Das stimmt sogar, aber *falls* ich gewusst hätte, dass Wraith noch am Leben ist – hätte ich Anthem davon erzählt? Ich bin froh, dass er mir diese Frage nicht stellt, denn ich habe keine Ahnung, was ich ihm antworten würde.

»Weiß ich doch.«

»Okay.«

Inzwischen habe ich mich so an ihn gewöhnt, dass ich ihm fast eine Flasche Wasser anbiete, als ich mir selbst eine hole. Ich schüttle den Kopf, lasse mich auf Mages Stuhl fallen und streiche mir blaue Haarsträhnen aus den Augen.

»Zieh mir den Stecker.«

Der Raum wird plötzlich sehr still. Luftleer. Anthems Projektion schimmert, und meine Augen stellen sich so ein, dass sie nur noch eine Menge Lichtpixel sehen, nicht *ihn.* Etwas summt elektrisch, aber ich glaube, das Geräusch ist in meinem Kopf.

»Was?« Ich habe ihn genau verstanden, und das weiß er auch.

»Du sollst mich löschen.«

»Wieso?« Die Frage ist schon besser, denn sie ist zumindest ehrlich.

»Weil ich nicht noch einmal dabei zuschauen kann, Al. Und selbst wenn ich Haven zurückbekomme, kann ich nicht wirklich mit ihr zusammen sein. Dabei war mir das im Leben immer am wichtigsten. Wenn ich sie *nicht* zurückbekomme … es gibt so viel, was ich ihr nicht gesagt habe. Mit manchen Dingen kommt man eben nie zu einem Ende. Und ich will nicht auf einer Säule schweben und die ganzen verpassten Gespräche mit mir selbst führen. Für mich ist Schluss. Ich bin so müde. Omega … ich kann nicht …« Anthem vergräbt den Kopf in einer durchscheinenden Hand. »Ich kann einfach nicht mehr.«

Heiße Wut steigt brennend in meiner Kehle auf, ganz plötzlich und überhaupt nicht fair. »Aber *ich* soll damit klarkommen, oder wie? Er ist schließlich auch mein Bruder. Mein verdammter Zwilling. Er hat mir nur die Wahl gelassen, tatenlos zuzuschauen, mich ihm anzuschließen oder ihn zu bekämpfen. Nichts davon ist toll, aber zu kämpfen ist immer noch besser, als die Hände in den Schoß zu legen und nichts zu tun. Ganz bestimmt lasse ich mich nicht vom Kon zu seinem verfickten Maskottchen machen.«

»Ich hab meinen Part jedenfalls schon erfüllt.« Anthem funkelt mich an, und seine Augen brennen so hell, dass man kaum hineinschauen kann. »Zumindest habe ich es probiert. Hat leider nicht geklappt. Offensichtlich.«

Darum geht es also. Ich kann es ihm nicht einmal übel nehmen. Allerdings gerate ich dadurch nur noch mehr in Rage. »Du hast uns allen acht Jahre geschenkt.«

»Ja klar.« Er schnaubt. »Acht Jahre von was? Das Einzige, woran ich sicher geglaubt habe, war immer, dass wir den Kon losgeworden sind. Aber jetzt ist er zurück. Wir haben nicht mal alle Schlüsselpersonen erwischt, obwohl wir uns so sicher waren. Die ganze Zeit habe ich mir eingeredet, dass Scopes Tod einen Sinn ergab, weil er etwas Sinnvolles getan hat. Ich habe meinen besten Freund verloren, und dieser Scheißkerl in Gelb ist weiter ungestraft herumspaziert … und jetzt hat er Haven.«

»Scopes Tod war nicht umsonst!« Ich stehe auf, weil mir mein Sitzplatz plötzlich ungemütlich wird. Anthem zuckt bei dem Namen leicht zusammen. »Er ist für uns alle gestorben. Mage und Phönix haben nur getan, was sie damals für richtig hielten – was hätten sie denn sonst machen sollen? Jetzt mal ehrlich? Haven hat dich gebraucht. Omega und ich haben dich gebraucht.«

In meinem Kopf drängen sich lauter Fragen, die ich nicht herausbringe. Wie soll ich ihn ausgerechnet jetzt um Hilfe bitten? Aber ich brauche seine Erfahrung und das ganze Wissen, das er angesammelt hat. Omega und Jonas kenne ich selbst und kann sie einschätzen – vielleicht –, doch Anthem hat eine viel bessere Chance zu erraten, was Wraith tun wird. Außerdem brauchen wir seine Verbindung mit dem Computersystem … und vor allem will ich wenigstens einen meiner Brüder auf meiner Seite haben. Sonst kann ich gleich aufgeben und mich nicht länger wehren, wenn die Sucht mich in die Tiefe zieht. Ich kann förmlich spüren, wie Lethargie über meine Haut kriecht und ich sie willkommen heiße.

»Al …«

»Nein.« Ich trete gegen den Stuhl. »Nein, Anthem. Ich habe dich damals gebraucht und ich brauche dich heute. Wusstest du, dass Omega und ich uns gestritten haben, direkt bevor das alles losging?« Ich wische mir über die Augen. »Er hat mich scheinheilig genannt, und okay, vielleicht stimmt das sogar, aber dumm bin ich nicht. Mir ist klar, dass der ganze Kram, an dem wir in der Mittelstation gebastelt haben« – ganz zu schweigen von meinem Ausflug in die Tunnel –, »nur ein Versuch ist. Ein Experiment, das ich vielleicht verbockt habe. Was ist, wenn ich gezwungen bin …«

»Das wird nicht passieren.«

»Woher willst du das wissen? Ich hatte eine Idee, immerhin, und mit etwas Glück funktioniert sie sogar. Aber tolle Pläne gab es ja früher schon genug.« Für den letzten Satz möchte ich mich am liebsten treten. Verdammt. Anthems Sicht zu bestätigen, hilft uns garantiert nicht weiter. Ich atme tief durch, versuche eine verborgene Quelle innerer Ruhe zu finden und schaue ihm in die Augen. »Wenn wir Pech haben, geht alles total daneben. Und ich kann nicht meine beiden Brüder töten.«

0110111101 **27** 1101010110

Die Stunden kriechen dahin. Wir müssen die Dunkelheit abwarten, wenn das Web erwacht und die Leute nach dem Rausch der letzten Nacht wieder so weit sind auszugehen, zu streamen, in den Clubs zu tanzen. Als plötzlich die Tür aufgerissen wird, stockt uns der Atem, doch es sind nur Pixel und Isis. Unsere erste, unnötige Panik wird leider schnell durch eine andere Art von Furcht ersetzt.

Sie hatten Wachleute vor der Wohnung, ein Shuttle voller Uniformierter, und konnten gerade noch durch die Hintertür verschwinden.

Uns bleibt nicht mehr viel Zeit. Der Entzug trifft mich wie ein Messerstoß und kratzt spitze Nägel über meine Haut. Ich atme bewusst und versuche, das Gefühl wegzuschieben.

»Leute, ich muss mit euch reden«, sage ich zu Luchs, Spektrum und Sabine und deute mit dem Kopf in Richtung des Lagerraums. Blicke folgen uns die Treppe hinunter, und mir ist klar, dass die anderen sich fragen, was ich vorhabe.

Zwar steigen wir nicht in die Tunnel, aber wir sind so weit vom Rest der Gruppe entfernt wie nur möglich. »Okay«, sage ich und schließe die Tür hinter uns. Sabine mustert mich, und obwohl ihr Gesicht maskenhaft unbewegt ist, wirkt es wei-

cher als in den letzten Tagen. Luchs und Spektrum merkt man
die Neugier eher an, sie zucken nervös herum, und Spektrum
wischt sich einen Krümel schwarzen Eyeliner von der Wange.
Ich muss fast lachen, weil er sogar heute Wert auf sein Äußeres
legt. Dann ziehe ich einen kleinen Chip aus der Tasche. Auf
den ersten Blick ist er identisch mit den anderen, die wir her-
gestellt haben, doch sein Inhalt ist ein ganz anderer. »Ich habe
heute Morgen an etwas gebastelt.«

»Also erfahren wir jetzt, was du da unten gemacht hast?«,
fragt Luchs und lässt seinen Blick zu der Falltür wandern.

»Ja, genau.« Ich erzähle ihnen, wozu der Chip in Wirklichkeit gut ist. Natürlich behalte ich mal wieder für mich, wie hoch
das Risiko ist, dass etwas schiefgeht. Wenn ich diesen Stream
auf die Leute loslasse, bin ich im Grunde auch nicht besser als
Wraith und Omega.

»Dir ist doch wohl klar, was du verlangst«, sagt Spektrum.
Ich richte mich kerzengerade auf.

»Ich verlange gar nichts.«

Was ich vorhabe, ist unrecht, genauso falsch wie die Methoden des Kon, wenn auch auf andere Weise. Dieselbe Melodie,
bloß in neuer Tonart.

Manchmal funktioniert Musik eben so.

»Okay, nur damit ich das richtig verstehe«, sagt Sabine.
Während ich abwarte, tigert sie nervös herum und hinterlässt
einen Kreis aus Fußspuren in der Staubschicht, bis sie mir wieder gegenübersteht. »Du hast das überhaupt nicht getestet?«

»Wie denn? Aber es wird funktionieren.«

Mit einer Handbewegung wägt sie Vertrauen und Zweifel
gegeneinander ab. »Da draußen dürfte der totale Wahnsinn
ausbrechen«, stellt sie schließlich fest.

»Ja, ich weiß.« Obwohl ich mich deswegen schlecht fühle, überwiegt die Erleichterung, dass Sabine meinem Plan indirekt zugestimmt hat.

»Also müssen wir diesen Chip als ersten benutzen«, sagt Luchs. »Danach haben wir Zeit, uns um Los Angeles und Seattle zu kümmern.«

»Stimmt.« Den Stream von heute Morgen habe ich für das Web designt. Ein spezielles Geschenk für meine Mitbürger. Damit stelle ich ein letztes Mal die Interessen meiner Geburtsstadt über die meiner Strandheimat. Kurz taucht eine groteske Erinnerung daran auf, wie mein Vater damals in Quadrant 2 auf dem Wohnzimmersofa lag und starb, während im Fernsehen eine strahlende Frau verkündete, dass neue Streams herausgekommen seien und alle Leute in die Clubs strömen sollten, um sie auszuprobieren.

»Könnt ihr euch in die Zentrale einschmuggeln, ohne dass man euch bemerkt?« Eigentlich kenne ich die Antwort.

»Wir machen das ja wohl kaum zum ersten Mal«, sagt Spektrum. Im Augenverdrehen ist er besser als jeder, den ich kenne. »Nennst du das etwa eine Herausforderung?«

Ich kann hören, was hinter dem Sarkasmus liegt, und muss an den Gesichtsausdruck der beiden denken, als wir mit dem Shuttle ins Niemandsland der Mittelstation fuhren.

Wir verlassen den Vorratsraum und gesellen uns wieder zu den anderen. Luchs und Spektrum bereiten sich vor, methodisch und mit ruhigen Händen ziehen sie sich Uniformen über, packen ihre Taschen, stecken je eine Pistole in den Hosenbund. Ich frage kein zweites Mal, ob sie sich ihrer Sache sicher sind. Einen größeren Gesetzesbruch als diesen gibt es kaum, und die beiden sind immer bereit für ein neues Abenteuer.

»Viel Glück«, sage ich stattdessen. Luchs nickt mit konzentriertem Blick. Mage reicht ihm einen schwarzen Chip, der ein wenig anders geformt ist als meiner. An den Rändern ist verkrustetes Blut. In Gedanken höre ich wieder die Körper in den Fluss fallen. Mage hat aufgeschürfte Fingerknöchel, die sich langsam blau färben. Er gibt Spektrum einen zweiten PersoChip. Sabine und ich bekommen die beiden vom Überfall der Wachmänner auf die Mittelstation. Den letzten Chip behält Mage selbst.

Für den Notfall.

Obwohl nur Luchs und Spektrum den Club verlassen, wirkt es hinterher viel stiller. Die Sicherheitskette klirrt, die Falltür klappt zu, und dann umgibt uns eine unerträgliche, hallende Stille, die Pixel auch nicht füllen kann, indem er die Musik aufdreht. Ich tigere auf der Tanzfläche herum, laufe die Treppe ein Dutzend Mal auf und ab. Die beiden müssen den ganzen Weg bis zum Cyclon zu Fuß zurücklegen, noch dazu in den dunklen Tunneln.

Jede Sekunde fühlt sich wie Stunden an. Die Neonlichter beginnen wieder zu verschwimmen, und der ständige leichte Schmerz nimmt zu, bis er meine Nerven entlangkreischt. Als Isis dieses Mal an die Tür der Hygienekabine klopft, wische ich mir den Mund ab und sage, sie soll hereinkommen.

»Bist du sicher, dass du das körperlich durchstehst?«, fragt sie.

»Ich weiß schon, was ich tue.«

»Danach habe ich nicht gefragt.«

»Ich glaube, es hat gewirkt«, flüstere ich, als dürfte ich es nicht laut aussprechen und dadurch real werden lassen für den Fall, dass ich falschliege. »Ich hatte seit zwei Tagen keine Symptome mehr.« Jedenfalls nicht die Flashbacks. Dafür nagt der Entzug immer noch hartnäckig an mir wie mit vielen spitzen Zähnen.

»Oh, Al. Du hast es geschafft!«

Hurra. Und dafür musste ich nichts weiter tun, als hierher zurückzukommen und zuzuschauen, wie Omega den Kon wieder zum Leben erweckt ... wie Jonas der bösartigen Macht zum Opfer fällt, die meine Kindheit aufgezehrt hat ... wie ich bei dem Versuch, die beiden aufzuhalten, meinen besten Freund umbringe.

»Ich will dich später ganz genau untersuchen.«

»Klar. Okay.« Eigentlich will ich gar nicht so genau wissen, was sie dabei entdeckt. Wie mein Gehirn aussieht. Ich habe die Hoffnung, dass ich endlich ganz ich selbst bin, und will von ihr nichts Gegenteiliges hören.

Codezeilen regnen um Anthem herum, der auf der Balustrade steht. »Luchs und Spektrum sind drin«, sagt er, während er ihren Weg durch die Kon-Zentrale verfolgt und registriert, wie gestohlene Chips verbotene Türen öffnen. Sabine nimmt sich ein Bündel Kleidung und verschwindet. Ich habe nicht vor, mich umzuziehen. Wenn ich schon dorthin gehe, dann als ich selbst.

Jetzt kommt es aufs Timing an. Um den Plan durchzuziehen, muss ich Omega, Wraith und Jonas an einen passenden Ort locken: fensterlos und isoliert, sodass sie nicht sehen können, was draußen passiert, und niemand sie kontaktiert. Ich war in Versuchung, dafür den Weißen Raum zu benutzen, aber diesmal habe ich einen anderen Refrain im Sinn.

Sobald ich das Zeichen gebe, werden Luchs und Spektrum den Stream, den ich im Tunnel erstellt habe, in den Hauptrechner hochladen und abspielen: auf allen Konsolen, durch die Club-Lautsprecher und Radiowellen, bis die Luft damit getränkt ist und das ganz Web von den Schallwellen überrollt wird. Um den Rest kümmern wir uns dann … hinterher. Ein weiterer Stream wird die Menschen in Los Angeles und Seattle retten.

Und mich. Uns alle.

»Leute, lasst ihr uns kurz allein?«, fragt Anthem. Sofort stehen alle von den Sofas auf und paradieren an mir vorbei. Pixel wirft mir einen langen Blick zu, Phönix gibt mir einen Kuss auf die Wange. Ich drehe mich zu Anthem um und hoffe, dass er nicht das Gleiche sagen will, was ich an seiner Stelle wahrscheinlich von mir geben würde. Ich habe nicht vor, mich zu verabschieden. Weder von ihm noch von sonst jemandem. Ich werde zurückkommen. Darauf müssen sie vertrauen, damit ich selbst daran glauben kann.

Er wartet, bis sich die Tür zu Pixels Büro geschlossen hat. Dann noch eine Minute. Und noch eine. Ich kämpfe meine Gereiztheit nieder. Herrgott, jetzt spuck endlich aus, was du willst.

»Falls ich das bisher noch nicht gesagt habe …« Er unterbricht sich und setzt neu an. »Verdammt, ich will nicht klingen wie ein gönnerhafter Vater, aber jedenfalls … ich bin stolz auf dich. Weißt du, damals hätte ich schwören können, dass ich genug getan habe, Al. Ich dachte wirklich, ich hätte den Kon aufgehalten und euch beide gerettet. Mir war ja nicht klar, dass ich damit alles nur schlimmer gemacht habe.«

Ich bin erleichtert. Und immer noch gereizt. Verdammt, jetzt reicht es endgültig. Ich stehe auf und sehe ihm so direkt in die Augen, wie ich kann. Er war früher schon größer als ich, und sein Podest lässt ihn ein gutes Stück über dem Boden schweben. »Du hast einfach *alles* richtig hingekriegt«, versichere ich ihm. »Ist dir klar, wie viel Zeit du uns verschafft hast? Kannst du dir vorstellen, wie unser Leben sonst abgelaufen wäre?« Ich kann es mir sehr deutlich ausmalen. Im Moment sieht man es ja. »Der Kon hätte uns alle schon vor Jahren per Gehirnwäsche gleichgeschaltet. Ich hätte nie gelernt, Musik zu spielen, wäre nicht nach Los Angeles gegangen, hätte Jonas nicht kennengelernt. Durch dich hatte ich mehr echte Lebensjahre, als du dir jemals leisten konntest, Anthem.«

»Ja?«

Die Unsicherheit in seiner Stimme lässt meine Augen brennen. »Ja«, sage ich. »Und selbst, wenn du gescheitert wärst, hast du uns beide genug geliebt, um es überhaupt zu versuchen. Das kann im Web sonst kaum jemand von sich behaupten.«

Der Moment ist gekommen. Ich hole mein Tablet hervor und starre eine gute Minute auf den schwarzen Bildschirm, bis er nicht länger verschwimmt. Dann berühre ich ihn, damit er zum Leben erwacht. An wen soll ich die Botschaft schicken? Ich habe mehrere Möglichkeiten. Mein Finger fährt über die letzte Nachricht von Jonas, über Omegas Namen, über das Antwort-Symbol.

Ich kann dir alles geben, was du willst._

Okay_, tickere ich an Wraith und benutze die Stalker-Texte, die er mir vor Wochen geschickt hat. Ich gebe auf._

◾

»Ich komme mit«, sagt Pixel. In seiner Stimme liegt eine ruhige Entschlossenheit, die ich noch nie bei ihm gehört habe. »Der Scheißkerl gehört mir.«

Argumente schießen mir durch den Kopf. Ich will nicht, dass mich jemand zu dem Treffen begleitet, genau das ist doch der Punkt. Aber Pixel hat nicht vor, mir zu helfen oder die Sache für mich zu übernehmen, weil er mir nicht zutraut, sie bis zum Ende durchzuziehen. Hier geht es nur um ihn persönlich, um seine Chance auf Rache, und die kann ich ihm nicht wegnehmen.

»Okay.« Ich wende mich Anthem zu. »Wo stecken sie?«, frage ich. Meine Schritte hallen durch den Saal, als ich nervös auf und ab gehe.

»Wraith ist in der Zentrale, und wie es aussieht, sind Omega und Jonas gerade auf dem Weg dorthin.«

Zu dem Ort, den ich Wraith als Treffpunkt genannt habe. Ich erkundige mich nicht, ob *sie* auch dabei ist ... die Frau mit den schneeweißen Haaren. Anthem erwähnt sie jedenfalls nicht. Außerdem spielt es auch gar keine Rolle. Durchatmen. Die Erinnerung daran wegschieben.

Das ist nicht wirklich Jonas. Nur sein Körper, nicht seine Gedanken. Niemand ist mehr er selbst. Der Plan muss einfach funktionieren, und genau deshalb wird alles so laufen, wie es soll.

Ich will meinem Zwilling in die Augen sehen, während er zu mir zurückkommt. Über die Alternative denke ich jetzt nicht nach, das habe ich schon genug getan.

Pixel und Isis haben noch mehr Waffen und Munition mitgebracht. Luchs hat ihnen verraten, wo sie den geheimen Vorrat finden, den er mit Spektrum angelegt hat. So sieht unser Plan B aus.

Außerdem liegen Kopfhörer bereit, und die Konsolen sind mit Musik aufgeladen, von der wir wissen, dass sie sicher ist.

Okay.

»Ich bringe Haven zurück«, verspreche ich Anthem. Ich werde alle rausholen, die uns etwas bedeuten … um Wraith soll sich Pixel kümmern. Mein Bruder nickt. Phönix und Isis halten einander an den Händen, während sie mir zuschauen. Mage krallt seine zerschrammten Finger um das Geländer der Balustrade. »Ihr müsst mir versprechen, dass ihr alle hierbleibt«, sage ich. Hier, in diesem alten Gebäude, das so clever schallisoliert wurde. Nichts dringt heraus – und auch nichts herein. Vielen Dank, lieber Kon. »Rührt euch nicht vom Fleck und hört nur den ungefährlichen Kram.«

Einer nach dem anderen gibt mir sein Wort. »Alpha …«, setzt mein Bruder an. Ich stelle mich direkt vor sein Podest.

»Jetzt bin ich an der Reihe«, lasse ich ihn wissen. »Du wirst Haven bald wiederhaben.«

Dann schalte ich ihn ab.

»Okay«, sage ich noch einmal.

Diesmal gibt es keinen Grund, durch die Tunnel zur Zentrale zu schleichen, uns in Mauernischen zu ducken und mit angehaltenem Atem darauf zu warten, dass Taschenlampenstrahlen in der Dunkelheit an uns vorbeischwenken. Schließlich weiß der Kon, dass ich komme. Das Web gehört mir nicht weniger als Omega, dafür hat Anthem gesorgt, und jetzt hole ich es mir zurück.

»Ich fahre uns«, sagt Sabine.

Gut. Ein bisschen Wahnsinn kann nicht schaden.

Der Anblick all der Menschen draußen bestärkt mich nur noch mehr in meinem Plan. Füße bewegen sich im Einklang. Wie bei einer ausgefeilten Choreografie, aber mit Tanzen hat das nichts zu tun. Dafür fehlt die Freude, das Licht, die Euphorie. Was man den Leuten aufgezwungen hat, ist keine Musik, sondern nur das Ergebnis grausamer Fingerübungen des Kon auf Saiten und Tasten. Die einstudierten Griffe haben all die Jahre seit der Revolution überdauert, und jetzt packen sie uns bei der Gurgel.

Genau wie Omega. Und Jonas.

Was Wraith angeht ... tja, Pixel hat seine eigenen Pläne, und niemand von uns wird sich ihm in den Weg stellen. Ich schätze, wir könnten den Mistkerl brechen, wenn nötig. Schließlich würde der Konzern das Gleiche mit uns tun.

Aber manchmal hat man keine andere Wahl als zu töten.

Sabine lässt das Shuttle in den Verkehr einschwenken und steuert uns nach Norden, ins Zentrum des Web, das Zuhause meiner Kindheit. Diese Stadt hat mich erschaffen und mir alles beigebracht, was ich zum Überleben brauchte. Auf dem Platz mir gegenüber starrt Pixel aus dem Fenster, seine Lippen sind schmal vor Hass und Sorge. Mein Tablet summt.

Sie sind beim Hauptrechner und bereit.

Eine Minute._

»Setzt die Kopfhörer auf«, sagt Pixel und lehnt sich vor, um Sabine ein Paar überzustülpen, während die Reifen quietschen. Ich streife mir meine eigenen über den Kopf und drehe die Lautstärke der Minikonsole auf, die an meinem Gürtel hängt.

Eins, zwei, eins, zwei, drei, vier ...

Und dann ist die Musik überall.

Ich drücke mir die Kopfhörer fester auf die Ohren, weil ich es versprochen habe.

Der einzige Schutz. Die Welt draußen ist auf den Kopf gestellt, erfüllt von meiner eigenen Stimme. Sie dröhnt aus Radios, Club-Lautsprechern und vollen Konsolencentern.

Kommt schon.

Da. Auf der anderen Straßenseite.

Ich bemerke die Veränderung bloß, weil ich danach Ausschau halte. Mein Blick flackert unruhig umher, während ich auf das kleinste Anzeichen hoffe, und dann sehe ich es: ein winziger Moment, nur ein einziger Schritt, der sich vom Takt der Menge unterscheidet. Der Mann fährt zusammen, bleibt stehen, und Überraschung malt sich auf seine stark geschminkten Züge. Ich versuche angestrengt, ihn im Auge zu behalten. Er wirkt wie jemand, der gerade nach einem langen Schlaf aufwacht, und genau das geschieht ja im Grunde auch. Seine Lider flattern, und er schaut sich zögernd um, als sei ihm die altbekannte Umgebung fremd, wie in Nebel gehüllt von der Gehirnwäsche, die er noch nicht ganz abgeschüttelt hat.

Er macht einen weiteren Schritt gegen den Menschenstrom, dessen koordiniertes Vorwärtsdrängen mich an die Wellen erinnert, die auf den Sand meines Strandes rollten.

Ich beobachte weiter die Straßen. Der Mann war wie ein erster Funke, doch das nützt uns wenig, wenn der Rest der Stadt nicht ebenfalls Feuer fängt.

Kommt schon, kommt schon.

Wir brauchen das Chaos. Wahrscheinlich ist es falsch von mir, diese Leute – Menschen wie ich, meine Mitbürger – als bloßen Zündstoff zu sehen, aber so ist es nun einmal. Mit ihnen können wir den Kon für alle Zeiten niederbrennen.

Da ... und da ... und da. Auch wenn ihre Fesseln unsichtbar sind, nur in den Köpfen der Menschen, kann ich trotzdem sehen, wie sie abgestreift werden. Die Musik ist überall und sprengt die Ketten. Meine Finger tasten nach den Kopfhörern, von denen die Schallwellen abgeblockt werden. Wenn ich sie jetzt abnehme, bekomme ich wenigstens einen kleinen Kick. Der Stream, den wir eingespielt haben, macht nicht abhängig, aber seine Codierung verspricht etwas … anderes. Für ein paar Sekunden müsste ich nicht länger ich selbst sein.

»Komm gar nicht erst auf die Idee«, sagt Pixel. Ich kann zwar nicht von seinen Lippen lesen, aber der Klaps auf meine Hand ist ziemlich eindeutig. Na toll. Ausgerechnet jetzt muss er aufmerksam werden.

Schon gut.

Wenn man im Sand ein Lagerfeuer anzündet, kommt irgendwann der Punkt – mein liebster Augenblick –, in dem die züngelnden Flammen wie verrückt aufflammen und unkontrollierbar werden. Genauso war es auch immer bei der Menge im Club von Mage und Phönix. Plötzlich klang die Musik genau richtig, und ich wusste, dass jeder an meinen Lippen hing, solange ich wollte. Ich meine den Moment, wenn die Leute anfangen zu fühlen.

Draußen auf der Straße zündet der Brand. Die Formation gerät komplett aus dem Takt.

Jetzt geht es los.

Menschen tauchen von allen Seiten auf, strömen aus Hochhäusern und Läden, desorientiert und verängstigt. *Es tut mir leid, aber wir mussten das tun,* würde ich am liebsten rufen. Dabei könnten sie meine Stimme sowieso nicht hören. Die Befehle in ihren Köpfen sind lauter. Ich habe die Instruktionen dort eingepflanzt, sie sind der Code, den ich heute Morgen geschrieben habe.

Scheiben zersplittern. Zwei Männer kämpfen um ein Shuttle, und der Sieger stürmt den Fahrersitz, während der Verlierer wild nach recht und links schaut und dann losrennt.

Genau. Lauf und such dir ein Fluchtfahrzeug.

Dein Ziel ist die Brücke am Fluss. Lass das Web hinter dir. Mach dich auf den Weg nach Westen, wo mein Ozean wartet. Er wird dich retten, so wie er mich gerettet hat. Bald werden wir auch dort alles wieder in Ordnung bringen.

In Pixels Augen dämmert Verständnis auf. Ich habe die Bürger nicht von der Gehirnwäsche befreit, wie ich eigentlich versprochen hatte. Das hätte Anthem an meiner Stelle getan, aber ich bin nun einmal nicht mein Bruder und treffe andere Entscheidungen. Das Timing ist ziemlich perfekt, auch wenn ich ursprünglich nicht geplant hatte, dass Pixel mit mir im Shuttle sitzt. Jetzt ist es zu spät, mir die Sache auszureden … wenn er das überhaupt will. Ich kann ihm geradezu ansehen, wie er mit der Entscheidung ringt. Aber das Ganze lässt sich sowieso nicht mehr stoppen.

Sabine trommelt gegen das Armaturenbrett, und ihr Fuß zuckt über dem Gaspedal. Ich schließe die Augen und versuche mir die Szene vorzustellen, die sich als Nächstes in Los Angeles abspielen wird, wenn die Leute gemeinsam den Gegner zurückschlagen, der sich ungefragt in ihre Stadt eingeschlichen hat. Ihre Stadt und meine.

Meine Finger krümmen sich um die Minikonsole. Die Glasspinne ragt bedrohlich vor uns auf. Ich springe aus dem Shuttle, kaum dass Sabine angehalten hat, und schiebe mich durch die Menschenmenge. Das Gewühl ist so dicht, dass es mir vorkommt, als würde ich zerquetscht und alle Luft aus meinen Lungen gedrückt. Mein Tablet leuchtet auf, und die Information, die ich von Anthem empfange, ist auf verdrehte Art genau richtig.

Symmetrie. Ausgleichende Gerechtigkeit.

Wie mein Entschluss, das Tunnelversteck zu benutzen. Auch diesmal frage ich mich, ob Omega wohl eines Tages fähig sein wird, unsere elegante Revanche wirklich zu schätzen.

Pixel wird gegen meinen Rücken geschubst. Gemeinsam beobachten wir, wie die Wachleute scharenweise ihre Posten verlassen und in Shuttles steigen. Sie tragen noch immer ihre Kopfhörer, doch nun hören sie unsere Streams statt der Codierungen, die Wraith ihnen aufgezwungen hat.

Ich weiß, wo sie sind_, tippe ich hastig und zeige Pixel den Bildschirm. Er nickt. Aus dem Augenwinkel sehe ich, wie Sabine um die Ecke verschwindet, um Luchs und Spektrum zu helfen. Unsere Stadt ist so gut wie gerettet, nun ist ihre an der Reihe.

Die Waffe in meiner Tasche fühlt sich unnatürlich schwer an. Der Zeitpunkt ist gekommen, meinen Zwilling zu treffen.

Ich marschiere allein in den schallgeschützen Raum. Aber Pixel in seinem Versteck ist notfalls nur einen Knopfdruck weit entfernt. Eine spezielle Art von Lautlosigkeit empfängt mich, als ich die Kopfhörer abnehme. Die Stille ist so absolut, dass sie mir in den Ohren dröhnt. Mein Herz setzt einen Schlag lang aus.

»Willkommen zu Hause, Alpha.«

Omega hat einen Hocker in Beschlag genommen, auf dem früher immer Anthem saß – und später ich –, wenn das rote Aufnahmelicht blinkte und wir unsere Musik einspielten. Wut brodelt in mir hoch. Wie kann er es wagen, mich so anzulächeln, ausgerechnet hier. Er weiß genau, was er mir antut ... zumindest genießt das monströse Kon-Geschöpf, das in ihm herangewachsen ist, die Situation. Aber schließlich war es meine eigene Entscheidung, ihn hierherzubestellen.

Ich dachte früher, wir würden uns immer alles erzählen, doch nun sehe ich, dass ich für ihn schon lange Zeit fast eine Fremde war. Das ist nicht wirklich Omega. Ich bin ihm keine der Erklärungen schuldig, die in meiner Kehle hochsteigen und aus meinem Mund sprudeln wollen. Jedenfalls jetzt noch nicht.

»Wo sind die anderen?«, frage ich.

»Kommen noch. Sie mussten auf dem Weg nur etwas holen und sind gleich da. Schön, dich hier zu sehen.«

Ich gebe keine Antwort. Wraith ist nicht mein Problem, um ihn wird sich Pixel kümmern, aber Jonas ... Jonas ist irgendwo in der Nähe.

»Du hast nicht wirklich vor, dich zu ergeben, oder?«

Ich hebe den Arm ein Stück, und mein Finger zuckt wie von selbst am Abzug, als ich daran denke, zu was er mich alles gezwungen hat. Ich frage mich, ob Omega ähnliche Gefühle hatte, als er mir in der Krankenstation eine Pistole ins Gesicht gehalten hat. Vermutlich nicht. Seine Augen, die ich wie meine eigenen kenne, zeigen keinen Hauch von Furcht. Oder von Reue.

»Eure Herrschaft ist vorbei«, sage ich. »Ich habe das Heilmittel gefunden, nicht nur für mich, sondern für alle. Die Bürger verlassen die Stadt. Du hast es mir echt leicht gemacht.«

Der letzte Satz ist eine Lüge, aber sehr befriedigend. Ich will sehen, wie er zusammenzuckt. Irgendwann später soll er erfahren, was ich mir in Wirklichkeit selbst antun musste – und den Menschen, die ich liebe –, um bis hierher zu gelangen. An der Wand blinkt eine Konsole und verdammt, ich kann selbst jetzt kaum widerstehen.

»Die Leute mussten die ganze Zeit von euch beschallt werden, damit ihr sie unter Kontrolle halten konntet. Diesen alten Kon-Trick haben wir ausgenutzt. Tja, aber ihr hattet wohl keine Wahl, als mit dem gleichen Kram weiterzumachen, der schon früher funktioniert hat, was?«

Er schaut mich einfach nur an. Sein kalter, stechender Blick lässt meine Hoffnungen schrumpfen. »Eure Herrschaft ist vorbei«, sage ich noch einmal. »Komm zu mir zurück, *Omega*. Komm zurück.«

Wieder sehe ich das kurze Aufflackern in seinen Augen, als würde er mich erkennen. Genau wie bei unserem letzten Gespräch, bevor ich zur Mittelstation geflüchtet bin. Obwohl das Menschengedränge draußen längst fort sein dürfte, wird mir die Atemluft abgedrückt, und eine Hand krallt sich so brutal in mein Herz wie die Streams in die Gedanken der Stadtbürger. Ich verstehe immer noch nicht genau, wieso der Langzeitplan des Kon bei Omega funktioniert hat, aber nicht bei mir. *Die beiden sind nur Zwillinge, keine Klone,* höre ich Isis in meiner Erinnerung sagen. Mir wird eiskalt bei dem Gedanken, was ansonsten alles hätte passieren können.

Jedenfalls wären wir beide jetzt nicht hier, so viel ist sicher.

Ich drücke ein paar Knöpfe an meiner Minikonsole und mache einen Schritt auf ihn zu. »Du musst dir einfach nur diesen Song anhören.«

Seine Hand ruckt in meine Richtung und fällt schlaff wieder herab.

»Bitte, Omega.«

Ein weiterer Ruck.

Die Waffe liegt kalt in meiner Handfläche. Jetzt, jetzt ist der Moment, in dem ich entscheiden muss, wie weit ich gehen werde. Ich kann ihn nicht hier herausspazieren lassen, aber alles andere ist noch offen und meine Entscheidung. Darum ging es ja im Grunde immer. Entscheidungen. Wahlfreiheit.

Aber Omega unterbricht mich.

»Zuerst will ich dir etwas zeigen«, sagt er, und seine Stimme klingt nicht ganz richtig. Nicht wie er selbst. Damit kenne ich mich schließlich aus. Forschend blicke ich ihm in die Augen.

Nichts. Kein Hinweis. »Ich zeige es dir, und danach höre ich dir zu, okay?«

»Was denn?« Gänsehaut überzieht meine Arme.

»Warte nur einen Moment.«

In seinem Schoß leuchtet das Tablet auf. Ich stehe zu weit entfernt, um die Nachricht lesen zu können, und dieser verdammte Raum ist einfach zu still.

Mein beschleunigter Herzschlag klingt überlaut.

Und schlagartig wird mir klar, dass dieser Treffpunkt ein Fehler war – von mir, nicht von Omega. Ich habe keine Ahnung, was draußen vorgeht. Kann nichts hören, und mein eigenes Tablet hat sich seit zehn Minuten nicht gemeldet. Mir fehlt jeder verdammte Hinweis, wo meine Freunde stecken.

Ich kann nicht einmal mehr sicher sein, *wer* meine Freunde sind. Alles Mögliche könnte passiert sein.

Als Omega sich darauf eingelassen hat, mich in diesem Raum zu treffen, war er cleverer, als ich dachte. Er hatte seine eigenen Gründe.

»Worauf soll ich denn warten?«, frage ich. Meine Stimme zittert, was mir noch mehr von meinem Selbstbewusstsein raubt.

»Du hättest weglaufen sollen«, sagt er tonlos. Die orangefarbenen Highlights in seinen Haaren, an seiner Kleidung und dem Make-up fangen grell das Licht ein. »Ich habe gesagt, dann würde ich dich nicht aufhalten. Du hättest fliehen sollen, statt zurückzukommen, Alpha.«

Vielleicht. Aber wenn er noch der Bruder wäre, den ich so lange gekannt und geliebt habe, wüsste er auch, warum ich diese Entscheidung nicht treffen konnte.

Die Tür geht auf. Ich drücke den Knopf auf meinem Tablet.

Gelb. Rot. Die Feuerfarben sind komplett.

Jonas.

Und Pink. Lange pinke Strähnen, die unter einer Augenbinde hervorquellen. Sie haben dafür gesorgt, dass Haven nicht nur taub, sondern auch noch blind ist.

Ich renne auf sie zu, reiße den Stoff herunter, und ihre Augen blinzeln gegen das schmerzhaft grelle Licht an.

»Du kannst sie gerne zurückhaben«, sagt Wraith zu mir. Omega stimmt mit einem gleichgültigen Schulterzucken zu. Anscheinend haben sie Haven nur benutzt, um Anthem zu quälen, und ansonsten spielt sie keine Rolle. Im Gegensatz zu Jonas, der *mich* quälen soll und genauso wichtig ist wie früher.

Vor Angst wird mein Mund ganz trocken. Wo zur Hölle steckt Pixel? Er hat darauf bestanden mitzukommen, und jetzt verlasse ich mich auf ihn.

»Ich habe alle Stockwerke weiter unten vom Stromnetz getrennt«, sagt Wraith, als könne ausgerechnet er meine Gedanken lesen, obwohl er mich von den Menschen im Raum am wenigsten kennt. »Habe die Türen verriegelt und die Fahrstühle lahmgelegt. Das hat Anthem letztes Mal mit uns gemacht, und tja, warum sollte man etwas ändern, das so super funktioniert? Deine Freunde werden sich bestimmt was einfallen lassen, aber bis dahin haben wir ein paar Minuten.«

Jonas Augen sind leer, nicht der Hauch eines Erkennens. Ich habe keine Ahnung, was zum Teufel sie mit ihm angestellt haben, doch ich schiebe diesen quälenden Gedanken beiseite. Im Moment gibt es genug andere schmerzhafte Probleme, um die ich mich zuerst kümmern muss.

»Also dann«, fährt Wraith fort, »was sollen wir mit dir machen? Welche Strafe wäre wohl annähernd hart genug?«

Ich weiche an die Wand zurück. Eine Geigensaite schwirrt, als ich sie mit der Schulter streife.

»Du hast dich ziemlich gut geschlagen«, sagt er. »Aber ehrlich, warum sollte es mich kümmern, ob du die Leute nach Westen schickst? Ich meine, das wäre ein toller Trick gewesen, wenn Los Angeles und Seattle uns nicht auch schon gehören würden. Wen stört es, solange der Zentralcomputer läuft? Das Web ist sowieso alt und morsch. Ich mag den Gedanken, stattdessen am Meer zu leben.«

Die Wut in mir brodelt über. Meinen Strand bekommt er nicht.

»Du kannst mit mir anstellen, was du willst«, zische ich. »Wir haben nämlich schon genug getan, was sich nicht mehr stoppen lässt.« Ich bin kein bisschen sicher, ob das stimmt, aber es klingt gut. So etwas sollte man doch in meiner Situation sagen, oder?

»Ich kann tun, was immer mir gefällt.« Sein Blick streift vielsagend über Omega und Jonas, dann betrachtet er mich mit einem Ausdruck falschen Mitleids. »Wie niedlich, dass du dir einbildest, mich aufhalten zu können. Genau wie Anthem damals. Aber das kann niemand. Die Bürger werden es nicht einmal versuchen. An letzter Stelle diese beiden hier.«

Okay, *damit* hat er garantiert recht.

Meine Freunde sind unten im Gebäude eingeschlossen. Anthem steht hilflos auf seiner Säule im Club. Niemand in diesem Raum wird mir helfen, außer vielleicht Haven, aber das wäre nach allem, was passiert ist, wohl zu viel verlangt.

»Wer weiß, ich könnte womöglich gnädig sein.« Er greift in die Tasche und zieht eine Pistole hervor. Die Waffe sieht genauso aus wie das Exemplar, das die ganze Zeit nutzlos in meiner Hand baumelt, weil ich es vor Panik ganz vergessen habe. »Ein schnelles Ende … na, wie klingt das für dich?«

Wie es klingt? Bei seiner Frage fällt mir wieder auf, wie absolut die Stille im Studio ist.

Und dann geschieht alles auf einmal.

Die Tür wird aufgerissen. Omega springt auf die Füße. Ein pinkfarbener Blitz wirbelt durch mein Blickfeld, und Hände mit langen, spitzen Fingernägeln stoßen mich zur Seite, als meine Trommelfelle von dem Schuss fast bersten, der durch die Studioakustik hallt. Die Kugel galt mir.

Grün. Purpur. Weiß. Ich nehme meine Freunde nur eine Sekunde lang wahr, bevor ein weiterer Schuss fällt und Wraith rückwärts über ein Schlagzeug stürzt. Die Becken krachen in einem Tusch zusammen. Aber trotzdem ist es zu spät.

»Haven!«, schreie ich. Sie befindet sich genau vor mir. An der Stelle, wo ich eben noch gestanden habe. Ich strecke die Arme aus und versuche sie aufzufangen, als sie langsam zusammensackt. Sie fällt ohne ein Wort zu Boden, und Blut malt einen wachsenden Fleck direkt über ihr Herz.

■

Das Web rauscht ungesehen vorbei, und Tränen brennen auf meinen aufgesprungenen Lippen, während ich das Unbegreifliche in Worte zu fassen versuche. Ich schicke Mage eine Tickernachricht, doch darin steht nur, wo er mich treffen soll.

»Sie ist …«, probiere ich. »Ich habe … Haven …«

Nein. Das unverwechselbare Geräusch pfeift mir immer noch in den Ohren und übertönt alles andere, während die Kugel wieder und wieder durch die Luft sirrt. Havens Handabdrücke sind in meine Haut gebrannt und schmerzen wie offene Wunden. Die echten Wunden an meinen Knien pochen, aufgeschürfte Stellen von unserem gemeinsamen Aufprall auf den Studioboden.

Peng. Die Kugel landet wieder mit einem feuchten, ekelhaften Geräusch. Haven hat nicht geschrien, aber schließlich war sie auch immer die Stärkste von uns allen. Und vermutlich – nein, ganz bestimmt – die Beste von uns.

Neue Worte raspeln durch meine Kehle, und meine Zähne klappern. Jeder Atemzug fühlt sich verkehrt an, unverdient, gestohlen. Kann man das Schicksal so täuschen? Ich sollte nicht hier sein, nicht in diesem Shuttle sitzen, das von der Kon-Zentrale wegrast.

Spektrum tritt hart auf die Bremse, als wir ankommen. Ich lasse mich nach vorne sacken und falle durch die geöffnete Tür. Dann lache ich. Als wenn mir noch etwas schaden könnte. Ich sollte tot sein.

Nichts ergibt einen Sinn.

»Brauchst du Hilfe?«, fragt Spektrum. Meine Knie klappern gegeneinander, und ich bringe kein Wort hervor, dennoch schüttle ich den Kopf. Nein, den nächsten Schritt muss ich allein gehen. Oder jedenfalls fast.

Mir kommt es viel zu lang vor, bis Mage endlich auftaucht, aber er hatte auch einen weiteren Weg. Ich tigere auf und ab und starre auf das Blut an meinen Fingern, das im künstlichen Licht leuchtet.

»Alpha! Kleines?« Seine Stimme klingt gleichzeitig panisch, erleichtert und neugierig, obwohl er seine Gefühle nur in diese wenigen Silben quetscht. »Was ist los? Hat es funktioniert? Ist alles okay?«

Am liebsten würde ich wieder lachen. Oder nein, doch nicht. Gar nichts ist okay. Wird es auch nie wieder sein. Vielleicht erholen sich Omega und Jonas eines Tages; die anderen sind noch in der Glasspinne und kümmern sich um diesen Teil des Plans. Vielleicht erholt sich auch das Web, gefolgt von Los Angeles und Seattle. Trotzdem kann ich mich nicht erinnern, dass die Welt jemals weniger okay war.

»Al? Was ist passiert?«

Dann ändert sich seine Stimme. Mage war immer mein Lieblingsonkel und kennt mich genau.

»Wer?«, fragt er.

»Wraith hat versucht, mich zu erschießen.« Wieder kreischt die Kugel durch die Luft und verbrennt mich fast, so nah geht der Schuss vorbei. Das hohe Pfeifen. Das Knirschen. Das Pochen in meinen Knien verschlimmert sich. Mage ist so erleichtert, dass er glucksend zu lachen anfängt. »Oh, Scheiße, bin ich froh. Ich dachte schon, jemand von den anderen ...«

»Sie hat mich aus der Schusslinie gestoßen.«

Stille. Betäubende, tödliche Stille, die völlige Abwesenheit von Klang und Bewegung. »Meinst du Sabine?«

Ich schüttle den Kopf. »Haven.« Immer mehr Tränen laufen mir übers Gesicht. »Ich wusste es nicht! Sie hatten Haven dabei, und zuerst stand sie hinter mir, und ich konnte doch nicht wissen, ehrlich nicht, und jetzt ist sie ... sie ist ...«

»Ist sie tot?«, fragt er mit einer kalten, abgehackten, klinischen Stimme.

»Gleich nicht mehr.« Schmerz sticht durch meine Lungen. »Allerdings lag sie im Sterben, als ich das hier mitgenommen habe.« Ich halte ihm Havens MemoryChip entgegen, tropfend und randvoll mit ihrem verrückten Leben. »Mage, ich habe ihm versprochen, dass ich sie zurückbringe.«

Er wirkt nicht sehr überrascht, auch wenn er weiß, wie empört ich war, als Haven meinen Bruder in dieses Gebäude gebracht und in dem Sichtgerät installiert hat, das jetzt ein paar Schritte von mir entfernt steht. Der meiste Technikkram ist immer noch hier. Nachdem Wraith gekommen ist und Haven mitgenommen hat, haben Pixel und Isis nur einen Teil leer geräumt. Mehrere Computer stehen noch summend hinter dem Arbeitstisch und warten.

»Bitte«, sage ich. »Wenn wir es nicht tun, bringt ihn das um.« Und im Moment ist Anthem quicklebendig. Ich weiß selbst nicht, wann ich angefangen habe, ihn so zu sehen. Typisch, dass mir diese Erkenntnis fast zu spät gekommen ist, in allerletzter Minute. Er wollte, dass ich ihm den Stecker ziehe und ihn lösche, und wenn ich jetzt mit der Nachricht auftauche, dass Haven tot ist, wird er mich wieder darum anflehen.

Aber falls wir das hier durchziehen, können die beiden zusammen sein. Für immer und ewig. Dafür haben sie schließlich hart gekämpft. Ich muss an alles denken, was ich Jonas noch sagen will – ganze Jahre voller unausgesprochener Worte –, und kann Havens Entscheidung endlich verstehen. Sie muss wie verrückt gearbeitet haben, um die Verwandlung technisch möglich zu machen.

»Kannst du das für Haven tun?«

Zögernd nickt er. »Ich glaube schon. Schließlich habe ich ihr damals ziemlich oft geholfen, als sie unten alles programmieren musste. Wenn ihr Code da drauf ist ...« Er geht zu den Computern und ich folge ihm. Den Chip lege ich neben seiner Hand auf den Tisch.

»Beeil dich, Mage.« Meine Stimme bekommt Risse und bricht. »Ich habe versprochen, sie zurückzubringen.«

Der Kon hat uns im Laufe der Zeit eine Menge Lektionen erteilt. Über Richtig und Falsch. Was funktioniert und was nicht.

Vor acht Jahren hat Anthem die Macht der Konzernleute gebrochen, und trotzdem sind sie zurückgekommen.

Eine Ewigkeit davor haben sie uns beherrscht, mit Drogen und Waffen. Sie haben die Bevölkerungszahl auf einem Level gehalten, der für ihr größenwahnsinniges Massenexperiment genau passte.

Fast muss ich lachen, wenn ich daran denke. Jetzt fährt ein Shuttle nach dem anderen über die Brücke davon, ihre Scheinwerfer bilden eine endlose Lichtschlange, die nach Westen führt.

»Verlassen wirklich alle die Stadt?«, fragt Phönix.

»Hoffe ich jedenfalls. Luchs und Spektrum sind gerade dabei, Anthem mit seinem Technikkram aus dem Club zu holen. Sie treffen uns dann auf dem Weg. Kannst du Isis helfen? Ich muss ...«

Zurück zu Mage.

»Wir kümmern uns darum«, verspricht Phönix und streicht mir eine blaue Haarsträhne hinters Ohr. »Geh schon.«

Wo steckst du?_

Immer noch im ZFR. Bin fast fertig mit der Programmierung. Mach dir keine Sorgen, Kleines._

Er nennt mich immer noch Kleines. Das werde ich ihm später schon noch austreiben. *Später*. Wir haben tatsächlich eine

Zukunft. Die plötzliche Erkenntnis, dass es ein Später ohne den Kon gibt, raubt mir den Atem. Die schwarze Glasspinne hat mir zum letzten Mal die Luft abgedrückt.

Es ist Zeit, nach Hause zurückzukehren.

Der Verkehr auf dem Weg zu Mage ist ein echter Albtraum – ein so stinknormales Problem, dass es schon fast lachhaft ist. Ich lasse die anderen Shuttles an mir vorbeirauschen, alle auf dem Weg zum Festland.

Das Web ist kein sicherer Ort, für niemanden. In Los Angeles wird man sich um die vielen Menschen aus dem Web kümmern. Der Sonnenschein von L.A. wird vertreiben, was vielleicht noch in den Schatten lauert, und in Seattle wird der Regen den Schmutz wegspülen. Alles ist besser als das trügerische Nichts des Web, wo buntes Neon das echte Licht ersetzen sollte und stattdessen die Dunkelheit nur noch mächtiger werden ließ.

Im Rückschauzentrum ist Mage gerade dabei, ein halbes Dutzend Computer herunterzufahren, als ich durch die Tür komme. Er reicht mir eines der Geräte und steckt mir einen kleinen schwarzen Kasten in die Tasche. »Willst du sonst noch was mitnehmen?«, fragt er. »Wir haben genug Zeit, um deine Eltern zu holen.«

»Nein.« Inzwischen bin ich mir sicher: der Geheimtrick, um niemals hierher zurückzukommen, ist, mir einzubilden, dass ich es in Zukunft jederzeit tun könnte. »Sonst alles fertig?«

»Fast. Es bleibt nur noch der letzte Punkt auf der Liste.«

Ein paar Minuten später schließen wir die Flügeltüren des ZFR hinter uns, beladen das Shuttle mit Armladungen voll Elektronik und steigen ein. Unser Weg führt zur ehemaligen Kon-Zentrale, wo Isis, Phönix und Pixel warten … zusammen mit Omega und Jonas. Das Shuttle, hinter dessen Steuer Sabine sitzt, ist groß genug, um nachher ihre beiden Krankenliegen hinten aufzunehmen.

Er ist so blass. Das gilt für beide, aber ich stelle mich neben Jonas. Meine Hand vergräbt sich in dem Laken, das über ihn gebreitet ist, und meine Finger tasten nach seinen, bis ich sie endlich wieder spüre, warm und fest. Vertraut.

Es dauert Stunden, bis das Web menschenleer ist und alle Bürger auf den Gedankenimpuls in ihren Köpfen reagiert haben, den sie sich selbst nicht erklären können. Das passiert ihnen ja nicht zum ersten Mal, aber wenn es nach mir geht, dann hoffentlich zum letzten Mal. Ansonsten sind ihre Gehirne endlich sauber geschrubbt, und die leere Eingangshalle wirkt wie ausgehöhlt, ein trauriger, fast mitleiderregender Ort. Jetzt ist er nur noch von Erinnerungen erfüllt, und davon können wir die Teile mitnehmen, die wir bei uns behalten wollen, und den Rest hierlassen. Tief unter unseren Füßen liegt die sogenannte Legebatterie, in der man Anthem einen Großteil seiner Lebensjahre aus den Adern gesogen hat; hoch über uns Omegas Büro, von dem aus er uns allen die Freiheit nehmen wollte.

»Können wir?«, fragt Phönix.

»Okay.«

Wir schieben die Krankenliegen aus der Zentrale auf die leeren Straßen, und die totale Stille ist unheimlich. Um uns herum flackern die Neonlichter des Cyclon und übermalen den Fußweg und den Himmel mit ihren sinnlosen Farben.

Aber nicht mehr für lange.

»Sorgst du dafür, dass sie weiterschlafen?«, frage ich. Isis nickt und steigt mit Pixel in das extragroße Shuttle von Sabine. Ich quetsche mich zusammen mit Phönix und Mage in das andere, dessen Sitze größtenteils von einem Berg aus Metall, Plastik und Kabeln belegt sind. Wir reden nicht viel, aber das erste Stück unserer Fahrt ist ohnehin kurz. Mage überlässt Sabines Shuttle den Vortritt, wir folgen ihren Rücklichtern über die Brücke und halten gleich auf der anderen Seite.

Nach der verstörenden Stille der Stadtinsel wirkt das Brausen des Flusses überlaut. Meine Augen suchen angestrengt danach, ob noch Fahrzeuge übrig sind, deren Scheinwerfer zwischen den Gebäuden aufblitzen, aber dort bewegt sich nichts mehr. Ich stelle mich direkt an den Rand des Wassers, so nah man dem Web von hier aus kommen kann. Weiter will ich mich der Stadt nie wieder nähern.

»Haven sollte dabei sein und das sehen können«, sage ich. »Und Anthem.« Ganz zu schweigen von all den anderen, die wir verloren haben. Aber wenigstens können wir Haven und Anthem hinterher erzählen, wie der entscheidende Moment aussah, den wir jetzt mit angehaltenem Atem erwarten. Phönix legt ihren Arm um meine Schultern.

Ich kann nicht genau sagen, ab wann es mir nicht mehr nur darum ging, Omega und Jonas zu befreien und Wraith loszuwerden, sondern eher um diesen Augenblick. Wann mir klar wurde, dass ich eine Entscheidung treffen musste, zu der Anthem niemals fähig gewesen wäre, obwohl sie richtig ist. Einen Moment lang hängt noch alles in der Schwebe, während sich die Sekunden hinziehen.

Manchmal hat man keine andere Wahl als zu töten.

Und dann wird das ganze Web …

… dunkel.

Der Raum ist weiß, so strahlend weiß, dass Lichtfunken wie eine kleine Supernova hinter meinen Lidern explodieren, als ich die Augen schließe. Etwas klickt mechanisch, und dann klopft mir eine Hand auf die Schulter.

»Fertig.«

Auf einem halben Dutzend Monitoren ist nun das Abbild meines Gehirns zu sehen. Ich verstehe besser als noch vor ein paar Monaten, was ich vor mir habe, aber ich bin längst nicht so gut wie Isis.

»Keine weiteren Flashbacks?«

Ich schüttle den Kopf. Nein, und die Entzugsschmerzen sind auch erträglicher. Vielleicht liegt das teilweise daran, dass ich sie nicht allein aushalten muss – im Gegensatz zu den Symptomen, die ich nur mit Omega am anderen Ende des Kontinents teilte. Im Moment haben alle, egal ob aus Los Angeles oder dem Web, das gleiche schmerzhaft kribbelnde Verlangen. Aber mit der Zeit wird es verschwinden.

Um das Krankenhaus herum füllen mehr Menschen als gewohnt die Stadt. Viele wirken immer noch ein bisschen benommen, wie geblendet von dem Sonnenlicht, das sich hier niemals so anfühlen wird wie die Sonne im Web. Ein bisschen verloren, während sie die Straßen einer Stadt erkunden, die im Gegensatz zu unserer Insel keine Grenzen kennt. Ich winke einigen von ihnen zu, und in manchen Augen leuchtet Erkennen auf, schließlich bin ich Anthems Schwester. Aber so gut wie niemand weiß, welche Rolle ich am Ende gespielt habe ... dass ich für alles verantwortlich war. Mir soll es recht sein. Ich kann gut darauf verzichten, eines Tages fremde Leute an meinem Totenbett stehen zu haben, die mich als Heldin beweihräuchern.

Ich spüre die Sonne auf meinem Gesicht, die am Himmel langsam tiefer sinkt, während ich nach Hause schlendere, in Richtung Strand. Von Shuttlefahrten habe ich erst einmal genug. Ein roter Feuerball schmückt einen wolkenlosen Himmel, ohne drohende Stürme am Horizont, bis irgendwann Dunkelheit meine Stadt einhüllt.

■

Das Meer glüht blau.

Anthems typisches Neonblau. Meine Haare haben wieder die chaotischen Regenbogenfarben von früher, und der Feuerschein lässt die Strähnen schimmern, hinter denen ich mein Gesicht verberge. Ich vermisse das Blau fast ein bisschen, aber das hier passt besser. Manchmal muss man eben loslassen können. Anthem und Haven sind in Sicherheit und stehen zusammen in einem Raum, der sich über dem Club von Mage und Phönix befindet.

Omega sitzt ein bisschen entfernt von mir im Sand, außerhalb des Lichtscheins, und rührt sich nur alle paar Minuten, um einen Kiesel in die Wellen zu werfen. Eine kleine, harmlose Geste, die keinen bleibenden Schaden anrichtet. Das Wasser vergibt und vergisst, sobald es sich über dem Stein geschlossen hat.

»Das Ganze hat sich angefühlt wie ein Traum«, sagt Jonas neben mir. Er sitzt zu weit weg und gleichzeitig zu nah.

»Wie ein Albtraum, meinst du.«

»Ja, das auch.«

Platsch. Ein weiterer Kiesel landet in den Wellen, während das Wasser schäumend an die Küste spült. Jonas lehnt sich näher; ich wende den Kopf ab, sodass seine Lippen nur an meinem Mundwinkel landen. Enttäuschung flackert auf wie die Funken des Lagerfeuers, und ich drücke seine Hand, bevor ich aufstehe und mir den Sand von den Beinen wische.

»Wir sollten gehen, sonst kommen wir zu spät«, sage ich zu Omega. Er gibt keine Antwort, aber er folgt uns über den Strand zurück zum Shuttle.

Ich lasse den Blick durch die Windschutzscheibe über meine Stadt schweifen. Die kurze Zeit, in der sie vom Kon beherrscht wurde, hat deutliche Spuren hinterlassen. Widerwillig muss ich zugeben, dass nicht alle Veränderungen schlecht waren. Die Gehirnwäsche hat die Bevölkerung von L.A. dazu gebracht, die Straßen zu reinigen und kaputte Gebäude zu reparieren, statt sie dem Verfall zu überlassen. Alles ist blitzblank und schick wie im Vergnügungsviertel des Cyclon. Irgendwie passt es hier sogar besser, vielleicht weil die Stadt so weitläufig ist, sich ungehindert bis zu den Hügeln und Bergen im Hintergrund ausdehnt. Jonas und Omega sitzen schweigend auf der Rückbank und kämpfen darum, die Dämonen der Vergangenheit aus ihren Köpfen zu verbannen.

»Hi, Alpha«, ruft Phönix hinter dem Tresen, als wir in ihren Club kommen. Mage entdecke ich am DJ-Computer, und

Sabine ist nirgends zu sehen, aber ich werde sie schon finden. Dann können wir uns wieder über Fabel unterhalten, weil wir jetzt genug Zeit dafür haben und der Schmerz nur nachlässt, wenn man darüber redet. Luchs und Spektrum stehen verschlungen auf der Tanzfläche, als hätte ein Künstler sie gemeißelt, um das Leben zu feiern.

Licht wirbelt um sie herum. So viel Licht, und ich muss an den dunklen Schattenkoloss des Web denken, der im Rückspiegel hinter mir verschwunden ist.

»Glaubst du, es bleibt für immer so?«, fragt Jonas, der meinen Gesichtsausdruck richtig gedeutet hat. Ein weiterer kleiner Teil von mir entkrampft sich.

»Nein.« Eines Tages wird jemand kommen und das Web wieder zum Leben erwecken, aber trotzdem wird es nie mehr wie früher sein. Wraith ist tot. Diesmal hat Pixel ganz genau nachgesehen. Zwei Mal.

In der Menge entdecke ich Gesichter, die mir bekannt vorkommen. Ein Wachmann … die Managerin eines Sky Clubs … ein Typ, den ich öfter in den Musikstudios der Zentrale beim Putzen gesehen habe. Ihre Blicke sind klar und ihr Lächeln echt, nicht vorgetäuscht oder erzwungen.

»Tanzt du mit mir?«, frage ich und nehme Jonas Hand. Ich habe alles, was ich will.

Vielleicht wird das Web eines Tages wiederauferstehen. Vielleicht beginnt alles wieder von vorne. Ein ewiger Refrain.

Aber nicht heute.

Danksagung

Wenn man eine Fortsetzung schreibt, hat man ein Problem (eigentlich mehrere, denn Fortsetzungen sind *echt schwierig*, wie ich jetzt herausgefunden habe). Das Problem hier am Ende ist, dass ich fast denselben Leuten zu danken habe wie beim letzten Mal. Also, falls ihr euch bei *Songs of Revolution* sogar diesen Teil durchgelesen habt, entschuldige ich mich für die Wiederholung, aber dagegen kann man nichts machen. Meinen zweiten Band habe ich folgenden Menschen zu verdanken.

Lisa Chang, meiner Lektorin, für die alle Charaktere des Buches genauso lebendig waren wie für mich. Durch ihre Unterstützung und engelsgleiche Geduld ist der Roman ganz genauso geworden, wie ich ihn mir vorgestellt hatte. Abgesehen davon ist sie einfach der tollste Mensch und die beste Freundin der Welt.

Ich danke Marlo, Elenita und Allison, weil sie bei der ALA Jahreskonferenz meine Hand gehalten haben. Gigi Lamm und Val Howlett für die frühere und aktuelle Publikationsarbeit. Ihr beide seid meine absoluten Superstars!

Ich bin enorm dankbar, dass meine Agentin Brooks Sherman meinen schrägen Musikgeschmack teilt und wir bei Literatur total übereinstimmen. B., du bist nicht nur beruflich toll, sondern auch eine geniale Freundin. Danke für beides.

Meredith Barnes hat für mich auf den Play-Knopf gedrückt. Mer, wenn meine Alpha nur ein Zehntel von deiner Kämpfernatur abbekommen hat, bin ich glücklich.

Ich danke wieder sämtlichen Bands vom vorigen Buch sowie den vielen neuen Entdeckungen, weil euer Soundtrack mich durch meine Tage (und einige späte Nächte) begleitet hat, egal, ob ich gerade in Schreiblaune war oder nicht. Besonders erwähnenswert sind diesmal *The Limousines*, Robert DeLong und mehr Plastikpop aus den Achtzigern, als ich eigentlich zugeben sollte.

Nicht zu vergessen meine Familie, die immer zum richtigen Zeitpunkt gefragt hat, wie es gerade läuft, und mir ansonsten stillschweigend Schokolade schickt.

Ich möchte allen Leuten danken, die mich selbst dann noch ertragen, wenn ich meine schriftstellerischen Ausraster habe und meine Gedanken und Gespräche sich um nichts anderes mehr drehen, oder ich plötzlich über alles reden will, nur *nicht* über mein Buch. Britt und Brie, klar, BFF für immer und ewig. Tonya, Caren, Melissa, Leiah, Jenny und zahllose andere: Ich liebe euch noch mehr als Sahnetorte. Claire, Katherine und Stefan: Danke, dass ich bei euch einen Platz gefunden habe, um dem Wahnsinn zu entfliehen und mich daran zu erinnern, warum ich eigentlich zu diesem verrückten Buchprojekt zurückkehren wollte. Ein Extra-Dank an Sam für die Cocktails und an Heidi für das Cheerleading.

Zuletzt möchte ich euch, meinen Leserinnen und Lesern danken, ohne die es garantiert keinen zweiten Band geben würde. An alle dort draußen, die *Songs of Revolution* nicht nur gelesen, sondern mit ihren Blogs und Rezensionen weiterverbreitet haben und über deren Reaktionen per Mail, Twitter, Facebook, Brieftaube (okay, leider waren keine Brieftauben dabei) ich total sprachlos bin. Mir fehlen wirklich die Worte dafür, wie sehr ihr mir während der schwierigen Phasen geholfen habt, an diesem Band weiterzuschreiben. Betrachtet das fertige Buch als mein Dankeschön!

Emma Trevayne ist die Autorin von *Songs of Revolution* (erschienen 2015). Neben dem Schreiben steckt sie viel Zeit und Liebe in ihre Musiksammlung und in ihre Hobbys Fotografie und Programmiersprachen. Online findet man sie unter www.emmatrevayne.com.

Das Leben ist zu kurz, um Vielleicht zu sagen

Katie Kacvinsky
DIE REBELLION DER
MADDIE FREEMAN
Aus dem amerikanischen
Englisch von
Ulrike Nolte
384 Seiten
ISBN 978-3-8432-1040-9

Eine Stadt in den USA, wenige Jahre in der Zukunft: Maddie, 17, lebt wie alle um sie herum ein digitales Leben. Schule und Verabredungen – das alles findet im Netz statt. Doch dann verliebt sie sich in Justin – für den nur das wahre Leben offline zählt. Gemeinsam mit seinen Freunden kämpft Justin gegen die Welt der sozialen Netzwerke, in der alles künstlich ist. Dieser Kampf richtet sich gegen die ganz oben – und damit auch gegen Maddies Vater, der das System der Digital School gesetzlich verankert hat. Maddie wird für die Bewegung zu einer Schlüsselfigur. Und sie muss sich entscheiden: Auf welcher Seite will sie stehen?

Baumhaus